数字时代的品牌传播（上）

李慧莲◎主编

中国财富出版社有限公司

图书在版编目（CIP）数据

数字时代的品牌传播. 上册 / 李慧莲主编. —北京：中国财富出版社有限公司，2021. 12
ISBN 978-7-5047-7622-8

Ⅰ. ①数…　Ⅱ. ①李…　Ⅲ. ①品牌—传播—营销策划　Ⅳ. ①F274

中国版本图书馆CIP数据核字（2021）第272875号

策划编辑 李　如　　**责任编辑** 邢有涛　李　如　沈安琪　　**版权编辑** 李　洋
责任印制 梁　凡　　**责任校对** 卓闪闪　　**责任发行** 杨　江

出版发行 中国财富出版社有限公司
社　　址 北京市丰台区南四环西路188号5区20楼　　**邮政编码** 100070
电　　话 010-52227588 转 2098（发行部）　010-52227588 转 321（总编室）
010-52227566（24小时读者服务）　010-52227588 转 305（质检部）
网　　址 http: //www.cfpress.com.cn　　**排　　版** 北京嘉美和数字传媒科技有限公司
经　　销 新华书店　　**印　　刷** 天津奥丰特印刷有限公司
书　　号 ISBN 978-7-5047-7622-8/F・3417
开　　本 710mm×1000mm　1/16　　**版　　次** 2022 年 6 月第 1 版
印　　张 33.5　　**印　　次** 2022 年 6 月第 1 次印刷
字　　数 531 千字　　**定　　价** 158.00元（全2册）

“品牌传播研究”课题组

（按姓氏音序排列）

课题总顾问

马建堂　国务院发展研究中心党组书记，研究员

课题执行总顾问

隆国强　国务院发展研究中心副主任，研究员

课题顾问

刘平均　原国家质量监督检验检疫总局副局长、中国品牌建设促进会理事长、国际标准化组织品牌评价技术委员会顾问组主席、国家标准委原主任

王　越　中国科学院院士、中国工程院院士

余　斌　国务院发展研究中心副主任，研究员

翟惠生　中华全国新闻工作者协会原党组书记、常务副主席，高级记者

课题专家委员会

包月阳　国务院发展研究中心信息中心三级职员，编审

才大颖　中国工艺美术学会理事长、品牌中国战略规划院副院长，教授级高工

董关鹏　中国公共关系协会副会长、中国传媒大学国家公共关系与战略传播研究院院长、博导，教授

杜建刚　南开大学商学院博导，教授

胡　钰　清华大学新闻与传播学院党委书记、文化创意发展研究院院长、博导，教授

廖　菲　中国人民大学社会与人口学院副教授

彭泗清　北京大学光华管理学院营销学系博导，教授

王　辉　中国经济时报社党委书记、社长、总编辑，研究员

王忠宏　中国发展出版社党总支书记、社长，国研智库董事长，研究员

余明阳　中国品牌学会品牌战略委员会主任、上海交通大学品牌研究所所长

赵昌文　中国国际发展知识中心主任，研究员

课题负责人

李慧莲　国务院发展研究中心办公厅（人事局）一级巡视员，编审

课题执笔负责人

董盟君　人民网舆情数据中心执行主任、北京人民在线网络有限公司总经理，高级编辑

高庆鹏　国务院发展研究中心对外经济研究部第一研究室主任

胡百精　中国人民大学副校长，教授

蒋希蘅　中国国际发展知识中心副主任，研究员

李曜坤　国务院发展研究中心公共管理与人力资源研究所综合研究室副主任，研究员

刘　菁　北方工业大学文法学院广告学系讲师、博士

孙明泉　光明网原总编辑，高级编辑

谭晓东　北京标研科技发展中心主任、国家级检验检测主任评审员

陶平生　贵州省贵阳市委副书记（正厅长级），研究员

王洪波　人民网舆情数据中心危机应对专家、舆情应急小组组长

王　擎　北京工商大学传媒与设计学院院长，教授

课题协调人

赵海娟　中国发展出版社总编室主任

中国经济时报社参与本课题采访调研成员

陈　婧　陈凌馨　窦滢滢　郭锦辉　韩清华　胡　畔　黄俊溢

姜业庆　龙　昊　罗赟鹏　马　会　潘英丽　王晶晶　王静宇

王丽娟　魏昊星　张海生　张李源清　张　丽　张丽敏　张　娜

张一鸣　赵海娟

研究助理

任　超　邵靖隆　徐晶琳　徐　谭　颜　冬　杨崇伟　周晓辉

序

创造和培育更多的品牌是新时代我国经济高质量发展的客观要求，是供给侧结构性改革的重要方向。习近平总书记高度重视我国品牌建设，多次作出重要指示和批示，强调要以品牌战略带动自主创新，以品牌创新支撑品牌战略，推动中国制造向中国创造、中国速度向中国质量、中国产品向中国品牌转变，为我国品牌经济发展提供了遵循依据与方向。

随着我国经济由高速增长阶段向高质量发展阶段转变，推动新时代品牌经济高质量发展，核心是实施创新驱动发展战略，推动当前的经济形态向现代高附加值的创意创新型经济形态转型，推进我国产品与服务在全球产业链、价值结构与价值含量上的全面变革与升级，提升我国经济的全球竞争力与国际影响力。

品牌的培育和建设离不开高效的品牌传播体系。推动新时代品牌经济发展，我们不仅要培育与创造优质品牌，更要将优质品牌内含的优良品质和优质价值高效地传播出去，使国内外的消费者对中国品牌产生认同与信任。从品牌传播的角度看，21 世纪以来，互联网、人工智能、区块链、云计算、大数据与 5G 等信息技术的广泛应用深刻改变了传统经济运行的方式，也为品牌经济的创新发展提供了全新的方法和路径，很大程度上重塑了品牌价值创建与品牌传播输出的模式，使品牌传播进入数字时代。应该说，数字时代的品牌传播实现了品牌传播方式从整合式向聚合式转变、品牌传播路径从宣讲式向对话式转变、品牌传播对象从封闭式向互动式转变。与传统媒介相比，数字时代的品牌经济能以更加低廉的成本实现更具纵深广泛性的传播，显著促进了传播内容的多元化与传播形式的多样化，大幅提升了品牌传播效率，极大拓展和丰富了品牌受众群体，为品牌经济的成长与发展提供了新视野与新动力。随着技术的不断升级，网络云、全息技术的应用，我国品牌传播已基本脱离纸媒时代的静态传播，从PC时代的准静态传播，经过微博的互动传播，到微信的互动＋即时传播、网络云的集束传播，再到未来全息技术的光波传播，呈现出升级加速、生动多样的发展态势。随着信息传播进入移动互联时代，社交媒体平台、信息聚合平台及媒体客户端等新媒体形式的出现，品牌传播的差异化进一步得到增强，能够突破传统时间与空间限制，随时随地向受众投送定制化的品牌信息，极大提升了品牌的认知度与影响力，更有助于拉近品牌与消费者之间的心理距离，并借助在线交互等手段增进消费者的品牌参与度，强化了消费者对于品牌的体验感与信任感。

同时，依托移动互联网、大数据、云计算、人工智能等新一代数字信息技术，数字时代的品牌传播体系进一步助力、催生信息流通领域的新业态，使传统产业链条中的价值创造与价值增值环节持续向纵深拓展，有助于提升传统与新兴生产型和服务型企业的品牌创新能力、价值创造能力，提升全球化时代的品牌竞争力与企业影响力，使企业能够结合自身产品属性和文化属性选择恰当的品牌传播方式，提升自身国内外市场影响力和消费者的品牌价值体验，从而更好发挥品牌经济对于我国经济转型升级的驱动效应。

概而言之，互联网及数字信息技术在品牌建设与传播中的应用和普及，将给我国的品牌建设和传播带来不少机遇，即品牌经济弯道超车之机、品牌引领经济转型升级之机、品牌共创引发商业模式创新之机、自主品牌崛起加速之机，同时还为我国品牌提供走向世界之机、提高我国品牌国际话语权之机。互联网及数字信息技术在中国品牌建设与传播领域的大量、广泛和深入实践，也将为中国品牌传播理论创新提供全新机遇。

同时也要清醒地看到，我国虽已成为当今世界第二大经济体，但某种程度上还是一个品牌弱国，存在全球知名品牌数量少、品牌含金量不高以及品牌发展顶层设计不足、国家品牌战略规划缺乏等问题。从品牌传播方面看，存在着中国品牌传播能力与中国综合国力提升不相适应、“中国品牌音量”与

“中国经济体量”还不相称的客观现实。第一，品牌发展理念尚未普遍建立，企业管理者借助互联网及数字信息技术手段创新品牌内核、提升品牌价值、拓展品牌受众、提升品牌影响力的意识不足，大量中小微制造企业与服务企业还未建立起现代品牌管理体系与品牌传播机制，缺少深层次的投入、研发与创新，致使品牌内容传播不到位、品牌价值与品牌形象建设大多处于较浅层次、品牌资产尚未真正成为我国企业的核心资产。第二，品牌传播的市场监管机制尚不完善。数字时代，品牌信息传播速度明显加快，传播成本大幅降低，品牌模仿、抄袭、造假现象越发常见，给品牌经济与品牌企业发展带来较大负面影响，也给市场消费者带来严重的信用风险与信息不确定性。现阶段，相应的市场监管与法治保障并不完善，互联网高度的信息开放性与流动性则进一步加剧了这一问题。第三，企业线上、线下的品牌联动发展与传播机制尚不成熟，大量企业线上品牌宣传与线下品牌体验处于脱节状态，线上展示的品牌内容与线下的品牌体验不符，容易造成消费者品牌信任度的下降。第四，数字时代的品牌传播保障体系还存在政策配套体系不完善，建设规范与标准缺失，专业化人才、第三方机构和技术体系不足等问题，亟待进一步完善制度保障，推动品牌经济高质量发展。

本书深入研究了数字时代关于品牌传播理论与实践的一些关键问题，通过实地调研现阶段我国多个重点省市、地区品牌建设与传播的实践探索与经验，并根据目前存在的突出问题，就如何抓住机遇、化解挑战，有针对性地提出了数字时代我国品牌传播的战略与路径。相信本书的出版，对关心中国品牌经济发展的人们来说，具有一定的价值，对我国品牌的创造和培育，以及我国品牌经济的振兴有所裨益。

是为序。

（国务院发展研究中心党组书记，研究员）

2022 年 1 月

课题报告一览表

序号	报告名称	执笔人
总报告	数字时代的品牌传播战略与路径	李慧莲
专题报告一	数字时代的品牌传播理论、原则与趋势	王　擎　任　超 徐晶琳　何　艳
专题报告二	数字时代的品牌传播战略	李曜坤
专题报告三	数字时代品牌运营环境变化及对策	高庆鹏
专题报告四	数字时代品牌价值要素变化及传播对策	胡百精　周晓辉
专题报告五	数字时代品牌生命周期变化趋势及对策	胡百精　周晓辉
专题报告六	数字时代品牌传播与价值提升：机遇挑战与政策建议	陶平生
专题报告七	数字时代品牌传播的策略	王　擎　刘　菁 任　超　徐晶琳
专题报告八	数字时代品牌传播危机管理策略	董盟君　王洪波
专题报告九	数字时代中国品牌的海外传播策略	蒋希蘅　谭晓东
专题报告十	数字时代的品牌传播支持保障体系	李曜坤
专题报告十一	构建数字时代品牌传播的效果评估体系	刘　菁
专题报告十二	数字时代品牌传播大数据分析对策	王洪波
专题报告十三	数字时代自主品牌传播的全媒体手段	孙明泉　徐　谭 王洪波

目　录

上　册

第一部分　总报告

第二部分　专题报告

下　册

第三部分　人物访谈

（以刊发时间先后为序）

第四部分　调查报告

（以刊发时间先后为序）

第五部分　六省调研新闻报道

（以刊发时间先后为序）

第一部分

总报告

总报告

数字时代的品牌传播战略与路径

中国已经进入一个新时代，新时代在经济上的重要特征之一是由高速增长转向高质量发展。在此过程中，品牌作为企业乃至国家竞争力的综合体现，将发挥引领作用。早在2014年5月，习近平总书记就高瞻远瞩地发出了“推动中国制造向中国创造转变、中国速度向中国质量转变、中国产品向中国品牌转变”的重要指示。在今后相当长的一个时期，通过全面提高品牌价值和扩展品牌效应，推动“中国产品”向“中国品牌”转变，是我们实现高质量发展的一个重要抓手。

品牌不仅是一个企业经济实力和市场信誉的集中反映，还是一个民族整体素质的体现，是未来国际竞争的制高点。拥有知名品牌数量的多少，更是一个国家或经济体综合实力强弱的象征。改革开放以来，我国的品牌建设与发展已取得相当不错的成就，但是，品牌发展滞后于经济发展的状况依然存在，品牌传播的理论和实践仍处于初级阶段。数字时代的到来及其影响的日益深化，给原有的品牌传播理论和实践带来了前所未有的冲击；同时，也为品牌传播的理论与实践创新提供了前所未有的空间和机遇。总体上看，机遇大于挑战。在这种历史条件下，如何抓住历史机遇，勇于开拓创新，利用好有利因素，同时清醒认识和妥善应对挑战，制定出符合数字时代要求的品牌传播战略，做好新时期的品牌传播工作，成为一项迫切的任务。

“品牌传播研究”课题组（以下简称课题组）在查阅大量文献资料的基

础上，对20多位专业人士进行了当面访谈，对广东、浙江、江苏、山东、湖北、四川6省18市进行了实地调研，对300多位企业管理者进行了现场问卷调查，并对2000多名消费者进行了在线问卷调查。课题组以互联网与数字信息技术为主要技术背景和应用环境，围绕品牌传播的构成要素及影响品牌传播的各种因素，对数字时代的品牌传播理论与实践的诸多方面进行了研究：品牌传播的理论和战略；品牌运营环境、品牌价值要素、品牌生命周期、品牌价值提升途径的发展变化；品牌传播的策略、品牌传播危机管理、品牌国际传播、传播效果评估、品牌传播大数据分析。同时还研究了在数字时代，全媒体品牌传播的特点和应用策略，以及新媒体和传统媒体在自主品牌传播中如何更好地发挥作用。在这些研究的基础上，课题组对数字时代品牌传播的新特点、新趋势进行了梳理和总结，对互联网给中国自主品牌传播带来的机遇和挑战做了深入分析，并提出了数字时代的品牌传播战略和实现路径。

本课题遵循“问题导向”“目标导向”的原则，立足国内实际，兼具全球视野，突出对策性、建设性。对品牌传播的研究不仅包括品牌传播的构成要素，还包括影响品牌传播的各种因素；对品牌传播环境的关注不仅包括传播理念、传播技术等因素，还包括品牌传播的社会环境，尤其是政策环境的支持和保障。对提升品牌传播能力的研究既立足“道”（传播的理念和价值观）的层面，也深入“术”（传播的技术、技巧和方法）的层面，并强调二者的相辅相成。

我们认为，互联网及数字信息技术的广泛使用给中国品牌带来的弯道超车、后来居上的重大机遇，对于我国现阶段进行品牌经济建设、实施品牌传播战略、打造“品牌中国”具有重大战略意义。这将应我国经济从高速增长向高质量发展转换的迫切需要，引领中国经济进入新的发展阶段，提升中国在全球生产价值链上的分工地位，为全面实现现代化强国目标提供有力支撑。数字时代的品牌传播战略的实施，将构建我国品牌传播的新机制，开创品牌传播新局面，对内提高国人对中国品牌的自信心和忠诚度，对外有助于逐步确立中国品牌的国际话语权，增强品牌软实力，从而提升自主品牌形象，打造品牌竞争新优势。

一、数字时代我国品牌传播发展现状

建立在信息传播这一核心功能基础上的互联网技术，经过50余年的发展，在全球信息传播领域催生了一场前所未有的变革，大数据、区块链、云计算、人工智能与5G的广泛应用，给信息传播领域的生态和格局带来了深刻的影响，使其进入数字时代。作为信息的一种，品牌信息的传播形式同样被互联网及数字信息技术重塑。分析互联网及数字信息技术对品牌传播的影响，是厘清品牌传播与发展现状、研究制定新时期品牌传播战略的首要任务。

（一）我国已经进入数字品牌传播阶段

品牌的定义有很多，按照美国市场营销协会的说法，它是指一种名称、术语、标记、符号或设计，或是它们的组合运用，其目的是借以辨认某个销售者或者某群销售者的产品或服务，并使之同竞争对手的产品和服务区别开来。所谓品牌传播，是指品牌所有者通过各种传播手段持续地与目标受众交流，最优化地增加品牌资产的过程。按照大卫·艾克的“五星”模型理论，构筑品牌资产的元素是品牌知名度、品牌认知度、品牌联想度、品牌忠诚度和品牌其他资产。关于品牌价值的评定，按国际标准化组织品牌评价技术委员会（ISO/TC 289）已经达成的国际共识的品牌价值五要素理论，品牌价值评定不能从单一的财务或资产规模等指标入手，而应该从品牌的有形资产、无形资产、质量、服务、技术创新这五个要素入手。

品牌传播在品牌塑造、品牌价值提升中占据十分重要的位置。无论是从影响品牌塑造的战略、人才、研发、生产、销售等因素看，还是从影响品牌价值提升的有形资产、无形资产、质量、服务、技术创新这五个要素看，毫无疑问，传播是其中极重要、极关键的因素之一。品牌所包含的所有有形的、无形的信息，无论是价值理念，还是名称、术语、标记、符号或设计等，都需要借助各种渠道或者介质，经过传播这个环节来传递给受众，让他们了解、辨别、接受和体验，然后成为消费者，这样品牌才能成为品牌。也就是说，品牌只有通过对外传播，才能拥有知名度、美誉度，使提升消费者忠诚度的目标具备一定基础条件；品牌的对内传播则可以鼓舞员工士气，增强员工自豪感。只有实现内外两重目标，才能实现企业创立品牌的最终目标——实现品牌资产增值和品牌溢价。简言之，一个品牌，如果没有被传播，不能被消费者认同，不能被社会接受，就难以成为优秀的品牌。“酒香也怕巷子深”讲的就是这个道理。

现代信息传播模式的发展大致可以分为三个阶段。

信息传播 1.0 时代，即大众传播时代。在此阶段，人们获得传播信息的途径，除了人际传播和组织传播外，主要依靠报纸、杂志、广播、电视这四种媒介。大众传播以传播范围最大化为目的，面向所有受众，但受众细分程度较低，传播精准性欠佳。它是一种单向的传播，受众处于被动接受信息的状态，与传播者和品牌拥有者几乎没有互动。

互联网的出现将信息传播推向 2.0 时代，即分众传播时代，也叫 PC 时代，即以个人计算机设备为主要传播介质的时代。以网络媒体为代表的传播媒介，比如新浪、搜狐等早期的互联网门户网站，以及博客、BBS（网络论坛）等社区网站，它们各自功能不同使得细分受众成为可能。分众传播大大提高了信息到达目标受众的及时性、精确性；同时，受众对信息的选择主动性大大提高，还可以与传播者进行比较充分的交流互动。

以手机、平板电脑、智能穿戴设备等为代表的移动传播介质的出现，将信息传播模式带入 3.0 时代，也称移动互联时代，即个性化传播时代。在这个阶段，信息传播介质主要表现为以下三种形态：一是以微博、微信等为主的社交媒体平台；二是以今日头条、一点资讯等为主的基于算法的信息聚合平台；三是以《人民日报》、澎湃新闻等为主的媒体客户端。它们逐步取代 PC 端，成为信息传播的主要工具，其移动性、便携性和高互动性增加了受众与品牌接触的次数和频率，极大地提高了信息传播的速度和精准度。移动互联时代，受众在传播过程中更加主动，其地位更加重要，同时，群体性特征明显，出现各种各样的虚拟社区、圈层，如粉丝圈、品牌圈等。

我国品牌传播的发展遵循了上述信息传播演变的基本规律。当前我国的品牌传播，从传播媒介角度看，正处于传统媒体、网络媒体、移动媒体三种传播模式共存，传统媒体日渐式微、移动媒体渐成传播主流的时期。从传播技术角度看，人工智能、区块链、云计算、大数据与5G等技术的广泛使用使品牌传播进入数字时代。因此，本研究所指的数字品牌传播阶段，包括传播2.0和3.0两个阶段。随着数字信息技术的不断升级，网络云、全息技术的应用范围越来越广，我国品牌传播已基本脱离纸媒时代的静态传播，从PC时代的准静态传播，到微博的互动传播、微信的互动+即时传播、网络云的集束式传播，再到未来全息技术的光波传播，呈现出升级加速、生动多样的发展态势。

（二）互联网及数字信息技术给品牌传播带来的新变化

于我国的品牌传播而言，互联网尤其是移动互联网以及各种数字信息技术的使用，不仅提供了新的传播渠道和传播平台，其更重要的意义是用它的社会连接力量构造了一个新的现实、新的生态、新的力量聚集方式和新的游戏规则，使品牌传播进入移动互联时代。在这个阶段，传播变革趋势是从“+互联网”转变为“互联网+”。“+互联网”模式仅把互联网看作是一种传播工具和传播平台，是一种延伸型工具；而“互联网+”模式不仅把互联网作为一个传播工具，更是将之作为整个社会的操作系统，使人们在互联网所造就的法则和逻辑上，重新整合传播的运作模式和管理模式。

1. 重构我国品牌传播格局

互联网及各种数字信息技术在品牌传播方面的应用，使品牌传播架构与传播路径等发生了变化，对传播的核心构成要素，包括媒体格局、传播路径、传播内容、传播渠道、传播主体、传播受众、传播效果评估等都产生深刻影响。简言之，它促进了品牌传播的理念更新、流程再造，加快了品牌传播的市场与受众培育。

（1）媒体格局。

从传统媒体为主向新媒体为主过渡。目前，我国正处于传统媒体、网络媒体、移动媒体三种媒体传播模式共存，传统媒体日渐式微、移动媒体尤其是移动社交媒体渐成传播主流的时期。我国自主品牌使用互联网及数字信息技术和社会化媒体进行宣传推广的力度越来越大，而选择利用传统大众传播渠道的比重呈现下降趋势。其主要原因是随着移动社交媒体信息工具越来越流行，传统媒体在品牌信息传播方面的权威性、影响力已经被明显削弱，相关传播优势逐渐丧失。

（2）传播路径。

从单向灌输式向对话交互式转变。在传统品牌传播路径中，传播主体大多使用单向的“宣讲方式”对受众群体进行“广播”，灌输品牌信息。而在数字时代，当品牌传播主体借助网络媒介进行品牌传播时，往往需要设置特定的对话式语境，进而在直接或间接与受众互动交流的过程中及时获得受众的品牌体验及其反馈意见，以此不断改进品牌传播效果，提升品牌价值。

（3）传播内容。

从统一化向定制化、从相对完整到碎片化转变。在大众传播时代，品牌传播内容无论是文字、图片还是视频，通常是统一的、相对完整的。在互联网条件下，面向所有受众的统一内容正在被定制化的信息服务所取代。同时，人们根据自己的兴趣点将完整的内容切割成一片一片，碎片化地表达，微视频、微表情等盛行于社交网络就是很好的例子。

（4）传播渠道。

渠道数量由少变多，从过去的一维、二维向多维、矩阵式、立体化转变。在大众传播时代，信息的稀缺和不对称使在信息资源方面占有绝对优势的传统媒体成为品牌传播中心。数字时代的信息过剩及其易得性，则使去中心化、去主流媒介化成为必然。口碑传播成为极重要的传播渠道之一。

（5）传播主体。

从机构扩展到个人。原来的品牌传播主体基本是企业或机构，现在则扩大到某些自发群体，群体传播逐渐取代机构传播占据主导地位，甚至个人也可以成为传播节点——人人都可以是媒体。在互联网平台上，个体和机构都被高度节点化，节点成为信息联结的接触点，是互联网中的内容主导者、分享提供者和价值创造者。在这样的节点化网络上，个人既可以是品牌信息的接受者、传播者，同时也可以是生产者，信息的生产者、传播者与接受者趋于融合。其中，意见领袖、网络红人（以下简称网红）在品牌传播中的作用格外抢眼，在进行品牌信息二次传播甚至 N 次病毒式传播链条中扮演着重要角色。

（6）传播受众。

品牌传播受众呈现两极分化格局，年轻化趋势日益明显。目前，我国传统媒体的受众逐渐走向老龄化，而新媒体受众趋于年轻化，品牌消费意识强，新媒体利用率不断提升。中国互联网络信息中心 2018 年 1 月发布的第 41 次《中国互联网络发展状况统计报告》显示，我国网民的年龄主要集中在 10~39 岁年龄段，截至 2017 年 12 月，10~39 岁群体占整体网民的 73%。虚拟社区群体和移动媒体群体仍在逐步扩大。

（7）传播效果评估。

实现从难到易的转变。在传统传播情景里，获得受众位置信息及其对品牌传播的效果评价等信息的成本巨大，费钱、费时、费力。互联网的应用使这件事情变得简单、高效和低成本，不仅可以快速、精准地获取目标受众的位置、使用体验、正负评价，而且这种评价还是动态的，可以帮助品牌拥有者和传播机构根据受众意见及时调整传播战略，为品牌的扩张、退出等重要决策提供参考。

2. 催生新的传播业态

与传统传播媒介相比，互联网给予品牌传播更加开放的传播环境与更加多元的传播载体，同时也实现了传播形式的多样化和传播内容的个性化，并催生了新的传播业态与传播技术。比如，当前意见领袖、网红在我国品牌传播中的作用十分突出，这种现象意味着个人也开始成为传播媒介品牌。依托巨大的粉丝量，意见领袖、网红这类群体不仅能传播品牌、销售产品，甚至能创造品牌。粉丝经济快速崛起，成为数字时代不容忽视的新商业模式之一。

3. 调整企业品牌传播管理的重心

自 2010 年前后，社会化媒体兴起以来，全球信息传播技术革命进入了一个新阶段：互联网的核心价值由生产海量信息、沟通社会成员转向重构社会关系、组织社会成员，这一现象仍在深化。“互联网”“用户”和“关系”成为企业进行品牌传播管理的关键词。关系时代来临，企业品牌传播随之由传统的信息管理过渡到信息管理和关系管理并重。信息管理以信息的生产、加工和传播为核心任务；关系管理则围绕关系的建立、维护和改善展开工作。

4. 改变品牌传播的生态环境

互联网尤其是移动互联网及数字信息技术带来的媒介变革涉及面广，影响深远。就品牌传播来讲，主要包括两个方面：媒介生态环境和社会生态环境的改变。

互联网给媒介生态环境带来的变化主要体现在三个方面。

一是使品牌传播的关键从传播 1.0 时代的“垄断传播渠道”（传统媒体）转向传播 2.0 和 3.0 时代的“激活传播节点”，尤其是已成为传播节点并越来越决定传播广度和深度的个人。让个人与机构一样成为传播的基本单位，是互联网对传播生态最大的改变。

二是实现传播效果的关键从“抢夺头部流量”转向“整合尾部流量”。在传播 2.0 和 3.0 时代，由传播机构所产生的头部流量呈现出饱和化和飞沫化的趋势。由众多小众领域、细分领域汇集成的可与主流大市场相匹敌的市场能量，即尾部流量，更加多元化，表现出比头部流量更加旺盛的生命力，因而成为影响传播效果的关键。

三是传播权力从基于渠道的信息流控制转向基于平台的关系网搭建。互联网的价值本质是网络连接之下的关系赋权。当个人被激活，成为传播节点之后，整个社会赋权的基本方式也发生了根本性的改变，关系赋权这一新型的赋权范式使某些在既有的行政赋权体系之外的边缘人、边缘机构，有可能成规模地走到社会舞台的中央，成为引领者。越来越多的机构、组织和个人正是凭借这样的机遇站在了数字时代的风口上，因此成就了他们在新型的赋权范式下的价值生成和影响力运作。在信息飞沫化、注意力分散的时代，人们愿意倾听的一般是那些已经建立对话关系的人，只有建立关系，信息传播才能顺利进行。因此，实现从基于渠道的信息流控制到基于平台的关系网搭建的转变，维护有效的互动关系网络，品牌传播信息流才能有畅通的管道到达终端并形成回流。

互联网及数字信息技术对品牌传播生态的影响，主要表现在品牌传播保障体系的构建，如对市场环境、基础设施条件、政策环境、法制环境、舆论环境等方面提出了新的要求。

（三）数字时代品牌传播的新特征

互联网及数字信息技术给我国品牌传播格局和传播生态等方面带来的改变，导致品牌传播总体上表现出新的特征。

1. 互动性

相较传统媒介的单向传播，互动式传播成为数字时代品牌传播的首要特性。通过受众的互动，创造品牌体验，进而推动用户之间形成话题传播和口碑传播。尽管传统媒介与受众之间也有诸如电话、信件、座谈等初级程度的互动，但其速率、参与积极性和便捷性均与网络媒介相去甚远，难以起到有效的反馈作用。而借助互联网媒介，受众可以更为自由、开放、便捷地表达观点，进行个性评论或参与线上讨论，使信息反馈效率显著提升。

2. 时空弱限制性

互联网及数字信息技术突破了传统媒体在品牌传播上的时间和空间限制，在一定程度上模糊了品牌国内传播和国际传播的边界，实现了品牌信息传播的即时性、国际性。以报纸、广播、电视为代表的传统媒介往往受到出版周期、发行区域以及播出时间的限制，互联网媒介则可以实现即时、无国界传播。

3. 碎片化

品牌信息传播的碎片化主要包括三个方面。一是媒介形态碎片化。消费者可以通过互联网平台支撑下的众多传播媒介，如微博、微信及视频网站等载体，与品牌零距离接触并获得立体的品牌体验。二是品牌信息离散碎片化。数字时代品牌传播内容往往不再像大众传播时代以完整篇幅的形式呈现，而主要以零碎信息的形式渗透到人们生活的各个方面，再由用户进行重新整合，进一步产生新的信息，再次传播。三是受众选择碎片化。在数字时代，人们因价值观、利益、文化、兴趣、爱好、年龄、职业等任何一种属性划分为一个个小群体，在进行信息选择时呈现出强烈的个性化倾向。

4. 精准性

品牌传播机构可以通过互联网及数字信息技术对用户进行画像，实现信息的精准传递，突显品牌传播精准化、个性化、定制化的特征。新媒体通过技术和模式等方面的创新，突出目标对象明确这个特点，使品牌传播活动的可控制性、可预测性较强，从而实现品牌传播两端需求的精确对接，实现目标群体转变成多层级购买客户的效果最大化。

5. 传播、购买同步性

在互联网条件下，新媒体的发展与基于移动端的手机支付等电子商务的普及应用，使品牌传播与购买呈现出同步性特征。受众在看到品牌信息的同时，即可实现购买需求，使品牌传播 1.0 时代无法企及的梦想变为现实。

6. 长期性

在互联网及数字信息技术支持下，一个品牌的图片、文字、视频等各种信息一旦发布，就会被长期保存，而且能够随时查阅，使旧闻存在随时被翻新的可能性。一则多年前的旧闻被偶然因素激发成为当前舆论焦点的案例数不胜数，这是在品牌传播 1.0 时代很难出现的事情，但在品牌传播 2.0 尤其是 3.0 时代成了常态。

7. “双刃剑”

一方面，互联网及数字信息技术给予品牌拥有者正面信息传播的便捷手段，另一方面，互联网使品牌的负面信息同样传播迅速。数字时代一旦发生品牌危机，则呈现出突发性、蔓延性和持续性特点，对品牌的负面影响极大。

（四）数字时代品牌传播的新趋势

随着我国品牌传播从 2.0 时代进入 3.0 时代，即移动互联时代，一些新的趋势正在出现和发展，主要包括新旧媒体融合化、视频化、大数据化、智能化、社群化、故事化等。

1. 新旧媒体融合化

以社会化媒体为主的跨媒体融合将是数字时代我国品牌传播的主要传播方式。任何单一的媒体都不能满足受众细分、崇尚个性的市场需求，因此需要传统媒体和新媒体进行深度融合、流程再造。在此过程中，移动新媒体如微信、微博、云平台等拥有前所未有的优势，将在品牌传播中扮演引领者的角色。

2. 视频化

每个时代都有用户喜欢的主流内容平台，电视创造了上一个视听黄金时代，而越来越多的市场数据显示，移动视听时代已经开启，视频尤其是各种微视频正在成为消费者信息消费用时最多的方式。抖音、快手的快速崛起意味着视频领域的另一个黄金时代的到来，5G（第五代移动通信技术）时代会进一步加速这种变化。这将推动品牌传播从供给到内容发生新的巨大变化，品牌传播产业链条的重塑为时不远。

3. 大数据化

在移动互联时代，粗放式的大众传播已满足不了市场需求，品牌传播内容、渠道、受众、体验反馈等方面，都变得更加精密、准确、细分。大数据的应用可以对互联网上的海量信息进行分析和整理，生成与品牌相关的用户特征描述，进而生成目标消费者的信息库，为传播提供精准的目标受众信息。同时，可以及时引导传播，通过实时监控和计算互动传播过程中受众的反应，清晰地把握传播活动的走向，及时纠正传播过程中的偏差。此外，大数据可以帮助品牌传播者在互动过程中及时掌握目标受众的需要和意图，从而拓宽产品市场。

4. 智能化

移动互联网不仅连接了人、服务、数据，甚至汽车也将成为互联网新的终端，消费者的生活在移动互联时代将呈现越来越智能化的趋势。人工智能技术在各领域的应用正在进入快速发展期，未来将是万物互联的时代。随着人工智能的普及，品牌的传播也将搭载更多智能化的平台，实现多元化的整合传播。

5. 社群化

建立品牌社群，注重情感分享，强化品牌传播效果。数字时代，人们的交流看似增多，但大多是在虚拟社会中建立的关系，不确定感高，对归属感和情感寄托的需求更加强烈。通过品牌社群表达对某品牌的推崇，以此与他人产生共鸣，进而获得归属感，在移动互联网时代将日益成为时尚。

6. 故事化

数字时代信息冗杂，消费者很难信任甚至会极力屏蔽广告内容，因此，采用更隐蔽的媒体故事形式进行品牌传播成为这个时代建立品牌喜好的有效方式，即对品牌进行“人文化表达、网络化传播”。企业在自建的社交媒体上讲述品牌故事，不仅要告知、娱乐、说服消费者，更要为消费者提供多角度、多事实的品牌理解，建立与消费者更紧密的联系，加深其品牌意识、品牌信任度和品牌忠诚度。

二、数字时代我国品牌传播面临的问题和挑战

作为当今世界第二大经济体，中国是典型的经济大国、品牌弱国，拥有的国际知名品牌数量与经济体量世界第二的地位极不相称。我国的品牌发展严重滞后于经济发展，品牌研究与实践也落后于西方发达经济体。品牌传播方面更是如此，存在着中国品牌传播能力与中国综合国力不相适应、“中国品牌音量”与“中国经济体量”并不相称的严峻现实。究其原因，品牌传播的各相关方，如政府、企业、社会、消费者等均存在一些由于不适应数字时代传播新形势的需要而产生的问题。

（一）政府作用发挥尚待提升

1. 顶层设计有待加强

近几年来，尽管国家发展和改革委员会、工业和信息化部等部委以及有关地方政府出台了不少推进品牌发展的指导性文件，但总体上看，针对数字时代复杂多变的传播形势的需要，我国品牌传播顶层设计不足，缺乏国家层

面的总体战略规划，适应数字时代传播的机制体制尚未建立。

2. 法制环境有待改善

我国品牌传播的法制环境有待改善，具体表现在品牌知识产权保护存在执法不严、监管不力的现象，维护网络信息安全、数据安全与数据开放共享等面临挑战。课题组调研发现，近年来涉及品牌侵权的纠纷越来越多，著名商标被抢注、知名品牌被仿冒的现象在各地普遍存在，而品牌拥有者维权又存在成本过高、效果不佳的情况。这些现象严重挫伤了企业创建品牌以及提升品牌价值、传播品牌的积极性。

3. 品牌建设和传播的支持体系有待健全

课题组调研发现，近年来，虽然政府对品牌建设和传播的重视程度与支持力度都有较大提升，但在品牌建设和传播支持体系方面仍有很多欠缺。比如，因未设品牌建设、传播的专职部门而出现多头管理、合力不足的问题；对品牌培育、传播采取重投入式发展、轻创新式驱动，导致后劲不足的问题；对品牌建设和传播政策宣传不到位，导致政策信息不畅通的问题；等等。课题组在 6 省调研时发现，尽管各地政府出台了不少支持品牌发展和传播的规划与扶持政策，但是因为宣传不及时、不到位，仅有 57.1% 的受访者表示“知道”。这些问题严重影响了品牌相关政策的落地。

（二）企业方面存在的问题和面临的挑战

1. 大部分企业品牌传播管理仍处于初级阶段

应当说，目前中国拥有的品牌数量和品牌价值与过去相比，均有了大幅度上升，但整体看，“不缺技术、产能，缺品牌”仍是中国企业的通病。课题组调研发现，“低、小、散、弱”仍是中国品牌的普遍特征，品牌价值普遍偏低，国际影响力依然较弱，严重缺少世界知名品牌。品牌是品牌传播的基础，品牌的数量多、价值低等特点对品牌传播产生严重制约。董关鹏、寇佳婵将品牌传播管理分为三个阶段：1.0 知名度时代、2.0 美誉度时代、3.0 声誉管理模式阶段（“忠诚度时代”）。课题组调研发现，按照这种划分，目前我国大部分企业还处于品牌传播管理的 2.0 时代，甚至 1.0 时代，只有少数企业进入了声誉管理模式阶段。

2. 媒介选择难度加大

在大众传播时代，因传播媒介品类相对较少，对传播途径、渠道的控制相对容易。互联网大大丰富了传播媒介的渠道和介质，传统媒体、互联网、社交媒体以及各种非媒体手段都为品牌传播提供了更大的操作空间，这让品牌传播控制的难度和复杂性大大增加，依靠单一品牌传播手段就能“天下通吃”的时代一去不复返。尼尔森的数据显示，数字时代，在影响消费者购买决策的因素中，商家直接在各大媒介上打广告的影响力只占 7%，而意见领袖的影响力达 25%，另外的 68% 基本上来自口碑。如何选择媒介、有效利用新旧媒体的各种影响力进行品牌传播，企业尚缺乏可循经验。

3. 品牌传播效果评估有待规范

对传播效果进行评估能为品牌传播管理者提供重要的决策参考，这种评估日益成为品牌传播非常重要的环节。课题组研究发现，目前，品牌传播效果评估市场存在一些不规范的现象。一是各种评估数据有意造假或无意失真，直接影响效果评估的结果，比如数字时代数据有意造假的恶疾之一“刷流量”等。二是评价指标较为单一，对数据的挖掘和解读不够深入。三是评价体系各行其是，缺乏行业统一标准。效果评估不规范、不准确，加大了企业选择传播媒体的难度和进行品牌传播策略调整的复杂程度。

4. 品牌危机管理难度加大

数字信息传播的高互动性、快速性、放大性和长期性等特点，也给品牌危机管理和公关加大了难度，致使工作量、复杂程度上升。而传播渠道的多样性、立体化，尤其是新媒介形态层出不穷，在传播方式和内容形态上表现出与传统媒体如报纸、广播、电视等完全不同的特点，这使品牌危机的爆发具有突然性，可能导致品牌拥有者获得危机信息滞后。新媒体既可能成为危机事件的源头，也可能成为推动危机事件舆情快速发展的“舆论”大敌。面对这种新形势，企业品牌传播亟待建立一套完善、系统、快速的危机应对机制。

（三）社会环境方面存在的瓶颈

1. 专业人才匮乏

无论传播的技术和环境发生怎样的变化，品牌传播的最关键因素都是人。当前，无论是品牌理论研究者、品牌传播工作者，还是传播公司高管等专业人才，均严重稀缺。课题组对300多家企业的调查问卷显示，“缺乏品牌相关专业人员”已被企业家们看作目前制约企业品牌建设与传播的首要因素。品牌人才培养滞后是我国品牌专业人才匮乏的主要原因。我国高等院校很少设立品牌专业，品牌专业人才的培养基本还是空白。品牌理论和应用源自营销学，因此，目前品牌专业人才培养大多附属于市场营销专业，品牌传播的专业性不够。很多从事品牌管理的人才是经过企业内部培养“半路出家”而来，他们推广执行力强，但是在品牌顶层设计上缺乏系统能力，缺少经验。从国外引进的人才却又存在水土不服等问题。

2. 与品牌建设、传播相关的第三方机构发展不充分

在品牌建设与传播的过程中，行业协会与中介组织等第三方机构的作用也很重要。课题组在广东、江苏、浙江等6省18市的调研中了解到，当前，在我国大部分地区，与品牌建设相关的第三方机构发展并不充分，尚未形成多方参与的品牌培育与传播的环境。课题组发现，由于准入门槛较低，与品牌建设和传播相关的第三方机构的数量增长较快，但质量参差不齐，存在职能定位不清、素质偏低等问题。究其原因，一方面源于政府监管乏力，“放管服”①未能协调到位,“放”了但是“管”和“服”跟不上；另一方面，市场竞争激烈、企业生存压力大以及专业人才缺乏，也成为影响第三方机构质量和发展的重要因素。

（四）为受众（或消费者）“画像”的难度加大

数字时代是以消费者为主的时代，对于品牌和品牌传播，消费者不再像

① “放”，即简政放权，降低准入门槛；“管”，即创新监管，促进公平竞争；“服”，即高效服务，营造便利环境。

以前那样处于被动接受的地位，而是拥有更多主动权，可以从品牌的研发设计、生产、消费体验到反馈等方面全方位地参与其中。进入移动互联时代，消费者关注的重点不再是产品、功能、技术，而是自己的感受、喜好、体验，消费个性化将成为主流。在部分行业或领域，对商业模式起决定性作用的因素，如果说以前是地段，那么现在就是流量，未来则是粉丝。粉丝就是消费者，他们在哪里，哪里就是品牌传播要占领的主场。如何认识消费者，如何通过一切技术手段如大数据应用、行为分析等为他们“画像”，了解他们的心理偏好、消费方式和体验分享，成为品牌拥有者要面对的一大挑战。

（五）品牌传播国际化面临的挑战

品牌的国际化传播事关中国品牌“走出去”，在当前经济全球化出现变局的背景下，这个问题变得尤为重要。数字时代，中国品牌传播面临的多重挑战，在国际化传播方面表现得十分复杂和突出。目前国际舆论格局总体上呈现“西强我弱”的格局，无论是中国的国家形象还是中国企业的品牌形象，很大程度仍决定于“他塑”而非“自塑”，存在着“三差”：中国真实形象与西方主观印象的“反差”、软实力和硬实力的“落差”、信息流进流出的“逆差”。

从国家形象传播方面看，傅莹的研究表明，长期以来，国际社会对于中国的“资讯赤字”相当严重，源自中国的各种知识包括品牌信息都比较匮乏，缺乏系统性和完整性。当国际上出现涉及中国的热点问题，包括品牌问题并引发广泛关注时，中国人的声音相对薄弱和单一。进入 21 世纪，中国的大国地位更加稳固，我们对外叙事的理念和方法都有了很大提升，硬件不断完善，有了更多的自主平台和新媒体工具，也取得了很好的效果。但是，许多国家多年来对中国形成的刻板印象不大可能在短时间内彻底改变，对中国仍存在诸多模糊和错误的认识，这使中国与世界沟通的话语环境十分复杂。再加上我们对国际传播的基本规律、规则的了解还不够深入，对国际话语体系的掌握和运用不够熟练，导致国家形象的精准传播面临较大挑战。

从企业品牌角度看，外国消费者对中国品牌整体评价偏负面和消极，原因在于，不少中国企业在参与国际竞争的过程中虽然提供了优良的产品和服务，也积极履行了企业的社会责任，但是这些积极举动没有很好地传播出去。很多中国企业习惯于只做不说、多做少说、能不说就不说，一些想说的企业又存在不会说的问题。这使中国企业在“走出去”的过程中出现两个明显不匹配：软实力（品牌）与硬实力（产品或服务）不匹配、美誉度和贡献度不匹配。这导致中国企业常常被贴上“不好”的标签。中国品牌没有得到应有的美誉度，市场占有率不高、口碑不佳，在参与国际市场的兼并、重组活动中常常处于不利地位。

（六）对品牌传播存在认识误区

当前，我国企业等品牌建设主体在品牌传播上仍存在一些认识误区，在数字时代，这会对品牌传播的战略、战术制定和实施产生较大影响。误区一，做品牌就是做知名度。认为品牌可以通过高额的广告费造就，只要不断叫卖就可以形成；对品牌核心价值重视不够，对商品的质量安全和售后服务重视不够。误区二，做品牌就是做销量。认为只要销量上来了，品牌自然会得到提升。不少企业忽视品牌建设和传播，好的产品有好的市场却没有好的品牌，制约了品牌价值的提升。误区三，做品牌、搞传播是大企业的事情，小企业不需要也做不了品牌传播。误区四，盲目跟风，缺乏明确目标和清晰策略。一些企业热衷于利用互联网迅速“创造”品牌、“提升”品牌知名度，但其产品缺乏核心价值，一时的名声大噪不能造就消费者对品牌的忠诚，最终品牌还是立不住。误区五，急于求成。一些企业既缺乏坚持大单品一致化风格和品牌核心价值理念，更缺乏将大单品、品牌核心价值做深做透的运营系统和传播理念，期望做品牌可以毕其功于一役。这种短视的做法难以适应市场竞争，尤其是国际化竞争。

三、数字时代我国提升品牌传播水平的条件与机遇

在我国经济由高速增长阶段转向高质量发展阶段的过程中，发挥品牌引

领作用，推动供给结构和需求结构升级，是深入贯彻落实“创新、协调、绿色、开放、共享”五大发展理念的必然要求，是今后一个时期加快我国经济发展方式由外延扩张型向内涵集约型转变、由规模速度型向质量效益型转变题中应有之义。高质量发展阶段的到来，互联网及数字信息技术在品牌传播领域的应用，为品牌建设和传播提供了前所未有的机遇。

（一）我国提升数字品牌传播水平已具备一定有利条件

从品牌建设、品牌传播所需要的政策环境方面来看，我国已具备了一定适应数字时代传播要求的有利条件。近年来，党中央、国务院对品牌建设和传播的重视程度日益提高，党中央、国务院主要领导多次就品牌建设发表重要讲话或指示。2016 年 6 月 20 日，《国务院办公厅关于发挥品牌引领作用推动供需结构升级的意见》（国办发〔2016〕44 号）发布，该意见中提出设立“中国品牌日”，大力宣传知名自主品牌，讲好中国品牌故事，提高自主品牌影响力和认知度。这些战略思想和政策措施使我国品牌建设与传播的政策环境、市场环境、舆论环境等逐步优化。

从企业、消费者等方面看，发展品牌、传播品牌也具备了一定基础。课题组在 2016 年、2017 年对广东、江苏、浙江等 6 省 18 市所做的调查结果显示，我国自主品牌数量和品牌影响力均呈明显上升趋势，华为等品牌连续多年进入“全球最佳品牌 100 强排行榜”。企业及消费者的品牌意识大大增强，尤其是新兴的互联网企业。课题组调研的 300 多家企业中，71.1% 的企业有自己的产品品牌，接近一半的受访企业设置了品牌管理和传播的专职部门。消费者的品牌意识日益增强，课题组 2017 年对 2000 多位消费者的调查显示，78.1% 的受访者在购物时“在意品牌”。品牌建设和传播的社会力量不断壮大，各种行业协会、商标协会、质量协会等积极参与品牌推广运营、职业技术培训、信息咨询发布等活动。走出国门的品牌数量和品牌美誉度在增加，像中国高铁、中国航天和中国核电这三大名片，以及家电、电子信息、工程机械等领域的很多品牌在全球市场中占有的份额逐年提高。这些为品牌传播奠定了良好的基础。

（二）互联网及数字信息技术给我国品牌传播带来的主要机遇

对于中国而言，这是品牌建设最好的时代，也是品牌传播最好的时代。之所以做出这样的判断，最主要的原因就在于互联网及数字信息技术在品牌建设和传播中的应用和普及，将给我国的品牌传播带来众多机遇。

1. 品牌弯道超车之机

互联网及数字信息技术在传播领域的应用，改变了品牌传播的生态和环境，使原来的品牌传播理论和实践，包括品牌的诞生、运营模式、商业模式都面临“过时”的压力。进入数字时代，原来在传统市场具有垄断性渠道优势的产品或品牌，可能被颠覆，这为中国这样一个品牌经济欠发展的经济体提供了与品牌发达经济体站在同一起跑线上竞争的机会。中国互联网络信息中心（CNNIC）发布的《中国互联网络发展状况统计报告》显示，截至2021年12月，我国网民规模达10.32亿，互联网普及率达到73%，其中手机网民规模达10.29亿，占比99.7%。互联网在中国的普及应用程度，尤其是移动网民占比高于世界平均值的现状，为中国在移动互联网时代的品牌传播提供了后发优势。也就是说，在中国品牌发展滞后于经济发展的现实情况下，互联网尤其是移动互联网时代的到来，为品牌的国际传播提供了新的平台和渠道，为中国品牌传播能力建设提供了一个弯道超车、后来居上的战略机遇。

2. 提供品牌引领经济转型升级之机

依托大数据、人工智能、云计算等新型数字信息技术，数字时代的品牌传播体系得以进一步催生信息传播领域的新业态，使传统产业链条的价值创造与价值增值环节持续向纵深拓展，有助于提升传统生产型与服务型企业的品牌竞争力与价值创新能力，使企业能够结合自身产品属性和企业文化选择恰当的品牌传播方式，提升国内外市场影响力和消费者品牌价值体验，从而更好地发挥品牌经济对于我国经济转型升级的驱动作用。

3. 品牌共创引发商业模式创新之机

在数字时代，品牌创建方式发生了很大变化。传统方式是企业主导品牌创建过程，企业创造品牌价值，而数字时代的方式是企业与用户共创品牌及其价值，用户的个体能力和企业的能力共同决定品牌的建立。互联网使品牌传播不再是品牌产生之后的一个环节，而是伴随着品牌塑造的整个过程，甚至成为品牌诞生的源头，先有品牌后有产品的案例不断出现。品牌创建方式的变化带来了商业模式的创新，一批基于新型商业模式的企业应运而生。比如荔枝 FM、喜马拉雅 FM 等以“用户生成内容”为核心商业模式的移动电台；马蜂窝等以“用户生成内容”起步，并在此基础上发展起来的电子商务平台。

4. 品牌崛起加速之机

传统的品牌建立路径一般是靠日积月累之功，一个优秀品牌的建立需要很多年，如今这种情况正在被改变，互联网及数字信息技术赋予了品牌传播互动性、精准性、经济性等新特点，加快了品牌的建立进程，大大缩短了塑造品牌的时间。数字信息技术为品牌经济的实现提供了全新的方法和路径，很大程度上重塑了品牌价值的生产与输出模式。从传播角度看，与传统线性媒介相比，数字时代的品牌能以更加低廉的成本实现更具纵深性的辐射式传播，显著促进了品牌内容的个性化与传播形式的多样化，加快了品牌传播速度，拓展和丰富了品牌受众群体。近年来，移动互联网与新兴媒体形式的出现，使品牌传播的差异化进一步增强，使之能够突破传统的时空局限，随时随地向受众投送品牌信息，极大提升了品牌的认知度与曝光率，并借助在线交互等手段提高消费者的品牌参与度，强化了品牌黏性。

5. 为我国品牌提供“正名”之机

改革开放 40 多年来，中国品牌在数量上发展迅速，在质量上不断提升。但从总体看，能够在国际市场上拥有知名度、美誉度的中国品牌数量并不是很多，国外消费者对中国产品和品牌的认知大多还停留在价格低、质量差的层次，整体评价偏消极；国内消费者对中国自主品牌的评价也有较多负面印象。课题组 2018 年年初对 2000 多位消费者的在线问卷调查显示，国内消费者对中国自主品牌的印象中，位列前三的均为负面评价，分别是“仿冒盛行（52.71%）、缺少技术创新（41.20%）和数量多、质量差（39.76%）”。这一方面表明有部分品牌存在创新不足、质量不高、服务不佳等问题，另一方面也凸显了品牌传播中消费者对负面信息的接受量、信任值和记忆度比正面信息更高的现象。在这种情况下，我们需要利用互联网无穷大的容量空间、便捷丰富的传播渠道和较低的传播成本，借助各种新媒体提供准确、丰富、形式多样的充满正能量的品牌信息，减少乃至消除过去长期积累的中国品牌“资讯赤字”，满足消费者尤其是国外消费者对我国品牌的信息需求，纠正、改变国内外消费者对中国品牌的负面印象和评价，引导、鼓励他们消费中国品牌，从而形成良好的中国品牌舆论环境。

6. 提高我国品牌国际话语权之机

传播力决定影响力，话语权决定主动权。历史的和现实的原因使得当前国际品牌舆论格局总体上是“西强我弱”，我国的经济发展优势和综合实力还没有转化为品牌话语优势。我们拥有众多品牌，其中不乏优质品牌，但在国际市场上却是“有品牌叫不响，叫响了传播不开、传播不远”。在遇到品牌危机时，如果缺少话语权，难免会因失语而被误解，在国际竞争中处于被动地位。在数字时代，我们可以借助互联网提供的传播平台，利用其传播特点，着力推进品牌国际传播能力建设，创新品牌传播方式，研究国外不同消费者的习惯和特点，采用国际上通用的品牌理念、表达方式、传播渠道，提高讲好中国品牌故事的能力，使中国品牌不仅能传播出去，还能传播得好、传播得远，增强中国品牌在国际上的知名度、美誉度，培养消费者的忠诚度，树立中国品牌的形象，擦亮中国品牌。

7. 提供品牌国际扩张之机

数字时代，品牌传播具有即时性、国际性的特征，相对模糊了品牌国内传播和国际传播的边界，提高了全球市场的连接广度与深度。任何一个品牌信息，通过网站、微博、微信、网络直播等网络媒体，以图、文、音视频并举的方式，第一时间在全世界任何有网络的地方进行传播，而国外的市场热点也会通过互联网即时传播到国内市场，使每一个品牌都有机会成为全球性品牌。特别值得一提的是，借助互联网，即使不走出国门，品牌的国际传播和管理也能实现，这给中小型企业或是新创品牌提供了“走向全球”的机会。

此外，互联网还可以为品牌在国外市场的发展探路，在一定程度上降低企业贸然进入国际市场的成本和风险。

8. 品牌传播理论创新之机

品牌传播理论研究源起于西方、成熟于西方，中国属于后来者。随着品牌经济的发展，我国品牌传播的研究也有了长足进步，但还远远不能满足现实需要，无论是品牌传播的基础理论研究还是指导实践应用方面，都与西方有明显差距，主要表现在研究比较宽泛、分散、缺乏系统性，成体系的品牌传播理论尚不多见。进入数字时代后，西方原有的品牌传播理论也面临诸多挑战，而我国有着丰富多样的品牌实践，有些领域与西方同步，有些方面甚至全球领先，这就为中国的品牌传播理论创新提供了很好的条件。我们可以与西方站在数字信息技术这条起跑线上，对品牌传播实践进行系统、全面的理论总结，从而更好地指导实践，并接受实践的检验和修正。

四、数字时代我国品牌传播的战略与路径

基于中国品牌建设滞后于经济发展的严峻现实，以及经济发展从高速增长向高质量发展转变的迫切需要，我国进行品牌建设、实施品牌传播战略、打造“品牌中国”具有重大战略意义。数字时代的品牌传播战略将应我国经济发展阶段的需要，引领中国经济转型升级的方向，提升中国在全球生产价值链上的分工地位，为全面实现社会主义现代化强国目标提供有力支撑。

（一）中国品牌传播战略须顺势而“定”

所谓品牌传播战略，就是把通常应用于军事作战的谋略思想，应用于品牌传播之中，它是一种有计划、系统性、整体性与长期性的谋划。品牌经济、品牌传播与一个国家或经济体的经济发展阶段密切相关，是社会经济、市场环境和营销环境发展到一定阶段的产物。一个企业、一个国家或者经济体，都需要品牌传播战略。

1. 品牌经济阶段中国迫切需要制定品牌传播战略

探讨中国品牌传播战略的制定需要考虑两方面因素。从外部看，世界已进入品牌经济阶段，国际竞争也从产品竞争时代进入品牌竞争时代，存在明显的“二八现象”，即全世界 20% 的强势品牌占据了全球 80% 的市场份额。第二次世界大战以来，西方国家的产品靠品牌在国际市场上所向披靡，跨国公司的海外扩张已从原来的产品输出、资本输出走进品牌输出的新阶段。在当今世界，跨国公司在进行品牌输出的过程中，品牌传播战略往往作为先导战略，扮演开路先锋的角色。课题组对美国、英国、日本、韩国等发达经济体的研究表明，重视传播对品牌价值的提升作用，制定恰当的品牌传播国家战略，对一个国家的品牌发展将产生积极且深远的影响。

从国内的情况看，我国经济在经历了商品短缺的时代之后，经过几十年的发展，如今已进入商品相对过剩和同质化问题突出的时代，经济到了转型升级的新阶段，发展品牌经济成为一种必然选择。无论是实现产业结构调整、经济转型升级，还是满足人们不断增长的消费需求，或是占领国际竞争的制高点、形成国际竞争新优势，都需要一批质量高、附加值高的品牌来提升中国品牌的竞争力和影响力。同时，经济大国、品牌弱国的现实，品牌传播理论与实践均落后于西方发达经济体的现实，都要求我们必须尽快制定一个品牌传播战略作为品牌经济的先导战略，引领经济的转型升级，满足人民日益增长的美好生活需要，推动实现高质量发展，从而改变中国品牌传播能力与中国综合国力不相适应、“中国品牌音量”与“中国经济体量”不相称的现状。

2. 互联网给我国品牌传播战略的制定提出了新要求

通过前面的分析可以看到，互联网成为 30 多年来驱动世界经济发展的核心力量，它的兴起及其在品牌传播领域的应用，重新定义了品牌传播，不仅重塑了品牌传播理念、传播过程、传播手段、传播产业链条，将品牌传播推入一个新的阶段，同时也给品牌传播战略的制定提出了新要求。我们在制定品牌传播战略时，必须考虑到互联网及数字信息技术带来的各种影响，充分利用它为我国自主品牌提供的弯道超车、提升品牌话语权等重大机遇，同时正确应对它带来的各种挑战。尤其是要考虑国内、国外两个舆论场的不同特点和信息需求重点，在品牌传播的内容制作、渠道选择、发布时机选择、舆情评估等方面统筹兼顾，使品牌在国内外的传播既有区别，又能保持一致性，形成品牌传播的新机制，提升中国品牌的国际话语权。

（二）数字时代我国品牌传播战略总体目标

作为品牌强国战略的一个重要组成部分，数字时代我国品牌传播战略的核心目标有三。一是为品牌传播提供良好的国内外环境，构筑中国品牌传播话语体系，提高中国品牌在国际品牌话语体系中的地位，提升中国自主品牌在国内外的形象，增强中国品牌的竞争力。二是做强中国品牌软实力，以发挥品牌对经济转型升级的引领带动作用，提升我国在全球生产价值链上的分工地位，推进我国经济发展阶段的转变，实现高质量发展。三是提高企业等品牌建设主体在数字时代的品牌传播能力，适应新的发展阶段要求。

结合总体目标，在借鉴国外经验的基础上，从我国经济发展阶段及品牌传播所处阶段的现实出发，考量目前我国品牌传播面临的多重机遇和挑战，我们认为，我国数字时代的品牌传播战略应包括战略与路径两个层面的内容。

（三）数字时代我国品牌传播战略的重点与措施

1. 完善顶层设计与政策架构，制定适应数字时代要求的国家品牌传播战略，完善品牌传播制度环境

我们应在充分借鉴发达国家经验的基础上，把握好后发优势，加快明确数字时代品牌传播体系建设的顶层设计和阶段性推进工作部署。要从战略的角度制定符合国情的品牌传播机制，完善品牌发展的制度环境。最主要的有两条。一是要加快制定国家层面的品牌传播战略规划。在充分借鉴发达国家品牌建设经验基础上，可以考虑设立国家级品牌促进机构，加快制定国家层面的品牌发展战略规划纲要，明确品牌建设的重点方向、主要目标和阶段性工作任务。二是根据数字时代的新特征、新要求，建立和完善相关法律法规体系，强化品牌建设和传播过程中的知识产权保护与违法侵权的追责惩罚措施，为企业开展品牌建设与传播营造良好的法律环境。尤其是要规范品牌传

播过程中的用户数据采集、使用和后期处理流程，保障用户隐私与信息安全，遏制对用户信息的非法获取与买卖行为。

2. 营造适应数字时代要求的品牌传播环境，在政策环境、市场环境、舆论环境等方面积极有为

在政策方面，主要体现在能够及时出台、完善品牌推广公共服务政策，以适应数字时代的要求。市场环境方面，建立满足数字传播要求的劳动力市场、品牌商业市场以及资本市场，以实现对品牌推广的人力资源、品牌终端产品和资金需求的支持。同时，要加强数字时代品牌建设与传播的市场监管，将建立专业化、公平、开放的市场环境作为重要目标。基础设施方面，需要建设能够适应数字时代特点的品牌传播技术类设施、品牌传播教育设施、品牌推广设施等。舆论环境方面，要提高全社会重视品牌传播的意识，推动社会形成有助于品牌传播的良好氛围。可以在每年 5 月 10 日的“中国品牌日”等时间、事件节点，充分利用互联网及数字信息技术，加强线上线下的双向品牌宣传，注意培育民众的自主品牌意识，引导品牌消费行为。通过组织和举办公益性品牌宣传活动，如网上品牌展会、线上博物馆、网上品牌交易会等，让消费者不受时空限制地体验自主品牌，在全社会营造人人尊重、爱护、支持、传播自主品牌的良好氛围。

3. 构建完善的品牌传播服务体系

构建完善的品牌传播服务体系主要包括两方面工作。一是支持发展一批品牌传播专业中介服务机构。这些中介服务机构应该具有主体多元化、运行市场化的特点，可以将公益性服务与经营性服务相结合、专项服务与综合服务相协调。同时，充分发挥已成立的品牌协会、商标协会、广告协会、进出口商会等各类专业协会组织在品牌研究、维权、咨询、市场推广等方面的重要作用，不断完善和优化各类品牌传播服务平台。二是加快培育品牌传播智库。对专业的第三方品牌传播机构进行评估和备案，培育一批品牌传播智库，供企业自主选择、自由合作，推动企业的品牌孵化和品牌传播。鼓励和引导品牌智库吸纳一批熟悉品牌传播规律的高校专家、著名企业的行家作为智库专家，对企业品牌建设与传播给予指导。此外，还可以建立品牌传播案例库，

总结、宣传、推广一批典型企业的品牌传播成功经验，以示范引领为抓手，进一步加强企业品牌的建设和传播。

4. 借力全媒体，搭建快捷有效的品牌传播平台

政府须充分利用互联网及数字信息技术优化媒体战略布局，整合媒体资源，倡导中央媒体和地方媒体的合作、大众媒体与专业媒体的合作、新媒体与传统媒体的融合，并创造条件促进中外媒体的合作，形成中国品牌传播的媒体“统一战线”。一方面着力打造具有较强传播力、公信力、影响力的一流旗舰媒体；另一方面借力全媒体渠道，以新媒体为主力，充分发挥新旧媒体融合的作用，为自主品牌提供专业、有效的传播平台。

5. 加强品牌传播专业人才的培养

营造良好的品牌人才培养环境，实行培养和引进相结合，加快品牌传播领域专业人才队伍建设。支持有条件的高等院校开展品牌传播学科建设；鼓励社会研究机构开展面向企业的品牌传播研究和培训，为广大企业创建品牌、传播品牌提供理论和技术支持，同时开展品牌从业人员培训，建立相关职业资格认证体系，不断提高企业品牌从业人员的能力和素质；引进海内外高层次品牌管理专家和高技能人才，培养造就一批具有国际视野的高水平品牌传播人才；建立数字时代的品牌传播专家人才库，把具有品牌知识背景、品牌技术背景的人才纳入国家人才政策支持范畴，推进品牌传播领域的人才社会保障机制建设。

6. 提升中国品牌国际话语权

要提升中国品牌国际话语权，需要加强对外传播话语体系建设，打造融通中外的新概念、新范畴、新表述，充分利用互联网及数字信息技术，提升主动设置品牌议题的能力。要进一步加强国际传播能力建设，优化战略布局，整合优势资源，着力打造具有较强国际影响力的一流旗舰媒体。要注重发挥新媒体的作用，同时善于借助国外媒体平台，建设多途径、广覆盖的对外传播网络，形成与中国经济社会发展水平和国际地位相称的对外传播力量，提高中国品牌的国际影响力。

中国品牌在国际市场上的弱势地位，与我们自身在品牌价值评定方面的

话语权偏弱也有密切关系。我们要充分利用中国作为ISO/TC 289秘书国的身份，以2014年国际标准化组织（ISO）中央秘书处正式批准的有形资产、无形资产、质量、服务、技术创新组成的品牌价值的五要素为标准，深入参与品牌国际标准的制定，改变目前全球品牌价值评定标准单一、混业评比、各国各自为政的现状，为增强发达国家、发展中国家品牌价值评价的科学性、公正性、标准一致性发挥重要作用，同时提升中国的国际话语权，促进中国品牌的国际传播。

（四）数字时代品牌传播策略的重点与措施

面对互联网及数字信息技术带来的品牌传播生态、传播方式的改变，企业等品牌拥有者要遵循消费者导向原则、差异化原则、整合原则、互动体验原则、联系共赢原则，发挥网络等新媒体资源和传统媒体资源各自的优势，使品牌传播更好地适应新形势，应对新挑战。

品牌传播策略的总体目标是提升企业的品牌传播管理水平，使其尽早进入声誉管理阶段。要重点做好品牌利益相关者的多重关系管理，包括媒体关系、政府关系、客户关系、竞争者关系等。企业等品牌拥有者要经常审视自身对这些关系的维系程度，并根据数字时代受众通常会选择对自己有价值的信息的特点，把过去只关注“我要说的”调整为“对方想听的＋我要说的”，策略性地为利益相关者提供有价值的信息。具体包括以下几个方面。

1. 不同分类标准下制定品牌传播策略的要点

要改变目前多数企业理论上重视、现实中轻视品牌建设与传播的现状，把品牌建设与传播提高到与产品研发、销售一样重要的位置，有条件的企业应建立专门的品牌传播部门，负责企业品牌战略的落实。根据企业在品牌生命周期中所处的阶段及品牌所属类型，制定不同的品牌传播战略和策略。

（1）根据品牌生命周期各阶段制定传播策略要点。

在品牌初创时期，制定清晰、立体的品牌定位，最大限度提升品牌的知名度。在品牌成长期，传播策略的重点是提升消费者对品牌的品质认知，构建品牌联想。在品牌成熟期，可使用设置退出壁垒、奖励忠诚、借助新媒体有效沟通、建立品牌社群、提供增值服务等策略，培育品牌忠诚度。在品牌衰退期，可采取五大策略更新品牌价值：一是基于品牌基因进行产品和品牌更新换代；二是基于互联网传播逻辑树立品牌社群观念；三是基于企业 IP 和用户关系进行内容迭代；四是基于公众对话和关系管理进行渠道更新；五是基于品牌和社群管理优化人力配置。

在数字时代，品牌生命周期也发生了新的变化，时间变短、“小而美”趋势明显。品牌传播主体与品牌利益相关者共建一套话语体系、共处一定意义空间，双方因对话而形成的社群就有了新的意义。面对互联网“关系时代”的来临，品牌生命周期的调适可以从品牌社群的建设入手。

（2）根据品牌类型制定品牌传播策略的要点。

根据不同的标准对品牌进行分类，例如，可分为企业品牌、产业集群品牌、区域品牌、国家品牌等。不同类型的品牌，传播策略要点也有所不同。企业品牌要注意传递企业价值观、注重体验营销和口碑传播。产业集群品牌要注重制定长期、专业的传播战略并重视与全球品牌合作，同时注意分级管理，专业化运营。区域品牌要注意建设政府品牌认证体系，加强平台建设和财政支持力度。国家品牌传播则要注意以下几项：让政府机构成为品牌传播主体；内容上注重突出文化价值内涵；方式上注重情感联系，特别要利用好事件营销、热点营销、名人代言的影响；渠道上严选传播介质，尤其是要发挥社交媒体的作用等。

2. 传播媒介选择的策略要点

媒介的选择在品牌传播活动中至关重要。在数字时代，品牌拥有者需要综合把握新旧媒体融合趋势和非媒体应用场景，根据内外部环境合理运用，制定出适合自己的全媒体传播战略和策略，才能撬动构建与经营品牌核心价值的杠杆，进一步提升品牌价值。因此，企业等品牌拥有者在全媒体时代的媒介选择策略应根据传播方式、传播主体、传播内容和传播目标受众的不同而有所区别。媒介选择应该把握如下原则：具备创新思维、坚持渠道创新、立足创新内容、注重受众体验，最重要的是要“取悦客户心、征服客户眼”。在执行传播媒介选择策略时主要把握三点：一是精准定位，体现出专业性；

二是提供优质内容，传播品牌价值；三是借助垂直服务，完善品牌功能。需要指出的是，新旧媒体的说法是相对的，新媒体代表了品牌传播的未来方向，并且正在成为品牌传播的主流渠道和方式，但它不是全部，传统媒体仍有自己的市场地位。从品牌传播效果来讲，适合的才是正确的。比如说，电视早已被人们列为传统媒体，但是对于白酒品牌来讲，通过电视传播仍是白酒企业的最爱，中央电视台仍是白酒品牌最权威的传播阵地。

3. 品牌危机管理的应对策略要点

互联网尤其是移动互联网时代，应对品牌突发状况成为传播工作的常态。做好品牌危机管理，做好品牌危机时期的传播，需要品牌拥有者树立正确的危机意识，改变“恐惧”与“沉默”的姿态，避免过度公关、推脱责任、欺瞒公众的传统做法，抛弃摆平媒体、屏蔽消息、政府公关等不当手段，积极采取正确的应对措施，这样不仅能平稳化解风险，还有可能化“危”为“机”。其中有两个关键点：一是客观认识并深刻把握危机的基本规律与变化特征，优化事件应对流程，提高舆情管理水平，以满足品牌传播危机处置的实践需求；二是加强“治未病”式日常防范、改善舆论形象管理、强化主体意识等措施，做好日常品牌传播风险防范。

4. 大数据应用于品牌传播的策略要点

欧洲知名数据科学家维克托·迈尔·舍恩伯格认为，大数据给人们的生活、工作及思维带来的最大影响是，它使人们放弃对因果关系，即“为什么”的探究，而增加了对相关关系，即“是什么”的关注程度。大数据的普及应用极大地提高了人们对信息的精准认识与判断能力。企业等品牌拥有者应当如何有效地将大数据应用到品牌传播当中？要点有四：一是转变观念，构建大数据时代的品牌传播理念和行为；二是制定大数据战略，科学管理品牌传播的数据资产；三是创新品牌传播管理机制，奠定坚实的组织支撑；四是营造学习型氛围，不断提升品牌传播人员的知识水平和决策能力。

5. 品牌传播效果评估的策略要点

基于对受众和消费者真实可靠的数据的挖掘和分析，品牌传播的传播主体和传播渠道对传播过程进行总结，是品牌传播效果评估的主要任务，而消除其中相关不利因素就成为企业品牌传播效果评估时的要点：一是要解决互联网条件下的数据失真问题；二是要改变评价指标单一的状况；三是要尽快制定行业统一标准，改变评价体系各行其是的现状；四是要对执行标准的机构进行审查，完善品牌效果评估的监督机制。

6. 品牌国际化传播的策略要点

中国品牌要想在国际舞台上获取更多存在感、美誉度和影响力，需要好业绩、好行为，更需要好声音。实现中国品牌的国际化传播，要用国际通用的语言，既要突出中国特色，也一定要尊重国际规则。要处理好品牌传播的全球化与本土化的关系，牢固树立以品质为核心的品牌国际传播理念，将促进可持续发展作为中国品牌国际化传播的核心价值，健全品牌海外保护机制，量身定做适合各国国情的本土化品牌传播方案。

具体来讲，在品牌传播内容的制作上，要有国际化思维，尤其是在品牌的文字标识、图像、视频等方面，要善用国际化语言，方便被国外受众识别。在媒体渠道选择上，发达国家和发展中国家因发展程度不同，互联网及数字信息技术的普及程度也不一样，要注意针对不同地区所处的不同发展阶段，灵活运用新旧媒体。在受众细分方面，既要与当地官方进行沟通，也要与当地的智库、企业、社区、普通消费者等社会各阶层进行沟通。在传播载体选择上，要用好新闻发布平台、高端智库交流渠道、重大活动和重要展会赛事、中华传统节日等多种载体。总之，要针对不同国家制定不同传播策略框架，充分考虑不同国家和地区在社会制度、历史、文化、宗教、法律等方面的差异，做到因地制宜、分别施策。在执行品牌传播国际战略时，要特别注意一点：在数字时代，在地球村里，需要同步考虑国内外消费者的需求，做到及时、主动、全面、准确地传播，尤其是在出现品牌危机时，要尽早、尽快、尽可能多地提供准确的相关信息，抢占舆论制高点，把握主动权，赢得消费者的信任。

品牌传播是一项系统工程，在此过程中，我们需要顶层设计，需要执行策略，需要处理好品牌利益相关方的多重关系，尤其需要平衡好政府和市场的关系。双方需明确自身职责，不越位、不缺位、不错位。政府的主要职责是发挥引导、服务和监管作用，为企业品牌建设营造良好的市场环境和社会氛围。企业则要发挥品牌建设和传播的主体作用，激发内生创新动力，多措并举提升品牌价值。

总之，我们要通过政府、企业、社会、消费者、媒体等各方的共同努力，利用数字时代提供的难得机遇，顺应数字时代的品牌传播新趋势，主动适应品牌传播新环境，积极使用新兴媒体平台、渠道和终端，实现“品牌中国”传播计划的预期目标，构建中国品牌传播新战略、新体系、新机制，提升中国品牌形象，打造中国品牌竞争新优势，开创中国品牌传播新局面。

（课题组成员集体研究成果，执笔：李慧莲）

参考文献

[1] 余明阳，朱纪达，肖俊崧．品牌传播学［M］．2版．上海：上海交通大学出版社，2016.

[2] 汪同三．中国品牌战略发展报告［M］．北京：社会科学文献出版社，2017.

[3] 罗子明．品牌传播研究［M］．北京：企业管理出版社，2015.

[4] 李明合，等．品牌传播创新与经典案例评析［M］．北京：北京大学出版社，2011.

[5] 刘平均．品牌价值发展理论［M］．朱秋玲，等译．北京：中国标准出版社，2016.

[6] 傅莹．看世界［M］．北京：中信出版社，2018.

[7] 林斯特龙．品牌洗脑［M］．2版．赵萌萌，译．北京：中信出版社，2016.

[8] 林斯特龙．感观品牌：隐藏在购买背后的感官秘密［M］．赵萌萌，译．北京：中国财政经济出版社，2016.

[9] 凯勒．战略品牌管理［M］．4版．吴水龙，何云，译．北京：中国人民大学出版社，2014.

第二部分

专题报告

专题报告一

数字时代的品牌传播理论、原则与趋势

摘要：品牌传播是一种操作性的实务，即通过广告、公共关系、新闻报道、人际交往、产品或服务销售等传播手段，最大限度地提高品牌的认知度、美誉度、和谐度，其目的是协助品牌建立与消费者之间长期的紧密关系。

品牌传播理论起源于西方，经历了品牌观念、品牌战略、品牌资产和品牌管理四个阶段。中国品牌传播理论的研究起源于2002年，之后陆续出现了品牌传播的消费者导向、整合品牌传播理论等新研究范式。

伴随着互联网及数字信息技术的发展，品牌传播生态发生了巨大变化，品牌传播理论和原则也面临着新的挑战。本专题报告通过分析数字时代品牌传播生态的变迁以及品牌传播方式的改变，提出了数字时代品牌传播的五项原则，即消费者导向原则、差异化原则、整合原则、互动体验原则和联系共赢原则。基于这五项原则，本专题报告对数字时代的品牌传播提出三条建议：第一，进行跨媒体整合、线上线下联合，注重品牌传播“长尾化”效应；第二，建立品牌社群，注重情感分享，强化品牌传播效果；第三，提高讲品牌故事的能力，用品牌新闻讲好品牌故事。

近年来，中国品牌的影响力不断提升，最根本的原因是中国经济的发展。中国成为世界第二大经济体，这必然会带动中国品牌的成长与壮大。但是在国际知名品牌排行榜上，中国企业的排名和数量均与中国经济总量和影响力极不相称。其中一个原因就是，中国缺少品牌评价的话语权，评价体系科学性不足。在国务院的推动下，为培育一批具有竞争力的知名品牌，提升品牌价值，推动中国产品向中国品牌转变，推进供给侧结构性改革，以有形资产、无形资产、质量、服务、技术创新五要素构成的品牌价值评价体系成为广泛共识。

2017 年 4 月 24 日，国务院批准将每年 5 月 10 日设立为“中国品牌日”，这是我国首次以官方身份而且是国务院级别提出设立“中国品牌日”，标志着“发挥品牌引领作用”上升到了前所未有的高度。

如何发挥好品牌的引领作用，运用何种策略更好地传播品牌发展理念、更有效地宣传自主品牌，提高民族自主品牌影响力和认知度，讲好中国品牌故事，成为品牌传播研究者和实践者亟须思考和解决的问题。尤其是如何利用“互联网 +”的思维，创造出更符合时代特征、契合消费者需求的品牌传播理论与实践，推动中国从经济大国向经济强国转变，更成为新时期的重要议题。

一、品牌传播理论溯源

（一）国外的品牌传播研究：基于营销与管理的研究

国外品牌传播研究起步早，研究之初就设定了以企业为主体，从不同维度帮助企业创建强势品牌的目标。其研究可概括为以下四个阶段：品牌观念阶段、品牌战略阶段、品牌资产阶段、品牌管理阶段。

1. 从“什么是品牌”到“如何创建品牌”

20 世纪 50 年代至 60 年代，品牌的观念已经逐渐为人们所认知，包括美国广告专家大卫 · 麦肯兹 · 奥格威、美国学者伯利 · B. 加德纳在内的学者分别对品牌的定义及其内涵要素进行了初步探索研究。20 世纪 50 年代，品牌的传播开始系统化，不再是简单地宣传品牌名称及标志，开始突出品牌内涵，注重品牌形象等深层次的发展。CI 战略（Corporate Identity Strategy）

的推广在这时期起到了重要作用，它是对企业形象的有关要素（理念、行为、视觉）进行全面、系统的策划与规范，并通过全方位、多媒体的统一传播，塑造出独特、一贯的优良形象，以谋求社会大众认同的企业形象战略。美国国际商用机器公司（IBM）率先在1955年导入CI战略，紧随其后的可口可乐公司将其运用推向高潮。日本在20世纪60年代也积极引进CI战略，后逐步推广。

20世纪60年代至80年代，出现了一系列的品牌传播理论，逐渐形成结构完整的理论体系。主要学术思想有美国广告专家罗瑟·瑞夫斯的独特销售主张理论、美国广告专家大卫·奥格威的品牌形象理论、美国精信广告公司及日本小林太三郎的品牌个性论、阿尔·里斯和杰克·特劳特的品牌定位理论（见表1）。

根据美国市场营销协会的定义，创建品牌的关键在于选择名称、标识、符号、包装设计或其他有助于识别产品并使其与其他产品区别开来的属性。形成品牌识别并使之差异化的这些部分，被称为品牌元素，也称为品牌特征，指用以识别和区分品牌的商标设计。主要的品牌元素有品牌名称、标识与符号、形象代表、品牌口号、广告、包装。

全套品牌元素构成了品牌识别，所有品牌元素都对品牌认知和品牌形象起着重要作用。品牌识别的聚合性取决于品牌元素之间一致性的程度。

表1　　1967—1969年品牌传播理论

理论	内容	提出者
独特销售主张	每个广告都必须向顾客陈述一个主张，该主张必须是竞争者所不能或不会提出的。同时，该主张一定要强有力，并且能打动千百万人，也就是吸引新的顾客使用你的产品	罗瑟·瑞夫斯 （《实效的广告》1961年）
品牌形象理论	创建品牌的战略方法是塑造品牌形象。每一则广告都应该看成是对品牌形象这一复杂现象的贡献。致力于以广告为自己的品牌树立明确、突出的个性的厂商会在市场上获得较大的占有率和利润	大卫·奥格威 （《一个广告人的自白》1962年）

续表

理论	内容	提出者
品牌个性论	品牌传播不只是传播品牌形象，更要传达品牌个性。为了实现更好的传播效果，应该将品牌人格化，核心图案或主题文案是表现品牌的特定个性的关键	美国精信广告公司（GREY）提出“品牌性格哲学”；日本小林太三郎提出“企业性格论”
品牌定位理论	创建品牌的战略方法是提出一个品牌定位。“定位不是你对产品要做的事。定位是你对预期客户要做的事。换句话说，你要在预期客户的头脑里给产品定位。在我们这个传播过度的社会，想要解决说话有人听的问题，定位是首先应被思考的事情”	阿尔·里斯、杰克·特劳特（《工业营销》杂志，《定位：同质化时代的竞争之道》1969年）

2. 从“如何评估品牌资产”到“如何管理品牌”

品牌资产的研究主要出于两个动机：一是财务动机，将商品或服务品牌化后，获得额外利润，更精确地评估品牌价值；二是战略动机，即消费者对品牌偏好的心理过程从而产生溢价购买行为。

1988 年，《经济学人》以“讲求品牌之年度”为封面主标题，反映了业界认识到品牌可以作为有形资产而存在，使得 1988 年成为品牌年。品牌资产是 20 世纪 80 年代出现的极流行和极具潜在价值的营销概念之一，美国学者大卫·艾克、凯文·莱恩·凯勒等分别提出品牌资产定义（见表 2）。

表 2　　品牌资产定义

提出者	内容	来源	时间
大卫·艾克	品牌资产是与品牌、品牌名称和标志相联系、能够增加或减少企业所销售产品或提供服务的价值和顾客价值的一系列资产与负债	《管理品牌资产》	1991年
凯文·莱恩·凯勒	以顾客为本的品牌资产就是由于顾客对品牌的认知而引起的对该品牌营销的不同反应。与没有标明品牌的产品相比，顾客更倾向标明品牌的产品，并会对它的市场营销做出更积极的反应	《市场营销》杂志刊登《基于顾客来源的品牌资产评估》一文	1993年

大卫·艾克在综合前人理论的基础上，提炼出品牌资产的“五星”概念模型，即认为品牌资产由五大元素构成，分别是品牌知名度、品牌认知度、品牌联想度、品牌忠诚度和其他品牌专有资产。大卫·艾克（1996 年）将这五个维度进一步细化，得出几项具体测评指标：品牌忠诚度（溢价、满意度、忠诚度）、品牌认知度（品质认知、领导性 、普及度）、品牌联想度（价值、品牌个性、企业组织联想）、品牌知名度和市场状况（市场价格和销售区域、市场份额）。

除此之外，凯文·莱恩·凯勒（2003 年）还提出了著名的 CBBE 模式，即基于顾客的品牌资产金字塔，用这一金字塔模型来表示品牌创建的阶段（见图 1）。只有当品牌处于金字塔塔尖时，才能产生具有深远价值的品牌资产。金字塔左侧表示建立品牌的“理性路径”，右侧表示建立品牌的“感性路径”，绝大多数强势品牌的创建是通过这两条路径“双管齐下”。基于公司视角的品牌资产聚焦于品牌对于企业的价值，而 CBBE 模型强调个体消费者的概念化和可测量化。

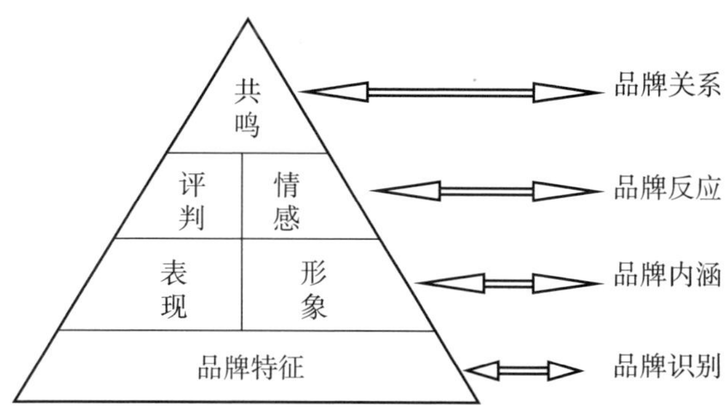

图 1 基于顾客的品牌资产金字塔

到了 21 世纪初，在品牌资产研究的基础上，国外学者对“如何开展品牌管理”进行了一系列研究。品牌管理回答了如何在不同的条件和环境下创建、维持、提高品牌资产。

大卫·艾克在《品牌领导》（1988 年）一书中提出品牌领导视角下的品牌识别、品牌组合、品牌创建和品牌组织的品牌管理过程。他认为，品牌领导模式中的经理较之过去的注重战术，更有策略头脑和远见卓识。他们对品牌进行战略性管理，使品牌反映消费者心目中的形象并持续有效地加以传播。为实现这一目标，品牌经理必须介入经营策略的制定和实施。经营策略是品牌策略的总指挥，它需要有战略眼光，能融入不同文化。凯文·莱恩·凯勒在《战略品牌管理》（2009 年）中提出战略品牌管理流程的四个步骤：识别和确立品牌定位和价值；规划并执行品牌营销活动；评估和诠释品牌绩效；提升和维系品牌资产。

（二）中国的品牌传播研究：传播学视域下的专门化研究

1. 品牌传播：传播学研究的新方向

品牌传播是一种操作性的实务，即通过广告、公共关系、新闻报道、人际交往、产品或服务销售等传播手段，最大限度地提高品牌在目标受众心目中的认知度、美誉度、和谐度。对品牌传播的基础、规律、方式方法的探讨总结，则构成品牌传播“学”的内容。

2002 年是中国品牌传播理论研究元年。两篇关于品牌传播理论的论文分别发表于国内新闻传播学顶级期刊上，表明“品牌传播”作为传播学研究的新方向，开始进入主流理论界的视野。

初期的品牌研究从设计学、管理学、营销学、产品研发、法学等多角度切入，多学科的视角切入无可避免地引起了研究内容的泛化，基于此，有学者认为，虽然品牌重在消费者的感受与评价，但是品牌毕竟是品牌拥有者进行自觉传播的结果，因此品牌研究应定位于传播学，并提出品牌传播是传播学视野中专门化研究的主张。

2. 品牌传播的消费者导向

陈先红教授《试论品牌传播的消费者导向原则》一文，对品牌传播的概念做了简单的定义。“品牌形成的过程，实际上就是品牌在消费者中的传播过程，也是消费者对某个品牌逐渐认知的过程，所谓品牌传播，就是指品牌制造者找到自己满足消费者的优势价值，用恰当的方式持续地与消费者交流，促进消费者的理解、认可、信任和体验，产生再次购买的愿望，不断维护对该品牌的好感的过程。”文章重点从三个方面论述了品牌传播的消费者导向问题，首先，从品牌的内涵和价值来看，品牌是一个以消费者为中心的概念，品牌价值不仅属于制造者，而且属于消费者；其次，从品牌的制造者来看，企业的沟通模式、经营理念和营销思想逐步从“企业本位”转向“消费者本位”；最后，从品牌接受角度看，消费者对品牌的接受要经过认知、情感和行为三个阶段。在认知阶段，消费者奉行“适度满足法则”和“最小努力法则”，采取的是“浅尝资讯式购买决策”，这种信息处理方式成为品牌传播基本原则的前提。此外，文章还提出了基于这些消费者信息处理方式，以消费者为导向进行品牌传播的传播法则，即简单法则、个性法则、熟悉法则、期待法则、一致法则、人际法则和整合法则。陈先红教授对品牌传播的“消费者导向”的研究，是对品牌传播重要特点的理论论证。

3. 从整合营销传播到整合品牌传播理论

2008 年，武汉大学张金海教授与华南理工大学段淳林教授在整合营销传播理论的基础之上提出“整合品牌传播理论”。早在 1999 年，华东师范大学品牌研究学者何佳讯在《美国 IBM 重塑辉煌——“整合品牌传播”的成功范例》一文，分析 IBM 品牌成功经验的过程中，首次提出“整合营销传播 + 品牌资产 = 整合品牌传播”的观点，“整合营销传播”以统一的传播目标，运用和协调各种不同的传播手段，使不同的传播工具在每一阶段发挥出最佳的、统一的、集中的作用。其目的是协助品牌建立与消费者之间的长期关系。品牌核心要素与灵魂必须在所有传播中得到一致性的运用。因此确切地说，“整合营销传播”的实质是“整合品牌传播”。2002 年，清华大学熊澄宇教授在《网络广告的品牌传播理论初探》中，也指出“整合营销传播的一个重要特征就是品牌至上，因此整合营销传播实际上就是整合品牌传播”。

整合品牌传播的一个重要任务，是围绕品牌规划整合传播体系，因此整合品牌传播指的是整合组织传播，构建适应于整合品牌传播的组织体系，是确保整合品牌传播时效性和操作性的重要保障。这种组织体系需要扁平化的、以消费者为导向的组织结构，必须是渗透到整个组织的战略性传播，让消费者参与品牌传播过程。整合品牌传播路径主要包括企业组织层面的战略性整合品牌传播，企业内部的员工对企业文化认同的品牌传播，以产品和服务为载体的消费者参与的个人体验传播。这三个方面相互支撑、缺一不可。整合品牌传播只有在这三个层面协同发展，才具有实际的可操作性。

二、数字时代品牌传播理论的重构

（一）数字时代品牌传播生态的变迁

生态学强调生态系统内各组成成分间的互动联系，其中任一成分的变动，都将引起其他成分的变动。自然生态系统是这样，品牌生态系统也是这样。在信息传播技术不断发展的互联网世界，信息量现在正以年均 50% 的速度激增，信息的供给已经远远超出人们的注意力所需，因而注意力成为稀缺资源。消费者是品牌传播过程中的利益相关者之一，是品牌传播生态的重要部分，理解新时代消费者的消费心理新特点具有举足轻重的意义。

1. 主动性更强，个性化更明显

以往，消费者主要在商场或商铺等实体店进行消费，由于消费者对品牌和产品的信息了解不全面，致使消费者只能被动接受品牌传递的信息。随着互联网尤其是移动互联网技术的发展，消费者越来越不满足于传统的被营销的消费体验，对传统的营销方式表现出不信任，因而更倾向于根据自己的兴趣爱好或者需求，通过搜索引擎收集需要的品牌或产品的信息，或者通过各种社交媒体了解和分享信息，在消费过程中变得更加主动，更倾向于选择体现自己个性的产品或者服务。这就要求企业从品牌传播生态角度出发整合共享品牌资源数据库。一方面是矩阵内部的平台资源共享，另一方面是对外开放合作，竞争品牌的相互合作可以起到共同扩大市场规模的作用，实现盈利模式多样化，提高品牌影响力。同时，用户数据库显得尤为重要，用户数据库的积累和建立可以为营销、仓储、物流、售后、人员调配等环节提供服务支持，在品牌群之间进行数据共享，对整个品牌群的服务整合将会提供最坚实的数据支持。

2. 更加注重消费的便利性

这种便利性不再仅仅体现在传统互联网时代坐在家里就能进行购物的便捷，而是指移动互联时代，在户外出行过程中，随时随地都可以通过移动互联网进行消费，需要打车时可以通过移动设备呼叫出租车；快到吃饭时间时，可以通过移动设备获取周围各家餐馆的信息，进而根据自己的喜好选择餐馆，并通过 GPS 技术，选择最优路线。消费者对技术带来的便利习以为常，在这种情况下，其对消费过程便利性的要求也变得越来越苛刻，稍有不合心意之处就会通过各种途径向企业和商家反馈。企业可以通过纸媒、微博、微信、网站、应用程序等平台间的融通整合，实现新媒体平台间的相互导流和传播推荐，各平台间的互荐与推广方便了用户的自由转换，满足各平台用户的差异化需求。

3. 更加注重情感分享

过去，社交媒体尚未普及，消费者更多地通过口头传播的方式来分享自己的购物体验。而在数字时代，人们利用手机、电脑等设备进行沟通交流，人与人之间的现实关系转换为虚拟关系，社交媒体也逐渐成为人们获得归属感和寄托情感的平台。在消费过程中，消费者也越来越倾向于在社交媒体中表达自己使用产品或服务后的感受，以此来与他人互动、产生共鸣，进而获得归属感。在与用户互动关系的评估上，互动频率、互动活动参与度、用户活跃指数以及用户黏性等指标应占更高的权重。企业与用户的互动关系培育，有助于形成用户黏性，促进品牌生态系统的良性发展。

4. 更加注重消费体验

消费体验就是在消费过程中消费者对服务、产品等的感知和评价。移动互联网虽然可以模拟现实的消费情境，但无法使消费者亲身体验到产品和服务的质量，因而其他消费者的评价和客服的态度就成为消费者做出购买决定的主要影响因素。在线上购物的过程中，消费者更加注重整个消费过程中的个人体验，包括良好的服务态度、及时性回复和快捷的物流服务，而在线下购物过程中，消费者在追求产品高质量的同时，也更加注重服务的高质量。好的消费体验会使消费者对品牌产生好的印象，进而乐意与品牌建立进一步的关系。品牌生态位是指品牌在其生存环境中所处的位置和所利用市场资源的综合状态，是品牌生存条件的总集合体。两个品牌消费群体如果占有的环境资源相似，就很容易产生品牌竞争。这就要求在品牌初创阶段，扩宽品牌生态位范围，注重用户的独特消费体验，挖掘品牌特性，在消费者心目中建立良好形象。这有利于品牌在发展中期占据主流市场，利用资源优势，形成名牌效应，为形成良好的生存环境打下基础。

（二）数字时代品牌传播方式的改变

互联网构建了一个将任意的人联结在一起的虚拟世界，在这个世界中，以人为中心是核心内涵，信息的共享、平台的开放使用以及社会各个部门的相互协作是其赖以生存的土壤。互联网思维是指将互联网的特征应用于商业或者现实生活的一种思维方式，它包含开放、协作、消费者导向、共享等内涵。

2014 年，李克强总理在首届世界互联网大会上指出，互联网是“大众创业、万众创新”的新工具，把互联网看作工具和途径。2015 年，李克强总理在两会上作政府工作报告时，又提出制订“互联网 +”行动计划，推动移动互联网、云计算、大数据、物联网等与现代制造业结合，促进电子商务、工业互联网和互联网金融（ITFIN）健康发展，引导互联网企业拓展国际市场。“互联网 +”对互联网的诠释不是停留在工具层面，而是更进一步的思维层面，将互联网作为行业、社会发展的基础，利用互联网思维建构行业的结构、发展的目标等，并在此基础上规划整个社会发展的宏图。在这样的背景下，作为企业战略一部分的品牌传播也必然发生了比较大的改变。

截至 2016 年 12 月，我国网民规模达 7.31 亿，其中手机网民规模达 6.95 亿，增长率连续三年超过 10%。我们生活在一个移动互联网迅速发展和普及的时代，以社会化媒体为代表的新媒体开始出现并迅速在受众群体中普及，社会化媒体编织了一个融合大众传播、组织传播、人际传播和群体传播的巨大网络，原本泾渭分明的各种传播形态在社会化媒体中相互交融，互补短长，新的传播方式也就应运而生。

1. 信息传播去中心化

大众传播模式是以传统媒体为中心的一对多的传播模式，在传统媒体时代，信息的稀缺和不对称使得把握着信息资源的大众传播媒体在传播中享有绝对的话语权，强势地占据着中心地位。在互联网发展初期兴起的门户网站只是把现实生活中的大众传播模式照搬到互联网上，实际的传播模式与大众传播模式一致，都是中心化的传播模式，传统的大众传播媒体和门户网站一样在传播中占据着中心地位。“去中心化”可以理解为对传统大众传播模式的颠覆，专业媒体不再处于传播的中心地位。互联网及数字信息技术不断发展的当今社会，信息传播的主体可以是任何人，传播的媒介不再是传统媒体，而是以社会化媒体为主，包括传统媒体、门户网站的多种媒介形式的集合。在社会化媒体中，信息的共享和自由流通使得人人享有话语权，但是由于每个人所享有话语权的程度不同，那些享有较强话语权的个人或者媒体自然占据着中心地位，成为传播中的意见领袖，其数量是极其庞大的，因而以社交网络中若干个意见领袖为小中心的传播模式得以形成。

2. 单向传播变为互动传播

英国传播学家丹尼斯·麦奎尔认为大众传播是大规模、单向流动和不对称的，在大众传播占据社会传播形态主导地位的时期，传播者即传统媒体掌握着信息这种稀缺资源，其地位也远远在接受者即普通大众之上，因而权威的大众媒体的地位远远高于普通受众。同时，受到技术的制约，受众的声音很难传递给传播者。

在数字时代，各种各样的信息充斥着网络的虚拟空间，信息不再是一种稀缺资源，受众也可以借助各种网络平台向传播主体传递自己的声音，受众和媒体的地位差距被大大缩小了，传统媒体的地位受到严峻挑战。针对传统媒体的数字化生存问题，2014 年，国家主席习近平在原中央全面深化改革领导小组第四次会议上强调，要形成立体多样、融合发展的现代传播体系。新旧媒体融合上升到了国家战略高度。在这样的时代挑战和政策背景下，传统媒体纷纷加入互联网的大潮流，积极与网络新媒体相融合，创造与受众沟通交流的新渠道，了解受众的态度和意见，逐步与受众建立双向互动的传播方式。

3. 群体传播占主导地位

在大众传播时代，单向的、一对多的大众传播形态占据主导地位，但是随着互联网技术尤其是移动互联网及数字信息技术的发展，群体传播逐渐取代大众传播，占据了新媒体时代的信息传播主导地位。群体传播，是群体进行的非制度化、非中心化、缺乏管理主体的传播行为，具有传播的自发性、平等性、交互性，尤其是信源不确定性及由此引发的集合行为等特点。传统的群体传播的形成依赖一定的物理空间和群体聚集，而在数字时代，社会化媒体为群体传播提供了一个虚拟且廉价的“物理空间”，个体根据自身的兴趣和爱好自发凝聚成一个个小群体，并且通过媒介在群体内部进行沟通交流，相互认同，从而形成一个具有凝聚力的共同体，一个人可能同时归属于多个共同体，共同体内部的交流和共同体彼此之间的交流构成了现代社会信息传播的主要形态。

4. 信息传播碎片化

碎片化原指完整的东西被拆分成多个零碎的部分，最开始用于描述社会转型中传统的社会关系、市场结构和社会观念的整体性的瓦解。现在也常用于表达网络时代信息传播的新特点。信息传播碎片化主要体现在媒体碎片化、信息碎片化和受众碎片化。

传统媒体面向社会大众进行信息传播活动，而在现代社会，由于大众被割裂成一个个小的共同体，批量生产的、普适化的内容已经难以吸引受众的注意力，唯有把每个人都视为独一无二的个体，将目标受众的范围缩小，才能够留住部分受众的注意力。在与网络新媒体积极融合的过程中，传统媒体的市场占有率、受众的接触率都呈现出小众化的特点。《纽约时报》专栏作者尼克·比尔顿说“我们全都是即食性动物，我们不断切割内容，挑拣出最好的片段，再将它传递下去”，就是对信息碎片化的描述。人们根据自己的兴趣点将完整的内容切割成碎片，碎片化的表达、微视频、微小说等充斥着社交网络。

5. 信息生产者、传播者与接受者趋向一致

数字时代到来之前，传播的主体和媒介主要被限定为电视、报纸等专业

的传统媒体，大众是受众，二者各司其职，几乎没有交集。随着移动终端和数字信息技术的发展，社会化媒体成为主要的传播平台。在社会化媒体中，信息传播以人为单位，每一个传播节点都是活生生的人，人即信息。在传播过程中，每个人都扮演着多重角色，既是内容生产者、也是信息传播者和接受者，这三种身份在每个人身上交融，人的自主性被大大激发，人们可以自主选择要不要传播信息、传播什么信息，以及通过哪些平台传播信息。在诸如微博这样的社交媒体中，每个人发布的信息都可能被广泛传播，形成类似传统大众传播媒体的规模效应。

（三）数字时代品牌传播的五项原则

数字时代，品牌传播的过程也是品牌传播者与目标受众建立关系的过程，通过品牌传播活动，目标受众得以对品牌的价值从认知、认可到认同。品牌传播的内容既可以是品牌下的产品或服务，也可以是品牌形象。在充斥着各种各样繁杂信息的互联网世界，面对品牌传播生态的变迁和品牌传播方式的改变，遵循以下原则将帮助企业品牌建设更好地应对内容和受众碎片化、接触点的移动化等诸多新挑战。

1. 消费者导向原则

以消费者为导向，是帮助品牌在品牌传播中再次取得主动权的战略性原则。品牌传播应基于大数据技术，从消费者的需求着手，构建品牌传播的各个环节，实现精准化传播，使品牌与消费者建立起一定的联系。

以消费者为导向已经成为数字时代企业进行品牌传播的共识。从传统网络时代到社交网络时代，消费者自我表达和共享的特征在社交网络中越来越凸显，从早期的参与传播到现在的控制传播，消费者在品牌传播过程中的主动性在不断加强，品牌主在品牌传播中的影响力式微。互联网及数字信息技术给品牌主信息传播提出挑战的同时，也为其带来新的希望。消费者对移动社交媒体的依赖和大数据技术的发展使得品牌主可以掌握消费者的实时心理状态和行为特征，了解消费者的即时性需求和永久性需求，从而基于消费者需求构建品牌核心价值并设计合理的传播路径，使品牌与消费者建立起良好的互动关系。

2. 差异化原则

差异化原则强调的是品牌核心价值的差异化。价值的本质是一种意义关系，即价值关系，其内涵包括两个层面：一是客体的功能、性质等对主体需求的满足关系；二是主体基于自身需求对客体功能、性质等做出的选择、利用或改造。我们可以认为，品牌的核心价值是品牌的核心产品或者服务能够区别于其他品牌对消费者需求的满足的一种意义关系，简而言之，品牌的核心价值取决于消费者的某种特定需求。差异化原则，就是指品牌在满足消费者的某种需求中处于独一无二的地位，这就预示着一个品牌的定位应该是区别于其他品牌的。

数字时代，也是信息大爆炸的时代，如何使消费者在浩瀚的信息海洋中识别并记忆某个品牌的信息，成为每个企业主关注的焦点。社交化媒体带来消费者的分散，消费者更倾向于选择与众不同的产品或者品牌来彰显自己的个性，品牌给消费者带来的符号价值更能够满足消费者的个性化需求。但同时，社交化媒体也使得消费者以较小的规模重新组合，消费者基于共同的需求和兴趣爱好形成一个个小团体，这些小团体中的消费者具有相似的特征。消费者群体的不断细分为企业提供了新思路，品牌可以针对细分群体的整体性特征，找到消费者亟须解决的痛点，在此基础上，构建品牌产品的功能性价值和情感性价值，使品牌的产品或者品牌自身在消费者心中处于不可替代和不可撼动的地位，进而使品牌传播活动更加高效。

3. 整合原则

整合原则强调品牌传播要以整合的理念为中心，以应对数字时代碎片化媒体、信息和受众的挑战。整合意味着重整与合并，在数字时代的品牌传播活动中，意味着对传播渠道、品牌信息和消费者的整合。后现代主义对传统社会进行了否定和分裂，使得整个社会呈现出碎片化的特征，互联网及数字信息技术的发展和社交媒体的普及使媒介处于碎片化状态，消费者个性化的需求使得品牌信息碎片化。传播渠道的碎片化与受众的碎片化相互影响和促进，使得品牌信息也被切碎并分散到各个渠道中。

数字时代，消费者在不同的平台之间来回切换，利用碎片化的时间获取到的信息也必然被割裂。要抵御碎片化对品牌信息的割裂，就需要品牌主对其品牌信息进行再整合。整合品牌信息，针对消费者的媒介接触特征，选择对应的媒介组合，整合线上渠道和线下渠道，传播统一的品牌信息，用一致的声音说话，在消费者心中形成固定一致的形象。在数字时代，品牌信息应该承载着品牌的核心价值，品牌核心价值是根据目标消费者的需求和反馈来创建的。整合原则要求品牌传播以消费者群体的共同特征为依据，整合一套核心价值，通过整合的传播渠道来将分散化的品牌信息聚合起来，传递给目标消费群体，使消费者对品牌核心价值产生认同，并通过反馈参与品牌的价值创造，从而使品牌传播更具针对性、更高效。

4. 互动体验原则

在移动互联网时代，消费者的主动性大大增强，仅仅靠填鸭式的信息输出已经不能够为企业带来巨大的经济效益。在社交网络时代，消费者与外部世界建立关系的方式主要是社交，消费者渴望与企业建立良好的互动关系。企业只有认真聆听消费者的声音才可以实现数字化生存。

品牌要与消费者建立联系就需要秉持互动体验原则。牢记品牌传播应该以互动体验的方式为主，使消费者对品牌有更加直观的感受。消费者在主动搜索品牌信息时更加倾向于信任自己所属群体中的人体验品牌后分享的信息。互动原则要求品牌主通过建立便捷的沟通平台或者渠道，如建立相关产品或者活动的微博话题来促进消费者之间的互动交流，这有助于品牌信息传播形成口碑效果，而这种口碑比企业主自己传播信息更加容易令消费者信服，在降低消费成本的同时达到良好的品牌传播效果。体验原则要求企业为消费者提供一定的渠道来就品牌和产品本身产生直观的体验，既可以是一次沙龙，也可以是产品体验装的赠送，这些都有助于品牌与消费者建立直接的联系，增强消费者对产品和品牌的好感，在促进消费的同时，建立良好的品牌形象。

5. 联系共赢原则

随着移动社交应用的兴起，我国的互联网迎来了以移动社会化媒体为新的增长点的发展新趋势，消费逐渐从传统互联网平台转移至移动互联网平台。

以天猫为例，该平台70%的交易都是在移动端完成的，移动设备成为消费者消费的第一接触点。基于移动网络的社交活动成为日常生活中不可或缺的一部分。在移动互联网时代，人们的社交活动包括线下和线上两部分，线下的社交活动主要是基于人际关系形成的强关系活动，而线上的社交活动既包括强关系活动，也包括了基于兴趣和爱好形成的弱关系活动。社交活动渗透在人们日常生活的每时每刻，这也带动了消费。因而品牌主应该秉持着与消费者建立联系的原则从事品牌传播活动。在移动社会化媒体中的消费主要基于消费者对品牌或者产品的价值认同，因而品牌传播应该着眼于构建和深化品牌与消费者之间的价值关系，以社交为手段与消费者进行价值沟通，以便获得消费者的认同，从而使消费者参与到品牌价值构建过程中，实现品牌主与消费者的共赢。

（四）数字时代品牌传播的新趋势

基于数字时代品牌传播的五项原则，本专题报告对数字时代的品牌传播有如下新思考。

1. 跨媒体整合、线上线下联合，注重品牌传播“长尾化”效应

跨媒体整合策略。以社会化媒体为主的跨媒体整合策略将是数字时代品牌传播的主要传播方式。在传播过程中，要注意激发消费者的参与和分享意愿，注重消费者共创的互动体验。在这个过程中，品牌传播呈现出渐渐拉长的长尾的形态。“长尾化”的品牌传播因传受双方即时互动，而达成实时沟通。在实时沟通中消费者的需求得以提出，消费者甚至可以参与品牌主的商品设计与制造。

品牌传播联合化。线上品牌和线下品牌的联合将成为数字时代品牌传播新趋势的又一亮点。赞助也逐渐成为品牌传播新趋势。赞助可以在目标受众中形成品牌联想，可以让目标受众在看到事件或者活动的第一时间就能联想起赞助的品牌。赞助能让品牌融入活动并与目标受众进行充分互动，通过更加主动的方式让消费者认识、了解赞助品牌，并与目标及潜在消费群体建立一种关系，逐步建立品牌忠诚度。

2. 建立品牌社群，注重情感分享，强化品牌传播效果

品牌社群是基于使用者对于品牌的情感依恋而形成的拥护某一品牌的群体，是以消费者对品牌的情感利益为纽带，分享共同的品牌信念，以一套结构化的社会关系形成的特定的、非地理连接的社群。

数字时代，人们看似交流增多，但大多是在虚拟社会中建立的关系，不确定感高，对于归属感和情感寄托的需求更加强烈。因此人们更倾向于通过品牌社群，表达对某品牌的推崇，以此来与他人产生共鸣，进而获得归属感，甚至会出现品牌狂热者。

3. 提高讲品牌故事的能力，用品牌新闻讲好品牌故事

数字时代信息冗杂，消费者很难信任甚至极力屏蔽广告内容，因此，采用更隐蔽的媒体故事形式进行品牌传播成为数字时代建立品牌喜好的有效方式。

品牌新闻就是讲述品牌在创建和交流过程中发生的故事，其目的是通过新闻、趣事以告知、娱乐、说服目标消费者，建立品牌信任度和忠诚度。

目前，许多企业都建立了自有社交媒体，在社交媒体上宣扬品牌故事，不仅要告知、娱乐、说服消费者，更要为消费者提供多角度、多事实的品牌理解，建立与消费者更紧密的联系，加深消费者对品牌的信任度。

（执笔：王擎、任超、徐晶琳、何艳）

参考文献

［1］余明阳，朱纪达，肖俊崧．品牌传播学［M］．2 版．上海：上海交通大学出版社，2016.

［2］舒咏平．品牌传播论［M］．武汉：华中科技大学出版社，2010.

［3］段淳林．整合品牌传播：从 IMC 到 IBC 理论建构［M］．北京：世界图书出版广东有限公司，2014.

［4］科特勒，弗沃德 . B2B 品牌管理［M］. 楼尊，译 . 上海：格致出版社，2008.
［5］林升梁 . 整合品牌传播学［M］. 厦门：厦门大学出版社，2008.
［6］凯勒 . 战略品牌管理［M］. 4 版 . 吴水龙，何云，译 . 北京：中国人民大学出版社，2014.
［7］张金海，佘世红 . 中外经典品牌案例评析［M］. 广州：华南理工大学出版社，2009.
［8］赵琛 . 品牌学［M］. 北京：高等教育出版社，2011.
［9］拉夫雷 . 现代品牌管理［M］. 周志民，等译 . 北京：中国人民大学出版社，2012.
［10］李明合，等 . 品牌传播创新与经典案例评析［M］. 北京：北京大学出版社，2011.
［11］塔洛 . 分割美国：广告与新媒介世界［M］. 洪兵，译 . 北京：华夏出版社，2003.
［12］陈光锋 . 互联网思维：商业颠覆与重构［M］. 北京：机械工业出版社，2014.
［13］斯特莱登 . 强关系［M］. 北京：中国人民大学出版社，2012.
［14］阿克 . 管理品牌资产［M］. 吴进操，常小虹，译 . 北京：机械工业出版社，2012.
［15］余明阳，舒咏平 . 品牌传播刍议［J］. 品牌，2001（11）：8-10.
［16］隋岩，曹飞 . 论群体传播时代的莅临［J］. 北京大学学报（哲学社会科学版），2012（5）：139-147.
［17］张军 . 新的传播方式推动媒体融合发展［J］. 新闻战线，2015（20）：10-12.
［18］段淳林，闫济民 . 扩散与增值：品牌传播路径的嬗变与价值审视［J］. 国际新闻界，2016（5）：140-152.
［19］吴国强 . 基于消费者心理诱导的网络营销策略分析［J］. 商业经济研究，2016（21）：57-58.

专题报告二

数字时代的品牌传播战略

摘要：数字信息技术的出现和广泛应用为品牌的研发、设计与传播提供了全新的方法和路径，促进了品牌传播体系的重塑，加快了品牌传播模式的转变，实现了品牌传播媒介的变迁，完善了品牌传播保障体系的构建，同时也深刻改变了受众与品牌之间的结构关联。改革开放至今，特别是21世纪以来，我国品牌经济得到很大发展，“中国品牌日”的设立更使得品牌经济体系被纳入国家整体经济布局，互联网及数字信息技术的使用则为品牌传播提供了更为高效的技术手段和路径支撑。但与此同时，数字时代我国的品牌建设与品牌传播工作仍面临品牌发展理念尚未普遍建立、品牌传播市场监管机制不够完善、企业线上和线下的品牌联动发展机制不够成熟等突出问题，亟待从多个层面入手破解，包括完善顶层设计与政策建设、聚焦移动互联网等新兴传播模式、健全技术体系与产品体系、兼顾实体经济与新兴经济、完善制度环境与法规环境、强化市场体系与民众品牌消费意识等。

党的十九大报告指出，推动经济高质量发展、构建现代化经济体系已成为新时代我国经济发展的迫切要求和战略目标。品牌经济是现代化经济体系和国家软实力的重要组成部分，是传统生产性经济形态在价值结构与价值含量上的全面变革与升级，其价值的创造与传播过程对于我国深入推进供给侧结构性改革、构建高质量发展体制机制具有重要战略意义。

21 世纪以来，我国品牌经济得到快速发展。2017 年 5 月，《国务院关于同意设立“中国品牌日”的批复》（国函〔2017〕51 号）发布，同意自 2017 年起，将每年 5 月 10 日设立为“中国品牌日”。这使品牌经济体系正式被纳入国家新时期整体经济发展布局，也为数字时代的品牌建设与传播提供了更为有利的政策环境。但与此同时，我国数字时代的品牌建设与品牌传播工作仍然存在一系列亟待解决的突出问题。首先，品牌发展理念尚未普遍建立。企业管理者借助互联网手段创新品牌内核、提升品牌价值、拓展品牌受众的意识不足，大量中小微型制造企业与服务企业还未建立起现代品牌管理与传播机制，如设置品牌经理职位、对产品品牌进行深层次用户研究等，致使品牌内容传播不到位、品牌形象建设大多处于较浅层次、品牌资产尚未成为企业的核心资产构成。其次，品牌传播的市场监管机制不完善。在数字时代，品牌信息传播速度明显加快，同时传播成本大幅降低，导致品牌模仿、抄袭、造假的现象越发猖獗，给品牌经济与品牌企业发展造成极大负面影响，同时也给消费者带来严重的信用风险与信息不确定性，而相应的市场监管与法治保障还基本处于空白状态，互联网的高度信息开放性则进一步加剧了这一问题。再次，企业在线上和线下的品牌联动发展与传播机制尚不成熟。大量企业的线上宣传与线下体验处于脱节状态，线上展示的品牌内容与线下的品牌体验不符，容易造成消费者品牌信任度的下降，包括 O2O（Online to Offline，线上到线下）等在内的互联网品牌营销模式也缺乏创新。最后，数字时代的品牌传播保障体系还存在政策配套不健全、建设规范与标准缺失、专业人才不足和技术体系不完善等问题。

总的来看，我国数字时代的品牌传播体系建设还处于起步探索阶段，应针对当前存在的突出问题进行系统施策。建议从宏观上，完善顶层设计与政策供给；从主线上，健全技术体系与市场体系；从布局上，兼顾实体经济与新兴经济；从侧重点上，聚焦移动互联网等交互性传播模式；从保障上，完善制度环境与法律环境；从路径上，强化企业与民众的品牌意识，全面提升数字时代我国品牌经济整体发展水平。

一、数字时代品牌传播战略的重点内容

（一）数字时代品牌传播体系的重塑

互联网及数字信息技术的广泛应用为品牌传播提供了更为多元、广泛的方式与渠道，其快速、便捷、强交互性、不受地域空间限制等特征为品牌传播中的价值可达性提供了十分有利的条件，同时也大幅降低了品牌传播的专业化门槛，使得品牌媒介资源的均等化配置成为可能。进入21世纪以来，由于互联网及数字信息技术的飞速发展，以往人们在特定物理空间中的经济活动与社交活动大量转向网络虚拟空间，并且衍生出很多物理空间中不曾出现的网络组织、社区和群落形式，使得人们的思维方式与沟通交流方式产生了颠覆性的变化，品牌传播体系也在其中彻底得到重塑。从市场经济发展的逻辑看，在以“必需品经济”“用品经济”“商品经济”“服务与体验经济”构成的消费需求主线中，过去以“功能性消费”为核心的观念逐渐被多元化的“文化性消费”所取代，品牌传播对于消费者来说更趋向于一种价值引导和文化共识，而非仅仅是企业或产品信息的简单获取。在数字时代，品牌传播的目的更多在于整合技术与市场资源，塑造企业与受众之间的多类型关联，着重刻画两者间的“主体间性”，并且通过互动参与等方式，给予受众全新的使用与心理体验。这种交互式的过程，不仅强化了受众与特定品牌之间的文化联系，同时也打破了物理空间局限，借助各类线上社交形成以相应品牌为中心的网络群落，并以这种群落作为新的传播辐射源，将品牌价值由单点传播向多点传播、由企业主体单一传播向网络群体协作传播加以转换，在很大程度上提升了品牌信息传达的效率、范围与真实性。过去的十余年间，随着人们生活方式的演进与经济消费模式的升级，借助互联网及数字信息技术进行品牌价值的互动性传播已成为政府、企业与公共服务组织的共同需要。在此过程中，品牌传播的方式、路径、对象都已发生全面性变革，基本实现了品牌传播体系的重塑。

（二）数字时代品牌传播模式的转变

首先，品牌传播模式从整合式向聚合式转变。传统品牌传播模式因其传播媒介的交流性较弱，品牌自身的识别性就显得十分重要，品牌信息则往往固定并一次性传递给受众。互联网的强链接性与传统的整合性传播方式具有显著差异，体现为从整合性向聚合性的传播模式转变：它能够将分散的品牌要素以自由多元的方式加以整合，并且能够挑选和分析具体信息，为不同类型受众提供差异化并更具针对性的内容。在聚合性传播模式下，品牌将不再以传统的单一、特定形象影响并传递给所有受众，而是更加趋向根据互联网内的受众群体及其接纳信息的差异化特质，以更加细分性的方式传达。在数字时代，由于受众社群化趋势的不断加深，各类社群组织之间的关联和互动也在持续加强，使不同受众群体之间的品牌信息能够进一步通过交流、分享、评论等方式，将品牌内容提升到群体组织共建的更高层次，品牌价值和影响力也相应被放大至新的层面，从而使更多原有传播计划外的潜在受众有机会接触并参与共建品牌信息。

其次，品牌传播路径从宣讲式向对话式转变。互联网媒介在为品牌及其受众提供了更为便利的信息接收环境外，还提供了更为开放和透明的对话环境，品牌传播和推广宣传路径也因此得以重构。在传统品牌传播的路径中，传播主体大多利用自上而下的“宣讲方式”面对受众，单向性地向受众灌输品牌信息。而在数字时代，当品牌传播主体借助网络媒介进行品牌传播时，往往需要设置特定的对话式语境，进而通过直接或间接地与受众进行交流及时获取受众的品牌体验及其意见反馈，以此不断改进和完善品牌传播的效果、提升品牌传播的价值含量。这种从“宣讲”到“对话”的路径转变是数字时代品牌传播战略转换的重要内容，表明品牌传播的指向已从灌输式转变为交互式。

最后，品牌传播对象从封闭式向互动式转变。由于网络受众相互间的影响力和作用力不断增强、口碑效应变得日趋重要，政府或企业品牌主体无法再像以前一样把自身置于发号施令者的角色，不能再把宣传媒介简单视作品牌信息发布栏，而是要与受众进行平等交流，同时必须重视受众的品牌接触体验以及较之以往显著加快的品牌反馈体验，致力于与受众在功能接触之上建立起良性、积极的情感联系，进而有效拉近品牌传播主体与受众群体之间的心理距离。

（三）数字时代品牌传播媒介的变迁

一是互动性。相较于传统媒介的单点传播，互动式传播成为数字时代品牌传播体系的首要特性。尽管传统媒介也有诸如电话、信件、座谈等简单程度的互动，但其速率、参与积极性和便捷性均与网络媒介相去甚远。在品牌传播过程中，受众参与主要体现在对于品牌信息的反馈中，而利用传统媒介进行信息反馈时，由于主要借助电话回访、用户座谈等方式，其信息接纳意识和参与程度通常较弱，难以起到有效的反馈作用。而借助互联网媒介，受众可以更为自由、开放、便捷地表达观点，进行个体性评论或参与线上讨论，使信息反馈效率显著提升。

二是即时性。以印刷品、广播、电视为代表的传统媒介往往具有出版周期和播出时间上的限制，互联网媒介则是即时传播。例如，借助报纸、杂志等纸质媒介进行品牌信息传递时，其传播速度受到印制和发行环节的影响，导致通常只能选择内容固定、时效性较弱的信息进行刊载。而借助广播、电视等传统影音媒介传播品牌信息时，由于播出时间的固定性，受众消费者接收信息的时间和环境也需要相对固定，使得信息接收的质量与完整程度均在不同程度上受损，拉远了品牌与受众之间的距离。网络媒介则能够随时编辑和发布信息，不必像传统媒介那样受到时间与场地的限制，使受众能够及时获得品牌信息。

三是移动性。目前，手机、平板电脑、智能穿戴设备等新兴移动互联网媒介已逐步取代桌面设备，成为网络接入的主要工具，其移动便携性使得受众与品牌的触点大量增加。同时，卫星定位技术在移动终端上的应用也为受众与品牌之间创造了更好的连接性，通过定位搜索，受众可以根据自身需要随时检索到周边的品牌信息，提升了品牌传播的空间效率。

（四）数字时代品牌传播保障体系的构建

一是政策保障。主要包括：①品牌企业扶持政策。以扶持品牌型生产和服务企业建设为核心的政策体系，如为企业创造税收减免机制、进行品牌专业技术人才培训等。②品牌价值推广政策。促进品牌型生产和服务企业品牌价值输出与宣传的政策体系，如组织行业内的品牌高峰论坛、设立国家品牌日、对优秀品牌型企业或产品进行宣传推广等。③品牌公共服务政策。为企业提供信息化品牌技术共性服务平台及相关软硬件设备支持的政策体系。

二是市场保障。主要包括：①品牌劳动力市场。品牌经济的劳动力供需环境，用以实现品牌经营与设计体系的人力资源支撑。②品牌商业市场。品牌经济的产品流通与价值交换环境，用以配置品牌生产与传播体系的终端产品支撑。③品牌资本市场。品牌领域的各类投融资环境，用以建立品牌金融体系，服务于品牌投融资交易。

三是基础设施保障。主要包括：①品牌传播技术类设施。如品牌大数据系统、品牌网络云计算技术服务平台等。②品牌传播教育设施。如品牌管理类专业和培训机构、线上品牌知识库、品牌设计类图书馆等。③品牌传播推广设施。如品牌设计展览馆、文化与艺术交流中心、现代制造设计类博物馆等。

二、国家品牌发展与传播战略的模式比较与经验启示

从世界范围看，国家化的品牌经济发展进程是伴随着第二次世界大战后各国工业经济的重建开始起步的，部分国家在战前已具备一定的积累。数字时代虽然使各国的品牌传播方式逐步趋向统一，但战后主要国家品牌发展的战略分野仍值得借鉴和比较。

（一）英国：文化创意产业驱动的品牌发展与传播战略

1930 年至 1940 年，英国政府制定了初期的品牌发展鼓励政策，英国的

工业生产与文化设计领域都因此取得了显著进步。1944 年，英国政府为了增加外贸产品在国际上的竞争力，成立行业促进委员会来统筹推进国家设计与品牌发展各项工作。这一隶属于中央政府的职能机构对于英国品牌与文化领域的发展意义重大，也在第二次世界大战后相继受到德国、韩国等国家的模仿。1982 年，时任英国首相撒切尔夫人主持召开了“品牌设计与市场成功”高级研讨班，并且推出了品牌顾问资助计划和品牌扶助计划作为中小企业聘用品牌与设计专业人员的扶持性政策，其对于加强企业、市场与政府之间的品牌化联系具有重要意义，一定程度上缓解了企业进行品牌培育和设计开发过程中的风险，同时有效降低了研发成本，该计划也被纳入当时英国工商部“企业计划”序列之中。1997 年，托尼·布莱尔政府用“创意产业”取代“文化产业”概念，并将之定位于 21 世纪英国的主导产业，要求英国企业必须能够通过品牌与设计输出来体现国家形象中的高度革新性、创造性与高端文化价值，以此展现英国经济的创新引领性。可以看到，英国以文化创意产业驱动的品牌模式在促进经济发展、塑造国家影响力等方面成效显著。

（二）美国：商业市场驱动的品牌发展与传播战略

美国品牌经济的发展总体呈现资本与商业市场化驱动模式，过程中曾经历过三次小的高潮，分别为 1930 年前后的消费废止制时期、1940 年前后的欧洲文化领域人才涌入时期和 21 世纪初以苹果、IBM 等为代表的设计科技型企业的崛起时期。第一次世界大战的爆发极大地刺激了美国的工业生产，使美国出现了最早的品牌型工业企业与产品设计的规范化。与此同时，广告、商标等促销手段开始作为品牌传播的有效商业方法被广泛应用。1929 年至 1933 年的世界性经济大萧条是美国进入高速商业化的重要机遇期，美国依靠日益完善的市场经济体系与金融保障环境，使自身品牌经济的发展得到了商业市场的有力支撑。从逻辑上看，商业市场驱动力的不足在于品牌主体对于市场的高度依赖，容易造成品牌传播被动迎合商业资本，而缺少对于品牌内容与社会价值体系的深层次引导和塑造，进而给品牌经济的持续性发展带来了隐患与不确定性。同时，品牌政策的缺失使得美国品牌经济的制度环境与传播体系未能得到真正意义上的构建，而是侧重依靠行业组织或社会团体推进品牌经济发展，这种推进力量是比较有限的。此外，商业资本驱动下的品牌经济缺少对于社会、环境和人文领域的关注，这使得美国始终未能掌握品牌传播领域中的意识形态主导权。

（三）日本：产品设计驱动的品牌发展与传播战略

相比较英国、美国经济发展的连贯性，日本在第二次世界大战结束后，国家经济体系已全面崩溃。作为资源匮乏、严重依赖产品出口的海洋国家，日本企业在战后曾大量模仿和加工他国商品，致使自身品牌经济的发展举步维艰，出口产品也遭到他国抵制。为了改变这种局面，日本政府制定了大量限制模仿、提倡创新的品牌发展政策，提出了依靠产品设计与制造来振兴国家经济的方针。日本将产品设计驱动下的品牌经济纳入国家发展战略，对之给予高额资金支持，力争实现由“设计抄袭”向“品牌龙头”的转变，以品牌经济作为国家经济振兴的加速器，引领其他经济领域发展和复兴。1951 年，日本政府邀请著名美国设计师雷蒙德·罗维来日本讲学，为日本引入了高度商业化的美国品牌设计理念，这一年被日本政府定名为“日本设计与品牌发展元年”。此后的十余年间，日本产品设计与现代制造领域的教育体系获得了快速发展，设计院校和研究机构数量持续增加。1952 年，日本工业设计师协会成立，成为促进产品设计与品牌化融合的专门工作机构。1969 年，日本设计振兴会建立且开始实施“日本优秀工业产品开发指导计划”和“地方性设计与品牌推动计划”。通过这些计划的相继实施，日本国内陆续设立了品牌与设计协会、工业产品设计中心等中介性品牌促进组织，初步形成了以产品设计为驱动的国家品牌发展战略和品牌传播模式。

（四）韩国：国家政策驱动的品牌发展与传播战略

韩国品牌经济发展及其传播体系建设与上述国家均不相同。由于韩国在战后（第二次世界大战之后）秩序中并非工业或文化强国，其品牌经济的快速崛起主要是依靠全方位的国家主导型成长模式。1993年至2007年，韩国政府制定并实施了旨在促进设计与品牌经济发展的三个“五年计划”，在强力的政策刺激下，韩国国内从国民经济层面确立了“产业化品牌”的国家意识形态。1997年，韩国政府颁布了品牌与设计振兴法案，目标是在2005年将韩国建设成为世界级的品牌与设计大国。第一阶段计划的重点在于扶持全球化的品牌与设计领军企业，用以迎合经济全球化初期国际市场对于品牌原创型产品急剧增长的贸易需求。这一期间，三星、LG、现代等企业在品牌建设与产品设计创新上快速突破，使得自身从20世纪80年代的技术驱动型企业迅速转变为品牌设计型领军企业，从而产生了巨大的带动作用与辐射效应。进入第二个“五年计划”后，韩国政府从人力资源供求、品牌企业发展和产业服务平台建设等三个方面对韩国的品牌经济进行调研，在此基础上实施了“品牌与设计教育振兴计划”，在重点大专院校中设立了十五个品牌设计创新中心，提倡产、学、研相结合，使得这一期间韩国品牌与设计专业毕业生数量较之过去五年上升近30%，总计36000余人。进入第三个“五年计划”后，韩国政府的品牌经济促进工作从前两个阶段以企业和教育为核心逐步拓展至更为宏观的产业发展范畴，提出了“产业化品牌”的理念，这种举国性的品牌经济战略也通过品牌体系中特有的文化显示效应使得韩国的国际形象和影响力得到迅速提升，品牌传播成效也提升至更高的层面。这十五年间，韩国的设计与品牌经济发展如同“汉江奇迹”一般，一跃成为世界领先，其所依靠的举国促进模式以及高度立足于自身品牌设计原型的思路功不可没，这种思路已然取得了初期的巨大成功。

三、数字时代提升我国品牌传播战略水平的思路与对策

（一）从宏观上，完善顶层设计与政策建构

在充分借鉴发达国家建设规律、路径和经验的基础上，我国应把握好后发选择优势，着力发挥政策驱动能力，加快明确数字时代品牌经济发展模式

及其传播体系的顶层设计、政策建设与阶段性推进工作部署，借助已形成的制造与服务经济规模，进一步从品牌集成创新的高度对接创新强国战略。以提升数字时代制造经济与服务经济的品牌竞争力与设计创新能力为先导，整合资源、开拓市场，通过设置不同行业跨地区的重大品牌合作项目，充分挖掘不同地域品牌经济建设的潜力。在组织管理工作方面，可以考虑由国家发展和改革委员会牵头制订国家品牌振兴计划，在国家市场监督管理总局下设置国家品牌发展与监督管理委员会（理事会）作为政策性议事职能机构，同时建立与国家互联网信息办公室等部门的协同管理机制，推动数字时代我国品牌传播战略的实施。

（二）从主线上，健全技术体系与产品体系

要积极引导国内制造型与加工型企业向品牌服务型企业进行转型，从战略中长期视角着眼于在“互联网 +”经济生态下的创新研发体系、品牌服务体验、原型技术储备和产品设计服务网络等层面的竞争，使品牌经济与品牌传播战略能够面向数字时代的交互式与智能化服务体系，充分发挥好品牌建设对于我国新时期经济增长的驱动效应与增值作用。与此同时，要在科学研究与论证基础上加大对数字时代的品牌技术、人才、资金等资源的针对性投入力度，建立品牌专业人才资格认证体系，借助财政拨款、企业赞助、社会捐赠、品牌基金等多元筹资渠道建立国家级品牌设计与共性技术创新平台，高度重视培育和研发具有国际竞争力的品牌研发原型，围绕其建立现代化的产品设计体系与品牌传播体系，形成数字时代的研发性、服务性、网络化品牌企业集群。

（三）从布局上，兼顾实体经济与新兴经济

要立足具体国情，使我国品牌经济及其传播体系建设紧扣“互联网 +”环境下的实体制造业和新兴服务业，同时兼顾人工智能和社会服务系统这两个未来的产品经济领域增长点。我国具有国际先进水平的实体制造业，占全球总量的 1/3，同时也是全球最大的贸易国与增长最快的现代服务业国家。现

代制造与服务领域将是我国在数字时代与世界先进工业化国家竞争的主要资本，同时也应当是国内品牌经济与品牌传播体系建设的核心增长点。与此同时，随着数字时代的大数据、云计算、移动互联以及智能化终端管理系统的兴起和普遍应用，智能化生产与社会服务性产品网络的重要性日益凸显，综合体现在能源、通信、交通、环保、物流、智慧城市等互联互通领域，这些领域对于产品的功效性、网络化和人性化要求更高，在资源整合与文化价值集成方面也相应更为复杂和多元，数字时代的品牌建设与传播战略需要积极参与上述新兴领域的价值构建，使品牌经济能够为重点新兴业态创建文化价值连接。

（四）从侧重点上，聚焦移动互联网传播模式

在移动互联时代，品牌传播相较于传统媒介和桌面互联网模式，已呈现出从宣讲式向对话式、从灌输式向交互式、从封闭式向互动式、从接纳式向分享式的显著转变，使得品牌传播速率及其口碑效应形成速度明显加快，为品牌的网络化传播提供了全新的路径与模式。对此，要从建设侧重点上积极把握移动互联网的规律与特性，通过与各类移动新媒体的发展有机结合，打造品牌传播的社群体系，强化圈层效应，使品牌传播在降低成本的同时提升技术与质量体系保障。基于移动互联网的品牌传播手段主要包括借助移动应用（App）传播，借助二维码传播，借助微博与微信公众号、朋友圈传播，借助网络社区、线上论坛、贴吧等渠道传播。通过上述各类移动互联网传播载体，品牌企业可以借助开发优质的移动服务体验给予消费者简单、友好、易用的品牌传达界面，并且可以通过交互式传播功能的植入，与消费者群体进行深层次的品牌互动，深化品牌认知、提升品牌形象、提高受众的品牌忠诚度等。此外，随着智能化、大数据、云计算等新技术的兴起，企业还可以通过数据收集与信息采集的方式，进一步跟踪和捕捉受众群体的认知行为习惯，把握其消费心理，借助专业化的信息推送加深受众与品牌之间的关联，实现品牌社交化、品牌社群化，由单点传播拓展为多点传播，增强品牌传播的辐射效应，使优质品牌更快进入受众视野。

（五）从路径上，完善制度环境与法规环境

一方面，要为现代生产与服务企业建立实施品牌工程的法律和制度环境，在品牌建设相关的知识产权、投融资、税收、企业合作等方面持续加强管理规范。在数字时代，要建立基于信息化、大数据的品牌建设指标评价体系和企业品牌信用评级制度，在进一步完善政府监管的基础上加大行业机构的联合与协同监管机制，使网络时代的品牌知识产权保护能够突破旧有的实体经济层面，深入产品原型参数和产品服务网络等深层次评定上，以此维护品牌企业的权益与创新积极性，搭建更为公平有序的品牌竞争环境。另一方面，要加快扶持品牌领军企业，充分重视其对整个品牌经济建设的辐射带动作用，在此基础上重点发挥好政府在数字时代对品牌建设与传播过程中的顶层规划、市场引导、规则制定等宏观调控职能，将商业模式、竞争机制、信息化创新路径等交由品牌企业自身加以探索和构建。此外，要加快数字时代的品牌人才队伍建设，集中培育一批专业技术能力突出、具有高度社会影响力和责任感的品牌领军人才，同时制定落实好我国品牌领域人才专业技术资格认定工作。

（六）从保障上，强化市场体系与品牌意识

首先，要加快培育现代品牌市场体系，在数字时代，着力建设品牌型产品消费市场及其数字信息化支撑系统，强化品牌价值构建与传播要素配置的集中度。其次，要建立健全品牌服务与传播中介平台，鼓励生产企业与职业品牌规划设计企业开展长期性、深度性定向合作，对于战略新兴行业和处于转型期的传统制造和服务企业搭建稳定的品牌服务供给、降低其开展实施品牌化发展与品牌价值传播的专业化门槛。最后，要培育数字时代企业管理者的品牌应用和创新意识，引导基础较好的生产与服务企业建立现代品牌管理机制，使之深度应用于企业产品研发、设计、生产、流通和消费体系之中。

（执笔：李曜坤）

参考文献

［1］张翠玲．品牌传播［M］．北京：清华大学出版社，2016.

［2］余明阳，朱纪达，肖俊崧．品牌传播学［M］．2版．上海：上海交通大学出版社，2016.

［3］杜国清，陈怡．品牌传播理论与实务［M］．北京：中国传媒大学出版社，2018.

［4］常芝歌．互联网新媒体时代品牌传播转型探析［J］．中国传媒科技，2018（10）：117-118+123.

［5］马岩．互联网品牌传播与品牌传播创新之研究［J］．新媒体研究，2015（18）：46-47.

专题报告三

数字时代品牌运营环境变化及对策

摘要：互联网及数字信息技术正深刻改变着世界，在此背景下品牌运营环境也发生着重大变化。这种变化突出表现在信息、消费和供给三个方面。在信息端，信息越来越丰富，信息的传递模式和获取方式也在转变，传播速度在加快，传播范围在扩大。在消费端，消费者越来越融入互联网，比以往更社群化、更强势和主动，网络购物快速增长，移动端成为重要消费场景，个性化需求在增多，市场更加细分，理性化需求在增多，对产品和服务的要求更高。在供给端，互联网成为企业运营的基础设施，品牌竞争在市场竞争中的作用越来越重要，产业的界限更为模糊，跨界融合现象越来越多。

品牌运营正在经历重构。互联网及数字信息技术深化了供给与需求的关系，为企业带来品牌均等运营、品牌加速构建、品牌加速国际化的机遇。信息与关系构成了互联网经济增加价值的关键，要以消费者为中心构建良好的品牌关系，就要在信任、数字媒介以及体验这三个着力点上下功夫。同时，品牌运营也面临品牌与消费者关系的持续性问题、如何选择最有效的媒体、品牌战略的认识问题以及政策法规仍不完善等诸多挑战。

要大力提升企业品牌运营能力，推动中国经济高质量发展。微观层面，要高度重视以信息化为代表的新技术革命带来的深远影响，发挥好网络资源和传统资源优势，深刻把握时代变革。国家层面，品牌体现着一个国家的文化，要提倡工匠精神，专注高质量发展，为品牌成长创造良好的支撑环境。

近年来，互联网尤其是移动互联网快速发展，5G、大数据等数字技术的应用，与经济社会各领域深度融合，使得企业的生产和经营方式、人们的生活和消费方式都发生了一系列根本性的转变。在这一进程中，互联网及数字信息技术加快了品牌意识的普及和不断提升，推动了品牌战略的发展，改变了品牌运营环境，并渗透到品牌运营的方方面面，为品牌发展提供了广阔的空间。

一、数字时代品牌运营环境发生巨大变化

中国的互联网发展迅速，互联网化程度在快速推进。根据中国互联网络信息中心《中国互联网络发展状况统计报告》，截至 2021 年 12 月，中国网民规模达到 10.32 亿，互联网普及率达 73.0%，其中，手机网民规模达 10.29 亿，网民通过手机接入互联网的比例高达 99.7%。数字时代的品牌运营环境也发生着重大变化，表现在信息、消费与供给三个大的方面。

（一）信息端

数字时代，信息由单向、垄断转变为开放、互动，信息的获取方式和传播方式也在发生转变，这些变化也必然影响品牌运营。

1. 信息越来越丰富

信息呈现开放和共享特征。互联网及数字信息技术提供具体的产品或服务以及与之相关的信息，这些信息是开放的，不受身份、年龄、区域等限制。任何人在任何时间、任何地点都可以通过互联网发布、传播、浏览、评论、共享任何信息。

互联网及数字信息技术实现了信息对称，信息的内容也越来越丰富。在大部分情况下，消费者在购买产品和服务时很多信息是没有掌握的，信息是不对称的。但互联网上信息开放和共享，使得原本隐藏在背后的信息浮出水面，消费者的疑问可以通过搜索引擎等得到解答。

信息更加多样。互联网及数字信息技术降低了信息传播的门槛，每个个

体都可以通过互联网、手机等向他人传播信息。不同年龄、不同文化程度、不同职业的人都可以成为信息发布者，信息发布者各不相同的特征也使信息内容更加多样。

2. 信息传递模式和获取方式转变

互联网及数字信息技术改变了传统一对多、直线单向式的信息传播模式。传统模式无法进行即时互动，但企业可以通过互联网与个体消费者进行一对一交流，企业可以倾听、学习、理解消费者，并与之建立强有力的关系。互联网还带来多对多的新型模式，不局限于传播信息，还包含沟通、交流、分享、营销等，企业与消费者、消费者与消费者之间实现信息和内容的多向流动。

信息获取方式更为主动。在互联网未成为企业品牌推广媒介之前，消费者需付出大量时间和精力查找相关品牌信息。借助互联网及数字信息技术，人们已经不再局限于通过传统的方式被动获取品牌的相关信息，而是更倾向于通过互联网主动获取更有深度的、细致的、独特的品牌信息。

3. 信息传播速度加快、传播范围扩大

信息传播速度加快。数字时代，尤其是新媒体环境下，信息传播以网络平台为依托，信息内容可以通过用户的浏览、转发等形式在极短的时间传播出去，信息的传播效率极高。

信息传播范围扩大。信息的传播范围从传统的人际关系网络扩大到整个互联网受众，信息的传播不再受时间空间的限制，微博、微信、短视频等多种媒体形式使其影响范围更广阔，通过人们的转发、转载等行为，信息的传播范围进一步扩大。

通过移动互联网，品牌的正面信息与负面信息都能在极短的时间内传播，成为消费者关注的热点。

（二）消费端改变

数字时代，人们将大量的时间消耗在互联网的各种应用与服务中，互联网也越来越多地融入人们的工作和生活。过去的消费者是孤立、弱势、被动的，现在的消费者是社群化、强势、主动的，并且彼此相互影响。企业只有及时探究消费习惯的改变，才能赢得消费者的青睐。

1. 网络购物增多，移动端成为重要消费场景

近年来，线上销售规模快速扩大，大量的消费者选择线上购物。2015—2021 年我国网络购物市场规模从 3.7 万亿元增长至 13.1 万亿元，截至 2021 年 12 月，我国网络购物用户规模达到 8.42 亿，占网民整体的 81.6%。

移动端成为网购市场最主要的消费场景。随着手机 App、平板电脑等移动端的发展，通过移动终端了解、交流品牌信息，进入网络平台互动，在移动终端下单购买的消费方式已经为越来越多的消费者所接纳。移动端成了网络零售主要入口，移动购物市场规模快速发展，从 2013 年的 2681.7 亿元增长至 2019 年的 67659.5 亿元，6 年间增长了 64977.8 亿元。截至 2020 年 12 月，移动网络支付用户规模达 8.54 亿，移动端已超过 PC 端成为网购市场最主要的消费场景。

2. 个性化需求增多，助推细分化市场

数字时代，消费者较为独立，个性化心理越来越强，对商品和服务的个性化要求越来越高。由于互联网上的信息可以“一对一”传递，从而使得消费者个性化的心理特征得以凸显。消费者获得信息的速度和内容比以往更快、更多，个性化需求也越来越强烈。

个性化需求的增多，助推了细分化市场。为了满足不同客户群的需求，就需要提供不同的商品和服务，甚至市场被细分到针对单个顾客。需要注意的是，对于消费群体的传统划分更多依据人口统计学，而在数字时代，消费者分众化，人们通过各种社会化媒体联系彼此，沟通不再受限于时间和空间，他们可以由彼此之间的共同兴趣而自由聚集成关于某一领域的兴趣群体。

3. 理性化需求增多，对质量和服务的要求更高

数字时代，消费需求日趋理性化。消费者可以通过多种多样的媒介来获得产品或服务的信息，与此同时，消费者还可以在网络上搜索他人对商品或者服务的评价，通过关注网络意见领袖的微博、微信公众号等得到关于产品的信息。购买后，消费者也愿意将自己的体验分享给其他受众。

数字时代的消费者，选择余地将更充分，选择的企业和品牌的范围不再局限于某个城市、某个专业市场或某条商业街，消费行为更理智。

消费者对产业和服务的质量要求逐渐提高。网络购物市场消费升级特征进一步显现，用户偏好逐步向智能、创新类消费转移。消费者愿意为更高品质的商品支付更多，并且对全球优质商品的消费需求增多。

（三）供给端改变

数字时代，市场环境日趋复杂。全球化趋势不断增强，市场由厂商主导转变为消费者主导，企业竞争压力不断增大。供给端的新变化要求企业重视对品牌运营进行同步调整。

1. 互联网及数字信息技术成为企业运营的基础设施

互联网及数字信息技术成为商业创新和突破的核心技术与动力。随着数字化、互联网商业化进程的加快，众多企业不得不改变其原有的业务模式。这种改变是系统工程，涉及企业的经营战略、操作手段、竞争能力、管理水平等各方面。借助网络及新的数字化技术，企业可以实现原有业务模式难以做到的一切设想和经营目标，如提高企业形象和产品宣传，更多、更快、更全面地获取市场信息，降低交易成本，减轻交易价格和有形资产的重负，提高管理运作效率，同时与客户建立更紧密的关系，增强企业的核心竞争力等。

2. 品牌竞争在市场竞争中的作用越来越重要

消费观念的转变使品牌转向“以消费者为中心”的品牌关系阶段，品牌竞争成为市场竞争的关键。借助互联网，产品和服务价格竞争更加透明，竞争更加激烈。市场竞争趋于无形化，竞争背后是技术水平、信息资源、品牌形象、商誉以及优质的售前、售中、售后服务等方面的综合较量。唯一能代替价格竞争的办法就是创建品牌。品牌效用向纵深层面发展，逐渐成为市场竞争的起点、要素和载体，成为企业乃至一个国家或地区综合竞争力的象征。谁拥有为社会所公认的强势品牌，谁就拥有市场，谁就会取得竞争优势，这种格局在竞争日趋激烈的态势下表现得尤为明显。

3. 产业界限更为模糊

互联网与产业高度融合的背景下，企业的竞争对手也发生了转变。以前的竞争对手是明确的、稳定的、组织化的，因此营销方法和品牌运营更多是同质的，但是现在，竞争对手是不明确的，是颠覆式的。大企业同中小企业的竞争加剧，跨界的、跨行业的竞争也在加剧。产业边界的模糊及跨界融合，可以实现资源的一体化运用，进而通过协同优势令企业获得更高的生产效率，但同时也导致了企业的竞争对手不明确。

二、数字时代品牌运营的机遇与着力点

互联网及数字信息技术的高速发展给品牌带来更强的活力，为消费者提供了体验的平台，为消费者和企业搭建了互动的桥梁。互联网及数字信息技术深化了品牌与消费者之间的关系，品牌运营正在经历重构。

（一）数字时代品牌运营的机遇

1. 品牌均等运营

互联网的公平、公开性为每一个注重品牌的企业都提供了均等的机会。长期以来，强势品牌往往凭借着资金、规模以及已有的品牌优势，在宣传、价格以及销售渠道上占尽先机，使弱势品牌和新品牌难以立足。而通过互联网，这些弱势品牌和新品牌可以依靠网络平台获得相对均等的机会。在网络虚拟世界，传统产业中讲求规模的门槛变得无足轻重。同时，网络所具有的空间上的快速渗透能力、进入市场的强行突破能力，以及网络信息的公开性和信息传递与反馈的及时性、迅速性都对强势品牌的已有优势造成冲击，使后发企业乘胜追击甚至弯道超车。

2. 品牌加速构建

利用好互联网及数字信息技术，企业可以从品牌构建的各个环节来加强和加快自己的品牌建设。首先，互联网及数字信息技术可以减少由于品牌定位不准确、宣传力度不够、市场反应迟缓以及缺乏与消费者的沟通等造成的

品牌弱势。利用网络平台可以通过便利与低成本的网络通道开展互动式的信息交流，及时获得反馈信息，使品牌管理具备更强的实时可控性，以便确切地表达企业意愿，准确、清晰地定位企业品牌。可以帮助企业及时获得市场反馈信息，把握市场脉动，及时调整品牌战略，有助于品牌顺利成长。

其次，互联网及数字信息技术可以节省品牌运营成本。资金、人力和经验等要素的不足往往是困扰本土品牌建设的先天问题，互联网及数字信息技术可以帮助企业节省品牌运营成本，给实力较弱的企业以建立品牌的机会。网络上信息自主互动的传播可以减少企业在市场调研和宣传方面的人力投入，同时可以节约时间和经费开销。网络可以实现仅针对目标市场的广告宣传投入，既可以提高广告的触达率，又可以有效合理地利用宣传资金。

最后，互联网及数字信息技术还可以促进品牌形象在企业内部更有效地传播，形成企业所有成员的共识，达成内部统一的品牌塑造。

3. 加速品牌国际化

数字时代，市场竞争逐步突破地域限制，市场的地理边界逐渐变小，甚至消失，品牌全球化正变得日益普遍。对于那些想将品牌推向国际的本土企业来说，企业在网络虚拟市场进行全球化的营销成为可能。互联网及数字信息技术使得互动式营销战略在全球得以实施，帮助企业在世界范围内寻找潜在客户和合作伙伴，创造国际性的品牌。同时，互联网及数字信息技术还可以帮助企业实现本土品牌的国际化，降低进入陌生国际市场的风险，为品牌发展探路。

（二）以消费者为中心的三大着力点

决定品牌价值的最终力量是消费者，数字时代品牌运营的核心是消费者。从发展趋势看，信息与关系成了互联网经济增加价值的关键，要以消费者为中心构建良好的品牌关系，在信任、数字媒介以及体验这三个着力点上下功夫。

1. 信任

在数字时代，消费者求真的心理越来越强。信息流通的开放性，使得来自不同渠道的信息数量大大增多，其中难免包含不少虚假、夸大的信息，因此消费者希望获得更多客观和真实信息的欲望日益强烈，他们把信任和安全看得更加重要。

对于企业自身来说，必须向消费者传递真实、确切的品牌信息。出于求真心理，消费者会主动搜寻与品牌相关的信息，然后结合企业传达的信息共同构成对品牌的客观印象，一旦与现实有所偏差，消费者的求真心理就会受到冲击，从而不利于消费者对品牌印象的形成。

信任将在品牌运营中发挥关键作用。品牌的主动营销推广活动往往收效甚微，而品牌一旦取得消费者的信任，这份信任将带来极大的效益。消费者之间的相互推荐对消费者做出理性购买决策是重要的参考，将成为提高品牌信任度的驱动因素。

2. 数字媒介

数字媒介已成为企业品牌建设与发展的必要条件。数字时代，数字电视、数字广播、数字户外、网站、博客、移动多媒体、社交媒体、在线视频、直播、智能手机、平板电脑等新兴媒介的出现，极大地丰富了媒介类型，拓展了信息传播渠道。

互联网及数字信息技术增强了各种媒介的效用，犹如黏合剂把各种传播活动的作用整合起来。数字媒介为消费者分享各类内容、沟通相关信息、表达情感情绪、发表意见建议提供了无限可能，让消费者在虚拟世界和现实世界的感知相互交融，提供前所未有的丰富体验。对于品牌运营来讲，数字媒介将是一股强大的力量，通过数字媒介，建立并深化品牌与消费者的关系，是其品牌战略中非常重要的组成部分。

3. 体验

在数字时代，消费者扮演着十分积极的角色，这种主动而非被动的观念改变了一切。消费者在接受产品或服务时的“非从众心理”日益增强，相信自己判断和感觉的趋势日益明显。人们更喜欢参与品牌的创建，与企业双向互动，共同创造品牌，从研发环节就介入产品设计，注重参与感。人们在消费时不但关注得到怎样的产品，而且关注在使用或消费产品时的体验感。品牌运营如果迎合这种理念，参与和体验所带来的作用远比通过媒体广告推动品牌创建发挥的作用更强有力。

随着移动通信技术和互联网及数字信息技术的融合进一步深入，智能手机加速普及，移动互联网时代已经到来。移动互联时代，线上线下进一步相互融合、相互渗透，要高度重视虚拟现实（VR）、增强现实（AR）等技术的发展与应用，真正实现线上的体验。

三、数字时代品牌运营环境变化带来艰巨挑战

品牌与消费者关系的持续性问题、如何选择最有效的媒体、数字时代品牌运营存在的误区以及品牌培育和发展的政策法规环境尚不健全是品牌运营面临的四大挑战。

（一）品牌与消费者关系的持续性问题

在数字时代的消费环境中，品牌的忠诚度很难持久保持。

一方面，互联网使消费者获得主动权，导致消费者忠诚度下降，获客成本增加。互联网及数字信息技术为消费者提供丰富的信息，其中包括如产品成本、他人使用感受等以往很难获得的信息，对信息的比较分析使消费者的购买过程更加理智和成熟；互联网还带来更多产品选择机会，消费者可以货比三家，获得更大的心理满足。正是因为信息和选择机会的增多使消费者变得更为现实，消费者的消费转向能力大大提高的同时其转向成本也大大降低，加之产品差异小、被替代的可能性大，这些最终导致消费者选择易变动，对品牌的忠诚度下降。新媒体平台的便利性、互动性使得消费者享受着较低的抱怨“门槛”，从而让劣质品牌被曝光的可能性更大，对品牌形象的摧毁力度更大。

另一方面，一些企业过于注重推广而忽视产品。消费者的意见很难传达到位，让人感到品牌推广的表面性和随意性，消费者会重新评估品牌的可信度，甚至会颠覆原先的印象。所以，品牌推广最重要而经常被人忽视的环节

就是售后服务。如何建立比较完整的售后服务数据库，需要企业依靠技术进步，提供量体裁衣的个性化服务。

因此，实现品牌与消费者关系的持续，品牌需要具备足够大的弹性，从而为产品线的延伸预留出合理的空间。品牌要具备足够强的灵活性，从而能够适应瞬息万变的市场条件；要具备足够好的一致性，当消费者身处不同的环境也不至于对其产品定位感到困惑；要具备足够高的专注性，从而为消费者提供区别于竞争对手的差异化产品。

（二）如何选择最有效的媒体

互联网是一个统一的、整合性的平台，在这个平台上塑造与传播形象、销售产品或开展服务可以同步或交叉进行。同时，互联网上的各个环节又可以与线下各个服务环节、部门相协调，高效协作。

整合优势在品牌构建中扮演着最重要的角色。整合好各方优势可以将品牌构建提升到一个新的阶段，实现品牌的整合传播，反之则会对品牌构建带来干扰甚至破坏。数字时代信息传播的特点，决定了必须整合品牌和传播体系，充分发挥品牌资产的作用，选择最有效的媒体。如何在众多媒体中选择出最适合自身的、最有效的，将是企业面临的一大挑战。

（三）数字时代品牌运营存在的误区

现阶段，企业对数字时代的品牌运营往往存在以下几个误区。

一是盲目跟风，没有明确的目标和清晰的策略。一些企业热衷于利用互联网及数字信息技术迅速创造品牌、提升品牌知名度，但品牌缺乏核心价值。短期来看，这确实能为企业带来一定的市场知名度，吸引消费者和获得可观的经济效益，但从长期发展来看，一时的声名大噪不能造就消费者对品牌的忠诚，品牌还是难以建立，品牌价值也无从谈起。如果无法满足消费者对高质量产品和服务的需求，那么无论塑造出多么受欢迎的话题，引来多少人关注，最后也只会“昙花一现”。

二是有很多企业，甚至是政府部门认为广告就是品牌传播。其实品牌传播不限于广告，广告可以说是最初级的、简单的一个阶段，品牌运营是长期的系统工程。

三是仅仅追求产品创新而忽视品牌的运营。一些企业在产品创新上下足了功夫，但是未能持之以恒地将品牌核心价值内化于产品中，缺乏将品牌做深、做透的运营系统，在消费者研究、消费者沟通和价值链管理等方面投入不足、重视不够。

四是一些企业品牌运营的网络化还不够。只注重企业内部的网络化，即企业组织、管理、人力、财务等方面的网络化等，而忽视了品牌运营的网络化。

（四）品牌培育和发展的政策法规环境尚不健全

在数字时代运营品牌，需要相关的政策法规支持。目前，相关政策法规环境还不健全。

一是在知识产权保护方面存在执法不严的现象。商标、版权的侵权、假冒等现象屡见不鲜，市场监管体系不够严格，互联网成为假冒伪劣商品流向市场的新渠道。

二是网络安全仍面临挑战。网络环境堪忧、网络经济中的不正当竞争行为共同影响着品牌价值通过网络实现的可能性。数字时代的到来，企业在传统经济领域所遭遇的问题同样出现在互联网领域，特别是在移动互联背景下，信息传播速度极快，人为的恶意攻击可能如海啸般不期而至、无孔不入，给正规经营的品牌企业带来巨大的灾难。同时，由于网络中的虚假信息和广告宣传的泛滥，网民对网络信息的信任度屡破低点，而黑客、病毒以及网络商业秘密侵权等也使网络的安全性大大降低。

三是目前我国网上支付、金融环境、网上交易的法律保障还不完善。数据安全与数据开放共享成为企业和政府面临的挑战。

四、改善品牌运营环境的政策建议

数字时代，抓住品牌运营的机遇，克服面临的挑战，提升品牌运营能力，从而推动中国经济高质量发展，需要重点做好以下工作。

（一）提倡工匠精神，专注于质量提升

中国企业需要沉下心来冷静思考，以长远的目光和务实的态度来对待品牌问题，打造品牌依靠的是坚守工匠精神。

一是品牌的源头是生产社会所需要的产品。品牌作为牌子和产品结合的统一体，必须以一定的产品为依托，否则就如无本之木，因此，品牌运营无法超越产品经营这一实物形态，要想创立、发展品牌，并发挥和利用品牌价值，必须首先开发、生产为社会所需要的产品。

二是具有核心竞争力是关键基础。对企业来说，一定要有清醒的认识，企业品牌附着在产品的质量或服务上，附着在产品的市场竞争力上，发展好的时候品牌的价值会迅速放大，但是若缺乏持久的竞争力，品牌价值也会很快缩水，慢慢被淘汰。品牌运营必须以良好的质量和细致的服务为基础。

（二）发挥网络资源和传统资源两种资源优势

品牌信任度需要持续获取。要把握好变与不变的关系，处理好传统与创新之间的联系，发挥网络资源和传统资源两种资源优势。

一是遵循品牌运营规律，正确使用传播工具。在数字时代，品牌运作同样需要遵循品牌传播准则、发展规律，在媒介的选择上要使固定媒介和移动媒介互补、传统媒介和数字媒介互补、大众媒介与分众媒介和个体媒介互补。在品牌传播上要实现线上信息和线下信息的全覆盖。

二是建立适应数字时代的品牌管理组织，实现消费者和品牌的良性互动。充分发挥网络的优势，特别是要注重意见领袖的影响，在无数消费者及潜在消费者中挖掘出意见领袖将是重要环节，发挥好口碑信息的放大、辐射作用。充分发挥传统资源优势，让消费者产生与品牌相关的积极体验，让消费者感受优质贴心的服务，尽可能地赢得其信任和好感。

（三）品牌战略必须建立在对消费者动机的深刻把握之上

数字时代，品牌与消费者之间的关系仍在不断深化。品牌战略要找准定位，必须在品牌和消费者之间建立情感联系，并根据技术和市场的变化进行动态调整。

一是清晰判断消费者需求。利用互联网及数字信息技术，通过网络社交论坛、微信、大数据，充分感知消费者的各类需求，并将需求满足方式逐步植入企业的产品中；通过细心的服务、细致化的管理，赢得用户群体的认可；通过有针对性的网络营销，最终实现消费者对品牌的认可。

二是创新，并推出比以前更具吸引力的替代服务。在数字时代信息相对过剩的背景下，品牌运营要着力于吸引人们的注意力，因此信息处理及传播方式的创新尤为必要。除此以外，服务不足的消费群体、未被满足的潜在消费者需求、市场趋势与分销渠道变化、来自其他产业和国家的新技术竞争压力都要求品牌运营不断创新。

（四）为品牌成长创造良好环境

一是进一步加强品牌文化建设。对内，在全社会营造人人爱护品牌、人人享受品牌、人人支持品牌、人人尊重品牌的良好氛围；对外，通过互联网做好国家形象的宣传，做好中国品牌的宣传，推动建立全球统一的品牌评价体系，增强我国在品牌评价中的国际话语权。

二是进一步健全品牌相关法律法规。加强网上支付、金融环境、网上交易的法律保障；加快政府职能转变，创新管理方式和服务方式，建立适应以互联网为代表的信息技术的管理方式和服务方式，维护网络安全。

三是规范市场竞争秩序。建立更加严格的市场监管体系，加大专项整治联合执法行动力度。严厉打击侵犯知识产权和制售假冒伪劣商品的行为，防止互联网变成假冒伪劣商品流向市场的新渠道。破除地方保护和行业壁垒，有效预防和制止各类垄断行为和不正当竞争行为，维护公平竞争市场秩序。

（执笔：高庆鹏）

参考文献

[1] 阿克，乔基姆塞勒．品牌领导［M］．耿帅，译．北京：机械工业出版社，2012.

[2] 张云，王刚．品类战略［M］．北京：机械工业出版社，2017.

[3] 何佳讯．品牌的逻辑［M］．北京：机械工业出版社，2017.

[4] 舒尔茨．重塑消费者：品牌关系［M］．北京：机械工业出版社，2015.

[5] 卡恩．沃顿商学院品牌课：凭借品牌影响力获得长期增长［M］．崔明香，王宇杰，译．北京：中国青年出版社，2014.

专题报告四

数字时代品牌价值要素变化及传播对策

摘要：在数字时代，我国企业自主品牌存在硬实力与软实力发展不均衡，重内质、轻外形，重展示、轻对话，重输出、轻参与等问题，不能很好地针对有形资产、无形资产、质量、服务、技术创新这五要素进行综合的品牌传播。所以，基于有形资产、无形资产、质量、服务、技术创新的品牌价值五要素和互联网及数字信息技术的推动，我国自主品牌价值提升的观念和实践模式亟待转型和升级。在品牌传播对策上，借助互联网及数字信息技术与用户或者消费者以及其他利益相关方沟通和对话是成就企业品牌的关键环节，互联网及数字信息技术使企业品牌价值有了全面拓展的可能性。有形资产、无形资产、质量、服务、技术创新这五要素的单个效能和整体发挥决定着一个品牌的总体竞争力。本文立足互联网及数字信息技术语境，以传播为观察视角，寻求品牌价值五要素的提升策略。品牌是一个跨界跨学科的研究对象，会不可避免地产生多元的观念和概念，在实践中更有纷繁情境下的多元路径选择。从传播角度，我们把有形资产、无形资产、质量、服务、技术创新这五要素整体概括为企业品牌的内质与外形，并站在利益相关方的角度寻找品牌价值提升的路径和核心话语。

品牌通常被理解为企业的管理、服务和业绩，表现为用户或消费者以及其他利益相关者心中留下的印象。企业应有卓越的管理、服务和业绩，品牌是企业良好表现的传播和展示，即内质外化后的形象。品牌形象作为一种认知、体验和参与体系而存在，利益相关者的感知、介入和建构与企业自身的表现同样重要。企业品牌本质上是有形资产与无形资产的统一：有形资产是物质成果，是企业全体员工劳动的结晶；无形资产是精神的飞跃，是历史、文化和智慧的象征。

品牌价值评价是通过客观、公正、科学的品牌价值评价体系，进行规范化、科学化、标准化的测算并最终得出可靠的评价结果，是品牌建设发展中的重要组成部分，对于品牌事业发展有着极其重要的意义。对品牌价值进行评价不能仅仅局限于其货币价值，还要揭示有形资产、无形资产、质量、服务、技术创新五要素对品牌价值的影响。只有这样，品牌价值评价才能充分发挥自身作用，引导企业尤其是中小企业有针对性地采取改进措施，加强品牌管理，提升品牌价值，增强企业竞争力。企业利用品牌价值五要素培育品牌的过程，实质上就是提升质量、改善服务、开展技术创新的过程，同时也是实现资产增值的过程。因此，对品牌价值进行科学公正的评价，有利于激发企业发展的内在动力，有利于增强员工的发展信心。

近年来，我国学界和业界对品牌价值理论和实践不断探索，积极参与研制品牌评价国际标准。2013 年，中美联合提案成立 ISO/TC 289，得到世界各国支持，并于 2014 年 1 月经 ISO 正式批准成立。ISO/TC 289 由中国担任秘书国，旨在以有形资产、无形资产、质量、服务、技术创新这五要素为基础，建立并推行一套全球认可、科学公正的品牌评价标准体系。目前，我国和奥地利牵头负责的品牌评价国际标准 ISO 20671：2019《品牌评价 原则与基础》已于 2019 年正式发布。这标志着我国向参与并主导品牌评价国际标准化工作方面迈出了扎实的一步，有利于增强我国在品牌评价中的国际话语权。

互联网是时代的产物，它反过来又重构了这个时代。而今，随着大数据、人工智能、云计算、5G 等的使用，品牌传播已经全面进入数字时代。互联网既是当前企业品牌言说和行动的重要通路、平台，也是我们生活交往的文化空间，全面拓展了企业品牌的战略空间和价值提升的可能性。在产品同质化日益严重和消费者消费习惯不断演进的数字时代，企业品牌价值提升越来越成为企业提升竞争优势的主要源泉。我们立足互联网及数字信息技术语境，以国际共识的品牌价值评价五要素，即有形资产、无形资产、质量、服务、技术创新五位一体，分析其在互联网及数字信息技术语境下的变化及传播策略。

一、数字时代品牌价值提升的趋势与困境

作为企业的人格化呈现和表达，品牌同所有生命个体一样，是特定社会环境、时代背景和表达语境的产物。寻找面向数字时代的品牌价值提升路径，正是为了响应国家和社会发展、行业和市场变革大势，主动适应和引领环境变化。这些环境要素及其潜在的变革大势包括以下几点。

一是习近平总书记提出的“推动中国制造向中国创造转变、中国速度向中国质量转变、中国产品向中国品牌转变”的指示精神，成为中国未来长期的发展方针，是实现从经济大国向经济强国转变的中国梦的重要纲领，中国创造就是要掌握世界一流的核心技术。

二是从全球视角看，经济全球化及其带来的国际关系和世界秩序再造，全球资源配置、产业分工和市场格局正在经历新一轮巨变，包括中国央企在内的全球大企业皆在国际市场上重新定义和定位自身角色。

三是在技术、社会与文化变革方面，由互联网驱动的新一轮技术革命强势改造了人类共同体的整体状态和发展路线图，我们正身处文明史上又一场伟大的变革之中，社交互联、智能互联、万物互联和大数据掀起了颠覆式创新的高潮。

以上大环境的变化要求所有企业主动适应经济新常态和转型期的社会期待，积极介入互联网革命和全球市场竞争，探索、引领数字时代的品牌价值提升新思想和新路径。

从全球顶尖企业的总结经验看，企业品牌运营能力是企业在变革中有效处理观念传承与业务创新、硬实力拓展与软实力培育、业绩表现与利益相关者认同关系的关键要素。

中国品牌建设促进会理事长刘平均在剖析中国企业发展和品牌的问题时，指出我国企业品牌存在的六大问题：一是我国中小型民营企业小而散，而大型国有企业，由于管理体制机制的限制，很难实现强强联合；二是我国缺少自主创新的核心技术，企业的核心竞争力与世界一流企业相比还有一定差距；三是长期以来，我国假冒伪劣产品屡禁不止，消费者对国产品牌缺乏信任；四是我国缺少国际知名品牌，产品多处在全球价值链“微笑曲线”的底端；五是企业和市场缺乏正能量品牌引导，导致我国消费者大量购买国外商品；六是国际品牌价值评价科学性不够，中国缺少品牌评价国际话语权。具体来说，在数字时代，我国企业自主品牌存在硬实力与软实力发展不均衡，重内质、轻外形，重展示、轻对话，重输出、轻参与等问题，不能很好地针对有形资产、无形资产、质量、服务、技术创新这五要素进行综合的品牌传播。所以，基于有形资产、无形资产、质量、服务、技术创新的品牌价值五要素和互联网及数字信息技术的推动，我国自主品牌价值提升的观念和实践模式亟待转型和升级，这主要体现在品牌传播对策上，下面我们将针对品牌价值五要素进行品牌价值提升对策的探索。

二、互联网对品牌价值空间的拓展

借助互联网和新媒体技术与利益相关方沟通和对话是成就企业品牌的关键环节，互联网及数字信息技术使企业品牌价值有了全面拓展的可能性。企业有良好的表现，品牌则是对企业表现的传播和展示——利益相关者的感知、建构和企业的表现同样重要。所以，在数字时代，立足品牌传播视角，企业品牌价值在这三个方面得到了拓展，即企业与利益相关者接触的基本界面——沟通、利益、价值，所表现出的是企业与利益相关者之间信息交流、利益互惠和价值共享的范围、程度和状态。

（一）在沟通维度，拓展传播通路

沟通本身即是展示、感知和建构的过程，旨在促进企业与利益相关者的交流、知情和合意，使企业和利益相关者成为一个动态的信息共同体。就品牌建设而论，数字时代，沟通维度的关键词是公开、透明和响应。公开意味着知情共享；透明意味着见证、参与和程序合法；响应则意味着“关切彼此的关切”，即双向的对话，而非一方的强势表达和展示。在互联网特别是社交媒体营造的全新舆论生态下，若缺少对话观念，无论多少报道和宣传，无论怎样的内容和手段创新，皆可能是徒劳之举。单向宣传很难唤起关切和回应，反而可能引发反感和对抗。

这是互联网及数字信息技术对企业品牌价值提升空间拓展的重要维度，在数字时代，企业若不重视与利益相关者的沟通和交流，仅注重单向的信息发布和展示，则无法构建企业与利益相关者的信息共同体。在沟通维度，互联网及数字信息技术拓展企业的传播通路，主要体现在两个方面：品牌符号和表达。

1. 品牌符号

鉴于企业发展的复杂性和利益相关者认知的不确定性，品牌所搭载的承诺、认同及其构建的合意空间，在实践中是由相对确定、稳定的符号体系表征的。这就是企业形象识别系统（CIS）的由来，即通过特定的理念识别（MI）、行为识别（BI）和视觉识别（VI）固化企业承诺和利益相关者认同。其中理念识别最为关键，它往往表现为一句表达企业个性与根本主张的核心话语，譬如“科技成就生活之美”“构建万物互联的智能世界”；行为识别（如工作流程与规范、交往礼仪与规范）和视觉识别（如企业商标和企业标准色），则是理念识别的外化和具体化体现。互联网尤其是新媒体使得企业品牌符号系统的传播有了更多的方式，企业品牌符号系统借助新媒体可以更加精准、个性化地传递给利益相关者，全面拓展了品牌符号体系的传播通路。

2. 表达

在互联网时代，尤其是移动互联网时代，受众的阅听场景具有移动性、多线程、碎片化的特点，这就导致受众在阅听时的注意力很难保持高度集中，特定的信息无法被受众接收。

社会化媒体诞生以来，打破并再造了我们生活的时空，新媒体在信息生产和存储上实现了时间的叠加，在传播和叙事上突破了历史和现实行进的线性模式，“过去”一直潜伏着，等待被搜索引擎激活。在传统媒体时代，品牌知名度与美誉度是一个企业最看重的方面，而在新媒体时代，随着历史遗忘机制的消逝，品牌知名度和美誉度与品牌风险相伴相生，因此企业比以往任何时候都更需要塑造一个有血有肉、有性格的人格化品牌。想要塑造有温度的人格化品牌，必然需要通过人格化的品牌故事突出自身的情感诉求与价值诉求，而互联网所带来的多媒体手段也可以更好地表现情感与价值，很大程度上丰富了品牌故事的形式并提升了品牌故事的传播力。

（二）在利益维度，拓展互惠渠道

利益关系产品、质量、服务、技术、资源、管理和流程等多个方面，即企业要高标准完成自己的“分内事”，满足利益相关者对产品质量、服务和技术的期待，旨在将企业与利益相关者打造为一个利益共同体。开放即相互走近、协同并进，这是 20 世纪 60 年代确立的品牌与公共关系理念；创造即创新、拓展和成长，即可成长和可持续发展；互惠即企业的发展要给利益相关者和社会带来可分享的利益，它不单指实存的增益，也包括主观上的分享意识和获得感。

所以，在利益维度，品牌的开放性、创造性和互惠性应做到持续改善，实现更大范围、更实在的公众参与、协同创造和切身获得感。在利益创造和分享即利益共同体层面，持续的动力之源在于利益的生产、分配和公平互惠，企业最重要的品质在于安全、可靠、有保障、可持续、不中断也不强加烦恼。互联网以其开放性和互动性，充分拓展了企业和利益相关者共享发展成果和互惠互利的渠道。在此维度可提炼出两个关键词：卓越和互惠，即企业自身有形的卓越业绩和与消费者之间的互利互惠。

企业应在产品和服务提供方面做到精湛、卓越，锤炼企业自身的核心竞争力，为用户提供最卓越的产品和服务。想要塑造管理精益、服务精细、业绩优秀的卓越企业形象，首先企业应在最核心的层面做到卓越。企业的有形绩效是品牌传播的根本抓手，其主要评价标准包括绩优、高效，这里的绩优主要是指企业在资本市场的表现，以及为利益相关者创造的利润价值；高效主要是指企业通过科学生产、科学管理获得的高投资回报率。

互惠主要是指企业与利益相关者分享发展的成果，反哺社会。企业在为消费提供产品和服务时应当秉着互利互惠的原则，让消费者感受到企业在企业核心业务层面的诚意，消费者从这些产品和服务中获得确定性和安全感，消费者对产品产生好感，持续使用企业提供的产品和服务，从而对企业本身的好感度逐渐提升，就有了品牌忠诚度，这是品牌传播的根本所在。

企业在为用户提供产品和服务的同时也在创造社会财富，当企业创造的社会财富越来越多，企业应当和利益相关者共享发展的成果。如果只强调绩优而缺少互惠，企业与公众之间的利益关系和情感关系就容易紧张。实际上，分享回报、利益互惠、支持公共事业对企业来说是一件自利且利他的好事，并不会带来企业利润的下降。在这个层面，互联网拓展了企业与利益相关者之间的互惠渠道。

（三）在价值维度，拓展共创空间

在信息沟通和利益协调中，人们不可避免地甚至强烈渴望创造一个有关态度、情感、尊严、德行、审美、理想和信念的共同世界，即企业品牌在信息共同体、利益共同体之外，还存在一个价值共同体。

价值也是一种利益，但又超越其有形、实然的物化存在，而是指向了心智和精神层面。卓越的品牌应当在价值维度让利益相关者体验、感受到爱、关心、承认、德行、美好、欢喜、希望乃至终极意义，并以此为前提与利益相关者构筑价值共同体。价值层面的关键词乃人类良知层面的真、善、美，尤其是善和美。大企业、大品牌的价值追求往往要超越自我本位和族群中心立场，站在人类命运共同体、人与自然的和谐共生关系、人与天道的感应关系等层面进行提炼和表达。

在价值维度，无形价值观的产生和进化是一个双向的过程，即价值是企业和用户在对话中产生的。对于用户而言，企业通过产品、服务和企业价值理念为用户赋予价值；对于企业而言，用户在购买、使用和反馈的过程中和企业共创某种价值。所以，此处的关键词是价值赋予和价值共创，互联网以其对话属性拓展了价值赋予的方式和价值共创的空间。

马斯洛曾将人的基本需求概括为生理需求、安全需求、社交需求、尊重需求和自我实现需求五个方面。虽然这些需求是否具有层级关系还存在争议，但归属感、情感支持与社会认同的意义得到了公认。每个个体都需要寻找存在的意义，正如马克斯·韦伯所说：人是悬挂在由他们自己编织的意义之网上的动物。当企业为消费者提供产品和服务时，也或多或少地满足了情感、认同等价值层面的需求。

消费者从符号中找到自我，从中得到熟悉感、安全感和情绪的满足，企业借此为消费者构建了可以被理解的价值世界。对于企业来说，这是一个价值赋予的过程，在产品和服务的提供中，企业不可避免地在为消费者或者用户创造一个有关态度、情感、尊严、德行、审美、理想和信念的共同世界，这是企业对消费者或者用户的价值赋予。以上价值赋予过程的每一个环节都依赖于互联网的技术和沟通渠道。

所谓价值共创，是指企业与利益相关者共同创造价值的一种机制。企业和消费者或者用户在充分分享产品和服务信息、共享利益基础上，彼此增进好感和信任度。对于一个伟大企业来说，企业会为每一个参与其中的用户赋予价值，打造社群生态，为利益相关者提供社群中的温暖、信任和爱等价值需求。同时，又和所有利益相关者一起维护自身价值体系，并发展和创造新的价值。

互联网的“全连接”功能带动了企业和利益相关者的对话和行动，而品牌传播是企业和利益相关者的集体行动，一个成熟的品牌传播体系中，企业和利益相关者应是彼此默契的共同行动者。这暗含着对利益相关者成员异质性、多样性的承认与尊重，不是自然而然的，而是需由不同文化背景、利益诉求、对话能力的个体在不断讨价还价、妥协退让中达成。而此过程正是一个企业品牌价值共创的过程，互联网贯穿始终。

三、基于五要素的品牌价值提升传播对策

早在 2010 年之前，国际上对品牌的评价指标只有一个要素，就是有形资产，即财务指标。我国根据实践，率先提出品牌价值中应该有质量和服务的内涵。同时美国和德国。两个品牌大国同意中国的观点，并分别提出还应该包含无形资产和技术创新。2012 年年底，中、美、德三国对品牌价值的内涵达成五要素理论的共识，即有形资产、无形资产、质量、服务、技术创新，为全球品牌价值评价的统一、科学、公正和标准化奠定坚实基础。

有形资产、无形资产、质量、服务、技术创新这五要素的单个效能和整体发挥决定着一个品牌的总体竞争力。在数字时代，我们以传播为观察视角，寻求品牌价值五要素的提升策略。但是品牌是一个跨界、跨学科的研究对象，不可避免地产生多元的观念和概念，在实践中更有纷繁情境下的多元路径选择。从传播角度，我们把有形资产、无形资产、质量、服务、技术创新这五要素整体概括为企业品牌的内质与外形，并站在利益相关方的角度寻找品牌价值提升的路径和核心话语。

（一）数字时代品牌定位的基点

根据最新的品牌价值五要素标准，我们可以看出这五要素实质上所表明的是企业“做什么”“为谁做”以及“与利益相关者的关系”问题。那么，在数字时代，企业品牌价值提升所面临的第一个重要问题，就是要明确立足于互联网空间的品牌定位基点。

定位就是通过描述企业“做什么”和“为谁做”，建立企业品牌与目标消费者之间的关联，以求在消费者心中占据特定位置。定位需要企业将自身资源和宏观环境、产业发展、竞争态势、市场规模等结合起来，对内外部环境作通盘考虑。成功的定位能够对企业起到提纲挈领、积极助推的作用，如果定位不清晰或不准确，则可能导致企业资源浪费、发展受困、错失机遇甚至滑入失败的深渊。

数字时代，企业在定位时要明确自己的角色、担当，并以此为基础勾画品牌形象，提炼核心价值，继而围绕核心价值在有形资产、无形资产、质量、服务、技术创新方面做出立体的定位，并按照品牌塑造的阶段依次推进。

世间本无消费者，有的只是用心生活的人。数字时代的品牌定位必须得到“生活者”的支持，若想做到这一点，首先需要明确以“生活者”视角和消费者视角构建品牌的内在差异，并进一步了解“生活者”的心智状况。企业要意识到，如果把人看作消费者，面对的就是按社会人口统计指标、消费行为、消费心理等加以细分的一群人，他们和企业难以产生除交易之外的更多关联；若是将人看成“生活者”，那么企业面对的则是渴望关怀、期待支持、希望交流的情感丰富的朋友、伙伴或邻居，除了交易，二者还会产生情感、结下友谊、彼此关注、相互支持。

上述观点细化，就表现为：在内涵上，“生活者”的视角是关注充满情感的人生体验，消费者的视角是关注购买、使用、持有和处理；在传播方式上，“生活者”的视角重点在于尊重和平等基础上的倾听、沟通和支持，而消费者视角则侧重单向的告知、提示与说服；在品牌活动执行中，“生活者”的视角是以价值的创造和情感的交流为重心，而消费者的视角却以产品或服务的推广与售卖为重心；在品牌活动目的上，“生活者”的视角是希望彼此成为生活中可信赖的伙伴，而消费者视角则期待产品或服务更多地被购买和使用。

（二）基于内质与外形的传播策略

品牌通常被理解为企业的管理、服务和业绩表现在用户或消费者以及其他利益相关者心中留下的印象。这个说法强调了两个重点：一是企业应有卓越的管理、服务和业绩，品牌是企业良好表现的传播和展示，即内质外化后的形象；二是形象作为一种认知、体验和参与体系而存在，利益相关者的感知、介入和建构与企业自身的表现同样重要。换言之，品牌并非单向展示的结果，而是企业与利益相关者互动、互通、互惠的产物。更进一步来说，品牌不是企业的自持之物，而是企业与利益相关者共持、共享的软资产，这种资产在双方的积极对话和有效合作中得以创造和增益。

按照学界通行的概念分类，狭义的品牌是企业软实力的呈现，广义的品牌则是企业硬实力与软实力的凝集与同构。在广义上，内质乃企业的硬实力，外形为企业的软实力，品牌是内质与外形、硬实力与软实力的统一。若无强大的硬实力，所谓软实力和品牌就是“花架子”，终不能坚固和长久；如果没有可知可感、化育人心的软实力，硬实力就会陷于牢笼，品牌也不过是自娱自乐。因此，品牌根植、生发于硬实力，而呈现和表达软实力，是企业硬实力与软实力的同构，也是企业自身表现与利益相关者感知的同构。

与前述观念相对照，数字时代的很多中国企业目前仍然存在硬实力与软实力发展不均衡，重内质、轻外形，重展示、轻对话，重输出、轻参与等问题，品牌运营观念和实践亟待转型和升级。观念转型的核心问题是确立对话、均衡和同构的品牌建设导向与原则。实践模式的升级既包括制定品牌战略规划、调整组织架构、再造工作流程等问题，也包括操作层面品牌管理和运营方式的创新。

这里，我们从品牌符号体系升级、品牌价值的创造性表达和立足品牌价值五要素进行品牌话语体系创新方面提出解决方案。

1. 品牌符号体系升级

在数字时代，消费信息过剩，产品和服务日趋同质化，借助互联网及数字信息技术进行品牌传播已成为极重要的市场竞争手段之一，是企业获得消费者信赖，争夺市场资源的重要筹码。在消费主义时代，人们购买的不仅是商品的使用价值，更多的是购买商品的符号价值。法国思想家让·鲍德里亚（Jean Baudrillard）在传统的商品二分法，即价值和使用价值之外，创造了一个新的维度——符号价值。正是在符号价值的基础之上，消费不再是围绕着产品展开的购买行为，而是变为了购买身份、购买精神满足、购买生活方式，从而服务于自身的身份建构和价值贯彻。由于消费行为的符号化和象征化的趋势，现代社会的消费传播就会越发追求流行性，对商品的拜物行为也就表现为一种宗教式的周期性狂热。

为了区别于同类产品，企业必须给该产品一个语音符号——名称，以便于公众话语沟通——语音识别；也需要一个图形符号标志，配置于“产品”

之上，以便于公众视觉识别——区别于其他产品，由此品牌符号便产生了。品牌作为一种符号，其能指包括产品及以品牌标识为首的 VI 系统，将企业理念、企业文化、服务内容、企业规范等抽象概念转换为具体符号，塑造出独特的企业形象。品牌所指则是品牌属性、名称、价格、历史、声誉、广告方式的总和，它同时也是消费者在广告视听以及其他品牌传播过程与产品使用过程中所产生的具体印象。

品牌符号的功能有三：一是识别、标签和指称；二是浓缩信息；三是影响人的行为。这三个功能正是品牌需要的，这就是符号在品牌战略中的价值。在市场竞争中，每一个企业都需要一套完善 CIS，通过视觉、听觉等符号让消费者在理念、行为和视觉上对企业有一定的认知。从 20 世纪 50 年代到现在，CIS 经历了从商标品牌到产品视觉统一设计、从视觉形象识别到整体形象识别的发展过程，CIS 已经从单纯的视觉传达设计，演变为一种企业形象的传播策略，成为企业经营战略中不可或缺的一部分。企业的有形资产、无形资产、质量、服务、技术创新都可以通过品牌符号来展示。

它通过行为规范、活动体系以及具有冲击力的视觉识别体系，将企业理念、使命感和产品特质传达给企业内部与社会公众，以获得一致的认同感和价值观，达到产品销售和品牌推广的目标。而这些目的的达成，最终都要落实到符号的确立和传播上，品牌传播到最后就是对企业 CIS 的完善，对企业的 MI、BI 和 VI 的完善，实质上是企业符号系统的建立。

2. 品牌价值的创造性表达

确立品牌符号体系之后，需要通过符号体系对品牌价值进行创造性表达。品牌符号要明确给出某种简洁有力的判断或观点。从经验层面看，品牌符号通过文字和视听体系进行的价值表达包含两层意思：一是提供某种判断或倡导某种观点，而不是单纯描述事实；二是简单、明了、有力，让人以费力最少的方式解码符号，让判断或观点直达人心。可以从以下三个方面和相关案例来理解。

一是功能层面的倡导，包括以下六个方面。

① 表达某种独特主张，如“× × × 治感冒，快！”

② 提供某种具体的利益、好处，如“怕上火，喝 ×××”，又如“××× 冰箱，省电，噪声低”“水岸豪宅，毗邻学区”。

③ 强调某种差异，如“×××，有点甜”。

④ 制造某种差距，如领先、引领、“×× 中的战斗机”等修辞。

⑤彰显某种变化，如“新 ×××”“××+”“××2.0”。

⑥ 输出某种焦虑，其表达结构是“若不选择我，你将遭遇大麻烦”，如“不选择某款口香糖、香水，你将被鄙视、疏离”等。

以上六个方面不一定截然可分，但各有侧重。

二是价值层面的倡导，包括以下六个方面。

① 表达爱情、亲情、友谊、宽容、纯真、个性等，如“×××，爱心妈妈呵护全家”“一句话，一辈子，一生情，一起走”“我的地盘听我的”“万家灯火，×× 情深”。

② 强调面子、尊严和相互承认，如“×××，至尊选择”“×××，男人中的男人”“×××，平凡英雄”。

③ 倡导某种职业伦理或公共伦理原则，如诚信、执着、团结、奉献、进取等。

④ 制造审美、流行或“萌感”，如“美美哒”“文化艺术品质”“美好的生活品质”“内在的欢喜和愉悦”等。

⑤描绘某种理想，如中产生活、富足、安宁、成功、英雄、“我要赢”。

⑥ 提供某种信仰、彼岸价值或终极意义，如“天人合一”“致良知”。

同样，这六个方面亦有交叠，但各有所长。

三是融合了功能与价值的行动层面的倡导，包括以下五个方面。

① 行动吁求，如“×××，从我做起”。

② 发起从众行动，制造集体狂欢，此类倡导的一般表达结构为“加入我们吧，否则你将变得孤单！”

③ 给出解决方案或行动路线图，如“只需少踩一脚油门……”

④ 倡导某种社会运动，如指向环保、扶贫、健康与教育促进、创新创业等领域的企业公民运动。

⑤ 引领某种普遍共享、公共参与的社会思潮，如至简主义、环保主义、女性主义、福音运动、怀旧与保守主义、改革与自由进取、“诗与远方”等。

3. 立足品牌价值五要素进行品牌话语体系创新

品牌是企业的人格化呈现和表达，品牌同所有生命个体一样是特定社会环境、时代背景和表达语境的产物。互联网及数字信息技术带来的传播生态变化倒逼企业对品牌话语体系进行创新和优化，立足于有形资产、无形资产、质量、服务、技术创新，在主题设计、修辞创意、呈现方式、传受互动等方面进行探索和尝试，以主动适应数字时代的传播语境。这里我们主要从新媒体时代企业如何讲述品牌故事和常规新闻报道方面提出相关传播对策。

（1）在新媒体时代如何讲述品牌故事。

品牌专家、品牌理论创始人杜纳·E. 科耐普曾说：“品牌故事赋予品牌以生机，增加了人性化的感觉，也把品牌融入了顾客的生活。”品牌故事就是以品牌为核心，通过对品牌的创造、巩固、保护和扩展的故事化讲述，将品牌相关的时代背景、文化内涵、社会变革、经营管理的理念进行深度展示，它的主旨需要与品牌的价值诉求高度契合。

几乎所有的经典品牌都有自己的故事。一个优秀品牌故事的传播，可以使品牌的价值诉求深入人心，塑造品牌与其利益相关者的价值认同，巩固品牌的价值合法性，培养顾客对品牌持久的忠诚。

互联网及数字信息技术带来阅听场景的移动性、多线程、碎片化，使受众在阅听时的注意力很难保持高度集中。传统理性论证需要被说服者具有较高的专注度，保证逻辑链条的连贯才能达成说服目的，一旦逻辑的一环被忽略，或论证被中途打断，之前的所有努力也将付之一炬。更重要的是，传统理性论证还需要被说服者具备一定的逻辑素养，进入门槛较高，在注意力游移的语境下，人的理解力和逻辑性都会降低，因此更难接受传统理性论证的说服。与之不同的是，故事的阅听门槛很低，除此之外，故事的阅听黏性也更大，看到开头往往就想知道结局。

如果说在传统媒体时代，企业更多地依靠输出成就类的新闻稿来传递自身价值、获取社会认同与社会关注，那么在新媒体时代，企业的价值输出则更多地依靠讲述细腻感人的品牌故事来达成。

在数字时代，一个优秀的品牌故事应当在理由、要素、结构和节奏几个范畴同时发力。在理由上，品牌故事应符合叙事理性，提供“好理由”的逻辑；在要素上，品牌故事应在戏剧要素上拉满弓弦，打造具有吸引力与传播力的品牌故事；在结构上，品牌故事应符合公众喜闻乐见的标准故事范型；在节奏上，品牌故事应精确规划故事起承转合的时点，牢牢抓住受众的注意力。

（2）企业新闻报道如何创新。

很多企业的新闻报道因为模式的固化和僵化而难以引起读者的关注，尤其是国有企业和中央企业，存在诸如判断的偏离问题、规范的混淆问题和报道形态的固化问题。总的看来，新媒体的发展趋势促使新闻报道的样式不断创新，未来的企业新闻报道也将走向形态更加多元和多种报道方式融合的阶段，从这个角度看，一些有此需求的企业可对企业内的新闻报道资源进行适度开发，丰富和创新新闻报道形态，这能在一定程度上增加企业新闻报道的可读性，提高企业新闻报道在新媒体平台上的传播率和知名度。

因此，创新企业新闻报道需从组织管理结构和新闻采写业务两个角度入手。前者是创新的团队和制度基础，后者则是创新的细节操作和实施。从组织管理结构的创新，到确立新闻战略定位，再到架构多梯次专业团队和新闻采编业务的创新，利用先进的大数据技术，采取数据新闻、VR、AR 等手段，拓展报道形态，适应数字时代的企业新闻报道需求。

案例分析：

网易云音乐平台的用户评论曾以多种方式刷屏朋友圈，比如 2017 年 3 月在杭州地铁上的乐评文案。此次农夫山泉和网易云音乐的合作再次体现了优质的 UGC（用户原创内容）在品牌传播中的作用，平凡人的平凡语录，在恰当时候起到了意想不到的营销效果。让平凡的生活更有趣、更有料，这是消费者为乐评买单的理由。

这次合作使用的 30 条网友评论同样是网易云音乐精心挑选的。当戳中人心的文案与农夫山泉的瓶身相结合，加上黑胶唱片的设计和AR体验，让消费者享受到了远超于一瓶水的价值。AR技术的使用，让用户、音乐、水充分互动起来。这种玩法打破了传统的针对产品本身的营销，而是将产品作为一种对话介质，让用户借助产品进行超出产品价值的对话，年轻一代的情感诉求和群体价值观在对话中得以强化。

农夫山泉和网易云音乐的合作出于农夫山泉对年轻人市场的重视，通过移动互联网技术实现了全网“病毒式”的传播，使得两个品牌都最大限度地获得了品牌价值增益。农夫山泉本不是生产内容的主体，却通过跨界合作，为消费者提供了超越了水本身的情感层面的服务；网易云音乐不是实体产品的生产厂家，但通过这次合作，丰富了其用户的音乐体验，充分扩大了用户原创内容的影响力，甚至借助农夫山泉的销售渠道下沉到了更广泛的用户群体。

该案例充分体现了品牌价值五要素在数字时代的综合运用，以有形资产、无形资产、产品质量、服务、技术创新为核心，创造性地拓展了每一个要素的话语空间和价值内涵，对于传统品牌来说也是一个实现品牌焕新，夺回年轻人注意力的好办法。

（三）品牌价值提升的三重目标

以上我们立足于有形资产、无形资产、质量、服务、技术创新这五要素，从品牌定位、品牌符号体系、品牌话语体系创新等方面分别提出了相关传播策略，这是为了帮助企业在品牌价值的五要素上进行综合提升，同时帮助企业凭借互联网及数字信息技术开放和深度连接的特质，对数字时代的品牌价值加以深度挖掘。

一是在信息传播与形象塑造维度，促进企业内质与外形、硬实力与软实力均衡发展，塑造管理精益、服务精细、业绩优秀的卓越企业形象。

二是在关系管理与社群建设维度，构建企业与多元利益相关者之间的信息共同体、利益共同体和价值共同体，表达公开、透明、响应、参与、创造、互惠、美与善的企业品格和精神。

三是在品牌生态建设维度，融入和引领公共生活，响应和满足社会期待，为企业改革和发展创造广阔、开放的合意空间。

这三重目标要求企业着力培育和提升如下品牌运营能力：数字时代的有效传播能力、在网络空间把握话语权的能力、通过社会化媒体进行关系管理与社群建设的能力、品牌生态建设与价值引领能力。

长期以来，中国企业品牌传播的重点和社会期待是错位的：很多企业品牌传播的重心是效用性，即持续输出自己的业务创新和业绩贡献，诸如产能利税、科技创新、经济安全和国际参与等；而媒体和社会对企业的期待则聚焦于企业的价值观是否与社会的公共价值观保持一致，企业是否切实承担经济责任、政治责任和社会责任。从传播的角度看，这种错位和落差是企业品牌价值提升困境的内在原因。

研究表明，很多中国企业在品牌宣传中重事实、轻价值；重“物本位”议题，轻“人本位”议题；重宏观表达，轻微观叙事。在发布渠道上，企业的绩效话语目前主要依靠行业系统以及传统媒体的传播，新媒体的运用更多情况下还是照搬传统媒体内容或生硬模仿，与社交媒体的空间文化脱节；在目标受众上，品牌传播经常在受众缺席或定位不明的情况下，以高昂成本进行粗放的媒体传播；在话语内容、论调和修辞上，更是片面追求“一边倒”的正面报道，忽略了信息本身的新闻价值。

企业试图把“花果枝叶”的繁盛呈现给外界，而用户在互联网空间所关心的却是其“根茎主干”是否深植于人民和公共利益的土壤。在数字时代，企业的品牌传播应该打“新牌”、打“好牌”，向公众呈现企业的多种面孔，如科技企业、环保企业、创新企业、民生企业及在国际上能提振民族士气的民族企业等。只要转变品牌的面孔，便能够让企业正确地回应公众期待，争取互联网空间更大范围的公众信任。

数字时代，中国企业需要构建受众在场、渠道对接、内容多元、调性均衡、接受度高的品牌传播体系。譬如一些石油企业的核心受众都是中产阶层，却很少针对中产阶层这一群体开展科学规范的市场调查和受众研究。从生活状态来说，中产阶层关心的是能够改善自身生活品质、优化自身的议题；从政治关切来讲，他们追求的是公平、正义、人本；从生命主张来看，他们关注的是自我、尊严、自由、品格等。企业传播的主要话题和价值观念，实际上与中产阶层的生活状态、政治关切和生命主张是明显背离的。

（四）尚待解决的问题

对照前述环境和形势，对标国际一流企业，除了前文所述的传播对策，中国企业在品牌价值提升方面仍然存在一些亟须破局的问题，既有的一些工作成就也有宽裕的拓展空间。这些问题主要表现在以下几点。

一是缺少统一、明确的品牌价值提升规划，品牌战略目标和定位相对模糊。

二是缺少权责相符的品牌运营管理中枢，资源分散，协调乏力。

三是品牌运营管理的专业化程度有待提升，大量品牌建设工作未能打通最关键的部分。

据相关研究，不少中国自主品牌对话语体系创新和优化有强烈的意愿，在主题设计、修辞创意、呈现方式、传受互动等方面已做出了可贵的探索和尝试，以品牌价值五要素为基本抓手，积极拓展自主品牌在数字时代的话语空间和传播效能。

（执笔：胡百精、周晓辉）

参考文献

［1］鲍德里亚．消费社会［M］．刘成富，全志钢，译．南京：南京大学出版社，2014.

［2］胡百精．危机传播管理［M］．3 版．北京：中国人民大学出版社，2014.

专题报告五

数字时代品牌生命周期变化趋势及对策

摘要：在互联网及数字信息技术全面影响企业发展的时代，企业品牌传播的手段和渠道得到拓展，互联网开放、连接、对话的技术逻辑，为企业品牌传播提供了永续环境和永续生命的可能性。新媒体时代到来以后，企业的品牌传播已经不能完全依靠“头部流量”，通过花大价钱在主流媒体登几篇新闻稿来树立品牌形象的方式已经越来越不适应当今的媒介生态环境。从“信息流”到“关系网”的转换和拓展，新媒体呼唤多元社会主体真实、立体、人格化地相遇，展开双向、平等的对话。企业在品牌生命的各个阶段若不能跟用户或者粉丝建立关系，进而形成关系共同体和社群，所有的传播都将是飞沫化的，无法真正抵达利益相关方，品牌生命周期的各个阶段也无法得到有效的延展，品牌生命就无法延续。结合互联网带来的传播逻辑变革，我们针对品牌的各个发展阶段提出相应的传播策略，以保证品牌在各个阶段的生机与活力，并寻求数字时代品牌生命永续的方案，即在品牌初创期，明确品牌定位；在品牌成长期，构建品牌联想；在品牌成熟期，培育品牌忠诚度；在品牌衰退期，更新品牌价值。

一、品牌生命周期的界定

由于经济发展程度和形态不同，各国学者对品牌生命周期的理解有所不同。普遍来说，品牌生命周期包括品牌初创期、品牌成长期、品牌成熟期、品牌衰退期，反映了消费者在其生活中对产品与服务的感受。从理论上说，任何产品的生命周期都是有限的，都有从进入市场到退出市场的过程。但这也取决于企业的经营，妥善经营可以使品牌的生命周期得以永续。品牌生命周期从属于产品生命周期。如果能制定有效的品牌传播战略、经营策略延续品牌的生命周期，新产品的上市和成长时间就能缩短，并能减少衰退期对企业的冲击，在每个阶段都能展现新的生机。

（一）品牌生命有限论

把品牌明确视为一个生命体的生命周期学说是欧洲经济学院德籍教授曼弗雷德·布鲁恩（Manfred Bruhn）首先提出的，他认为品牌生命周期由六个阶段组成，即品牌的创立阶段、稳固阶段、差异化阶段、模仿阶段、分化阶段和两极分化阶段。之后的学者对品牌生命周期进行了多方面的探讨，比如营销学大师菲利普·科特勒（Philip Kotler）认为，品牌生命周期是有限的，品牌会像产品一样，经历一个从出生、成长、成熟到衰退并消失的过程，但持此种观点的人也不得不承认会有像可口可乐这样的百年品牌经久不衰。因此，菲利普·科特勒也对此观点产生了动摇。学者们认为，依据产品生命周期理论对品牌发展状况进行判断有失偏颇。中国学者对品牌生命周期的研究起步比较晚，但依然与国外学者陷入了同样的困境，就是有些品牌并没有进入衰退期，而是一直处于稳定发展阶段，并且很难看出什么时候衰退。因此也有学者认为，部分品牌是可以永续的。这些观点也在某种程度上证明了品牌生命周期理论存在严重的缺陷，是否能用它来指导企业的品牌管理值得怀疑。

（二）品牌生命无限论

持品牌生命无限论的学者认为，每一个品牌都必须面对潜在的老化问题，出现老化的品牌可以通过采取恰当的措施予以激活。现实中一些品牌也确实这样做了，并且表现良好，所以早期的品牌生命周期理论的缺陷暴露无遗。

约翰·菲利普·琼斯（John Philip Jones）在1999年正式提出了品牌生命无限论，他承认品牌有生命周期现象，但同时认为品牌生命的最后一个阶段可以不是衰亡，或者在衰亡之后仍然可以重生，进入新的循环。他认为品牌生命周期学说往往会诱导企业不恰当地将旧品牌的资源向新品牌转移，结果导致旧品牌的衰落，这样的衰落是人为的，而非自然发展过程中出现的必然。于是他推论：品牌衰落在很大程度上是由企业决定的，而不完全是受外部因素的影响，或者说品牌不是“要死”了，而是被企业无意中“害死”的。产品可能会过时，但品牌不一定会随产品进入衰退期，若品牌能够不断调节其功能以适应新的竞争环境，就能够长久地保持其竞争力。据此他把品牌发展过程分为三个阶段：孕育形成阶段、初始成长阶段和再循环阶段。在他的理论中，没有所谓衰退和死亡的说法，而是再循环。而且他认为品牌生命周期理论不仅错误，而且十分有害，会导致公司做出错误的品牌决策以及造成品牌资产和其他资源的极大损失。

国内外不少学者认同此观点，中国学者以再循环理论为基础提出了扇形品牌生命周期论，认为传统的品牌生命周期存在固有的缺陷，仅仅把品牌定位在营销和“企业—客户”这种单纯的关系层面，而没有上升到战略层面，并且忽视了现实中通过一定的战略起死回生的品牌的存在。同时，部分学者结合系统生态学的思维，从生态个体角度对品牌加以剖析，认为只要保持品牌的基因不变，品牌是可以做到不死的。针对这个问题，学者余明阳创造了一个新的术语——后成熟期，就是企业品牌发展成熟以后是老化衰退还是永续经营，取决于企业自身的发展。

在互联网及数字信息技术全面影响企业发展的时代，企业品牌传播的手段和渠道得到了新的拓展，互联网开放、连接、对话的技术逻辑，为企业品牌传播永续提供了环境，使品牌生命永续成为可能。

二、互联网及数字信息技术对品牌传播的影响

（一）传播变革趋势：从“+ 互联网”到“互联网 +”

新媒体的出现不仅给我们增加新的传播通路和传播平台，更是用它的社会连接力量构造一个新的现实、新的生态、新的力量聚集方式和新的游戏规则。在移动互联网时代，中国媒介生态变迁的整体态势是从“+ 互联网”到“互联网 +”的转变。“+ 互联网”模式仅把互联网看作一种传播工具，传播手段、传播渠道和传播平台，是一种延伸型工具（延伸影响力、价值、功能），起到锦上添花的作用。“互联网 +”模式则不仅是把互联网作为一个传播工具，更是作为我们这个社会的操作系统，我们是在互联网及数字信息技术所造就的法则和逻辑上，重新整合运作模式和管理模式。

在“互联网 +”模式下，传播主体改变，传播渠道失灵，传播权力关系改变，针对这些变迁，此后的传播逻辑应是寻找真正的主体，打通关系网络。关系网络的建立应当体现在品牌生命周期的各个阶段。

（二）传播：从旧逻辑到新逻辑

互联网及数字信息技术带来的媒介生态变革影响深远，信息传播的主体、渠道和权力关系都发生了根本性的变化，传播逻辑从旧逻辑向新逻辑转变，主要体现在以下三个方面。

1. 传播主体改变：从垄断传播渠道到激活传播节点

在大众媒体时代，品牌传播的竞争对手是同等量级、同领域的组织机构，而在社会化媒体时代，个人被激活，成为传播节点。互联网对于传播生态最大的改变是将传播的基本单位由机构转变为个人，互联网平台上的个体和组织都被高度节点化，节点成为信息联结的接触点，是互联网中的内容主导者、分享提供者和价值创造者。

互联网平台赋予所有节点的技术地位是平等的，因此，能否充分激活每个作为传播节点的个人越来越决定着传播的广度和深度。而企业品牌传播的竞争对手是所有节点，任何节点都可能暂时成为中心，连接到了节点就有可能占据品牌传播的中心。

因此，在新媒体时代，传播逻辑转变为从垄断传播渠道到激活传播节点。

2. 传播渠道失灵：从抢夺头部流量到整合尾部流量

人们的日常传播已经或者正在脱离机构式社会传播的渠道，传统的渠道被冷落甚至抛弃，出现了渠道失灵或者渠道中断。想真正影响社会、影响用户，就必须具有嵌入社会关系渠道中的品质和能力，否则，传播力度再大也会止步于社会传播的“最后一千米”。

现在，几乎所有的正面报道、专题报道、集中大规模的报道，也包括广告和公共关系的专题信息传播，都开始出现飞沫化的状态。无论花费多大的力气努力策划，无论怎样集中资源、怎样组合渠道，在信息发布之后，都会被迅速淹没。我们可以把信息的流量划分为头部流量和尾部流量，这里所说的头部流量是指在信息流广告中占领了市场上绝大部分份额的流量，是由媒体上被广泛关注的新闻和其他传播事件带来的流量；尾部流量也可以称为长尾流量，是指众多小众领域、细分领域汇集成的可与主流大市场相匹敌的市场能量。在新媒体的冲击下，由传播机构所产生的头部流量呈现出饱和化和飞沫化的趋势；而尾部流量由各个节点产生，依据不同节点的影响力，呈现出长尾化的趋势。相比于头部流量，尾部流量表现出多元化和旺盛的生命力。所以，社会化媒体时代，实现传播效果的关键在于整合尾部流量。

3. 传播权力关系改变：从基于渠道的信息流控制到基于平台的关系网搭建

去中心化的时代也是一个主体多元、利益多样、文化丰富的时代。就个体网民而言，每个人都有可能分属不同的文化部落，每个个体都可以成为某种文化信息的权威。

互联网及数字信息技术的价值本质是网络连接之下的关系赋权。当个人被激活之后，整个社会赋权的基本方式已经发生了根本性的改变，关系赋权这一新型的赋权范式使某些在既有的行政赋权体系之外的边缘人、边缘机构成规模地走上社会舞台的中央，成为新时代的引领者。越来越多的机构、组织和个人正是站在了这一新时代的风口上，才成就了他们新的社会赋权下的影响力运作和价值生成。

但是，一个人人都有表达机会的时代，基本上也就是一个人人都不倾听的时代。在信息飞沫化、注意力分散的时代，倾听者是那些已经和你建立了对话关系的人，只有建立对话关系，信息传播才能顺利进行。

所以，从基于渠道进行信息流控制到基于平台进行关系网搭建，维护有效的互动关系网络，信息流才有了畅通的管道，能到达终端并形成回流。

在数字时代，企业的品牌传播已经不能完全依靠头部流量，通过花大价钱在主流媒体登几篇新闻稿来树立品牌形象的方式已经越来越不适用于当今的媒介生态环境。从信息流到关系网的转换和拓展，新媒体呼唤多元社会主体真实、立体、人格化地相遇，展开双向、平等的对话。根据以上互联网带来的传播逻辑变革，我们对品牌的各个发展阶段提出相应的应对策略，以保证品牌在各个阶段的生机与活力，并寻求数字时代品牌生命永续的解决方案。

三、品牌生命周期各阶段的应对策略

（一）品牌初创期：明确品牌定位

对于初创品牌而言，在互联网的语境下，品牌传播面临着极大的机遇和挑战，一个初创品牌有可能一跃成为知名品牌，也有可能死于初创期。随着移动互联网的发展，原有城市里所谓的点位优势逐渐变得没有那么重要，在去中心化的互联网空间，利用好品牌的 IP 势能，品牌在初创期也有成为现象级品牌的可能性。比如喜茶的品牌传播，喜茶原名叫皇茶，是 2012 年开在广东省江门市九中街的一家名不见经传的奶茶店。在 2016 年，喜茶成为全民奶茶，在广州、深圳和上海这几个大城市的门店外出现了排队的长龙，被媒体铺天盖地地报道，并在社交媒体上呈现“病毒式”传播，成为一大奇观。据相关资料，喜茶刷爆社交媒体成为爆款品牌只用了 60 天。在定位上，喜茶以白领阶层、年轻人为主流消费群体，以休闲饮品为主打产品，致力于打造全新的饮品形态，将传统奶茶与健康茶文化融为一体。在数字时代，喜茶精确瞄准市场需求，利用互联网进行企业 IP 打造，使其迅速成为一个有生命力的品牌。

互联网带来了品牌生命周期的不确定性。对于初创品牌而言，首先必须使品牌进入消费者心中的“品牌目录”，使得消费者对品牌有所认知。在这当中，建立和提升品牌的知名度有着重要的意义，这是处于初创期的品牌传播的主要目标。此处的关键是，品牌在初创期应当有明确的品牌定位，即对企业之于公众的品牌定位做出诠释，并针对数字时代设计恰当的表达方式。

此处我们建议实施立体的品牌定位。通常，品牌定位能够描述企业的梦想和个性，以及对于利益相关者的价值。利益相关者是那些能够影响企业目标实现且同时受企业目标实现过程影响的个体及群体。对于企业而言，公众、投资者、成员公司及内部员工是其主要的利益相关者。不同的利益相关者对企业的关注重点不同，如公众关心其获取的产品及服务的功能利益和情感利益，投资者注重集团公司的盈利和未来收益，成员公司及内部员工则关注企业精神和成长性。为了得到各方利益相关者的支持，企业在进行品牌定位时应分别面向不同的利益相关者提炼出有针对性的利益诉求。

借用电通蜂窝模型，我们可对企业之于公众的品牌定位做出诠释。电通蜂窝模型认为，从仿生组织的层面看，蜂窝的结构是互助、经济、坚固并利于扩张的，而用这样的结构设计出的企业品牌体系则层次分明、关系清晰，利于品牌传播内容的整合。

具体而言，电通蜂窝模型由核心价值、符号、权威基础、情感利益、功能利益、个性、理想（典型）顾客形象七个要素共同构成，围绕核心价值，其他六个要素形成一个成长与扩张的结构。其中，核心价值代表品牌最本质、最中心、最不受时间左右的因素，这一价值应得到人们的普遍认同。例如，通用电气公司的核心价值是“以科技及创新改善生活品质”，这样的价值契合这样一个事实：只有对公众有利才会对企业有益。

符号和权威基础（彰显品牌的基本事实，尤其是自身独一无二的优势）

能说明“这是什么”。品牌定位需要选择竞争框架，即在何种范围与哪些企业进行竞争。无论是本行业内的竞争还是拓展性竞争（与潜在竞争者、替代者等展开的竞争），企业均须表明与竞争对手相比自身的差异点，否则就会出现品牌传播飞沫化、品牌混同、为他人作嫁衣等情况。

功能利益和情感利益能说明“你能得到什么”及“你还能得到什么”。功能利益关注产品的属性，比如产品的可靠性、耐用性、风格、价格及服务的便利性等。情感利益突出温暖、兴奋、安全、社会认同、自尊等方面的好处。在产品同质化程度日趋严重、人们消费更加感性的时代，情感利益往往更加重要。

个性则将企业品牌拟人化，突出品牌在思想、性格、品质、情感、态度等方面的特质，即“我是什么”。数字时代，人们对企业的期许不仅是生产产品、提供服务的冷冰冰的机构，还应具备有血有肉的“人”的特质，这样人们才愿意与企业展开对话、建立关系、形成共同体。这方面较典型的例子是壳牌，壳牌以“诚实、正直和尊重他人”指导企业的一切工作，从而将壳牌塑造为一个具有这般“人格”的拥有良好声誉的企业。

理想（典型）顾客形象代表品牌传播活动最希望影响的那些人，即“你是什么”。这涉及市场细分和目标市场的选择。

品牌的知名度可以分为四个层级：无知名度、提示知名度、未提示知名度和第一提及知名度。品牌知名度可以被消费者看作暗示企业实力、成功信息的信号。品牌初创期的重点在于尽量扩大品牌的消费者可触面，提升品牌知名度，因此一切可以与消费者直接接触的终端传播媒介、沟通工具都可以调动和利用。尤其是利用社会化媒体，在互联网空间设置话题、发起讨论、唤起仪式感和集体记忆，在社交平台形成传播的裂变态势，引发广泛的关注，进行初创期的知名度提升。

（二）品牌成长期：构建品牌联想

品牌成长期是品牌价值的积累期，互联网为成长期的品牌提供了更多积累品牌价值的渠道和方式，是提升品牌附加价值的关键时期。品牌的未来发展很大程度上取决于品牌成长期的积累，品牌的附加价值根植于消费者对品牌的品质认知，取决于对品牌的有意联想。这一时期，应尽量提升消费者对于品牌的品质认知，并通过传播赋予品牌独有的品牌联想。

品质认知度是指消费者对某一品牌在品质上的整体印象，它是一种总结性、综合性的结构，是一种感知的综合体，包括品牌的内质与外形。品牌通常被理解为企业的管理、服务和业绩表现在利益相关者心中留下的印象。品质认知是对品牌无形的整体感觉。消费者对这两个要素中的各元素抽取和整合，形成对品牌总体品质的抽象知觉。

在上文第一阶段初创期的品牌定位完成以后，企业需要根据品牌的品质认知，即内质与外形，对品牌进行构建，从而建立深刻的品牌联想。品牌领域的权威学者凯文·莱恩·凯勒所提出的基于顾客的品牌资产金字塔（见图2）可作为品牌构建的指导。

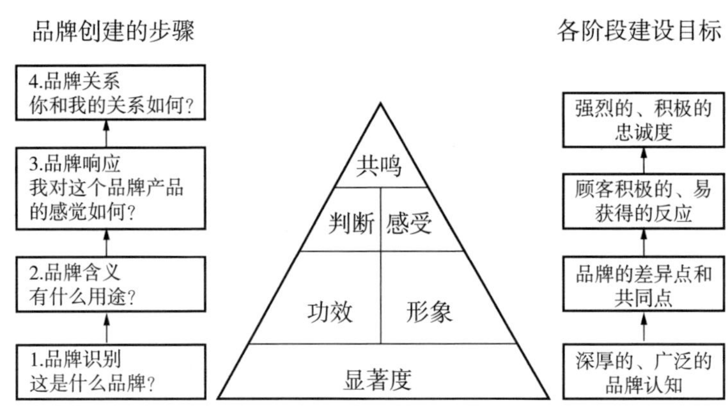

图2 基于顾客的品牌资产金字塔

基于这一模型，构建品牌需要遵循如下四个步骤，其中的每一步都是基于前一步成功实现的基础之上。

① 确保目标人群对品牌产生认知，在目标人群的脑海中建立与特定产品或需求相关的品牌联想。

② 战略性地把有形、无形的品牌联想与特定资产联系起来，在目标人群心中建立稳固、完整的品牌定义。

③ 引导目标人群对品牌认同和品牌含义做出适当反应。

④ 将目标人群对品牌的反应转换成其与品牌之间紧密、积极、忠诚的关系。

这四个步骤又依次回应了人们普遍关心的以下基本问题。

① 这是什么品牌？（品牌识别）

② 这个品牌的产品有什么用途？（品牌含义）

③ 我对这个品牌产品的印象或感觉如何？（品牌响应）

④ 你和我的关系如何？我们之间有多少联系？（品牌关系）

品牌联想是品牌的一项重要资产，品牌传播的大部分工作要落在发展什么样的联想和怎样运作使这些联想与品牌结合起来。任何一种与品牌有关联的事件都能成为品牌联想，因此创造品牌联想的策略和方法有很多。

在数字时代，可以在品牌信息设计上进行考虑，比如在包装上考虑社交元素，像白酒江小白独特的文案和包装设计使其在社交圈子形成话题，建立了极高的品牌联想度；比如在传播产品过程中使用者的形象可以暗示品牌针对的目标消费群，可以使消费者对产品使用者产生某种程度上的认同感，产生对品牌形象的积极联想；还有诸如象征物联想、原产地联想、名人联想等品牌联想建构方式，均可将其纳入互联网传播渠道，在社会化媒体上进行话题设置和社交传播。

（三）品牌成熟期：培育品牌忠诚度

互联网及数字信息技术可以使一个品牌迅速崛起，也可以使一个品牌迅速毁灭。使品牌立于不败之地的关键，是品牌成熟期的传播战略。企业应恰当使用互联网的渠道和方式延长品牌成熟期。

当品牌到达成熟期，对于品牌的未来发展品牌忠诚度尤为重要。品牌忠诚度是消费者对品牌感情的度量，反映出一个消费者转向另一个品牌的可能程度，尤其是当该品牌在价格和产品特性上有变动时。随着对品牌忠诚度的提升，基础消费者受到竞争行为的影响程度降低。品牌忠诚度所带来的是长期的，并且有积累的效果。品牌忠诚度是品牌资产的核心构成，是相对于其他竞争品牌不可复制的企业优势。

消费者对于品牌忠诚度有一个层次划分：无品牌忠诚度、习惯购买者、满意购买者、情感购买者和忠贞购买者。品牌传播旨在提升并维护后四个层级，尤其是最后一个层级，忠贞购买者是品牌忠诚度的最高层级。这些消费者不但持续购买特定品牌，而且以这种行为为傲，甚至还会向其他消费者推荐此品牌。菲利普·科特勒认为，消费者在消费的过程中感觉愉悦，这极有可能增加他再消费的意愿，提高其对该品牌的忠诚度。而当消费者不满意，或者消费后的感知效果与目标期望值不一致甚至相左时，他在该品牌重复购买的概率和意愿将大大减少。忠贞消费者的多寡决定着品牌的魅力大小和稳定性程度的高低。消费者对品牌的忠诚度是企业的重要战略资产，越来越多的企业已意识到其重要性。

对于一个已经发展成熟的品牌，这一时期的品牌传播非常重要。根据余明阳、朱纪达、肖俊崧在《品牌传播学》中关于“品牌传播构建品牌忠诚度”一节中的论述，结合互联网的技术手段和传播方式，在品牌成熟期我们总结出五个传播策略。

一是设置退出壁垒。许多公司经常使用退出壁垒作为维系与用户关系的方法之一，一个用户和一家公司之间的结构性联系往往使得用户很难改变提供商。用户之所以被锁定，是因为打破这种状态的成本得不偿失，如果他们转而追逐其他品牌，将丧失原有品牌所提供的服务带来的方便，对于用户来说是一种损失，这种损失就是退出壁垒。最成功的品牌关系应该是建立在交换信息基础上的互相信任，对关系的责任感是以关系双方对对方的行为表示满意为特征的。当用户和品牌之间的关系只是源于契约时，品牌关系就是脆弱的。设定退出壁垒只是一种辅助手段，关键还在于与顾客保持持续不断的情感上的沟通，这才是品牌忠诚度真正的源泉。

二是奖励忠诚。消费者对品牌的忠诚主要表现在，无论外部条件如何变化，消费者对品牌的购买频次都呈增多态势。对于消费者的忠诚行为，企业需要对其采取适当的激励措施。维系消费者的品牌忠诚不应仅限于消除他们的不满，还应以回报消费者的办法来挽留他们，使他们真正从品牌忠诚中获得利益。激励措施可以有多种形式，如积分奖励、优先奖励等。奖励忠诚消费者的措施不但是维系现有忠诚顾客的有力措施，对于吸引潜在消费者和培育新的忠诚消费者也具有无形的吸引力。潜在消费者会评估他们从中可以得到的利益，现有忠诚消费者已经得到的利益也给予他们很强的示范作用。通过这些因素，就可能建立更多新的品牌关系。

三是借助新媒体直效沟通。对企业而言，面对的消费者为数众多，可能仅仅是一些单调的数据。但从单个消费者角度出发，他们有着强烈的自尊和个性，很多消费者倾向于以自我为中心，认为自己是独一无二的。就消费者的心理而言，人人都渴望被重视，受到尊重。企业可以通过新媒体对消费者进行个性化传播、精准传播，建立信息、利益和价值的共同体，体现出企业对他们的尊重，向他们暗示“您对我们的企业是重要的”。

四是建立品牌社群。在物质丰盈的年代，消费者的需求不仅仅停留在物质层面，情感层面上的需求已经成为其主导需求。而品牌要使消费者对其忠诚，就必须在情感上加以努力，通过情感链条来维系品牌关系，建立具有亲近感、归属感和自豪感的社区，使消费者获得物质之外的充分的心理和情感的满足。在数字时代，这样的社群更多地表现为虚拟社群，消费者通过互联网终端在虚拟社群里交往、成长，获得情感上的满足。

五是提供增值服务。消费者对品牌的忠诚源于他们对品牌标定下的产品或服务的满意度。消费者在对产品和服务进行尝试之前，会对其品牌形象和产品功能有一个潜在的评估和预期，如果超出预期，就会满意。消费者满意与否，实际上是预期与实际获得之间的比较，其间的差距就是消费者满意程度。因此，不断为消费者提供让他们出乎意料的增值服务，会使消费者对品牌产生热情，进而产生品牌忠诚。现在，借助互联网渠道，企业更容易向消费者提供增值服务，技术的进步打破了时间和距离的限制，比如企业可通过微信公众号定期分发福利，借助移动终端可以随时随地使消费者获得增值服务。

案例分析：

2017年6月10日，第二届“OCT凤凰花嘉年华”以“这很自然”为主题在深圳华侨城拉开帷幕。这场嘉年华活动以深圳华侨城作为基点，活动范围覆盖深圳市，以自然生态、文化艺术、城市生活为展现元素，建立人与自然和城市的沟通关系，并通过各类公众活动，将艺术融入社区，将自然引入生活，让快节奏城市生活中的人们保有对自然、对美好生活的思考和追求。从传播学的角度来看，“OCT凤凰花嘉年华”是华侨城所打造的一次可沟通、浸入式的公共传播活动。2017年以来，华侨城的品牌核心表达是“创想为分享”，华侨城的品牌传播也遵循沟通、对话的理念。城市和社区本身就是可沟通的媒介，人和社区与自然无法分离。社区天然具有开放的媒介性质，是一个强大的内容生产中心。此次活动建立起城市、市民、游客、商户之间“自然而然”的社群关系，这种关系又超越社区，将所有的人群还原到整个公共生活中、还原到自然中，构建多元生态的公共关系，用社区、用自然和整个城市的人们对话。“OCT凤凰花嘉年华”传播活动将华侨城社区设计为一个媒介平台，策划多样的活动、产生大量的内容，以对话的观念重构品牌，采用平等、开放、可沟通的形式，在几万市民彼此之间建立连接，实现价值共创。

华侨城品牌处于品牌成熟期，在此次传播活动中，官微粉丝、社区居民、游客不再是CRM（客户关系管理）系统中冰冷的数据，他们是有共同价值观的真实的个体、丰富的生命。其中最大的内在驱动力，是对家园的热爱、对自然的热爱。嘉年华活动不单是华侨城与个体之间的联系，也构成了个体与个体之间的关联，极大地培育了成熟期的品牌忠诚度。

（四）品牌衰退期：更新品牌价值

本专题报告在开篇部分提到了品牌生命周期有限论和品牌生命周期无限论观点，从整个品牌生态角度对品牌加以剖析，我们认为只要保持品牌的基因不变，品牌是可以做到不死的。

品牌所表现出的衰落主要还是源于自身。品牌生命周期与产品生命周期息息相关，当生产品牌的厂家本身因为缺乏创新和生产力降低而对自身产品失去信心和兴趣时，消费者对品牌失去兴趣也就是自然而然的事情了。进入衰退期的品牌，问题主要表现在品牌形象老化弱化、品牌个性磨灭、品牌联想弱化、品牌忠诚度下降、无法应对危机等几个方面。对此，我们立足互联网及数字信息技术语境，从传播的角度提出针对衰退期的价值更新方案。

一是基于品牌基因进行产品和品牌更新换代。在消费者接触品牌的表象的背后，存在着一些基本的品牌元素，包括品牌的基因、符号体系等，当品牌的这些基本元素无法继续承载品牌发展的使命时，应当及时做出调整，从产品端开始更新。基于品牌基因进行产品的升级换代，在保持品牌品质认知的基础上，延展核心理念。

二是基于互联网及数字信息技术传播逻辑树立品牌社群观念。互联网及数字信息技术不只是新的媒介传播形态，更是新的传播逻辑和思维方式。除了信息量的激增，更在于旧关系的复活与新关系的创造。基于新媒体的传播都被纳入社会化网络，在社会化网络中，大众结成圈子，呈现社群化的聚集。企业在品牌传播过程中应该与用户或者粉丝建立关系，进而形成关系共同体和品牌社群。品牌社群的观念由来已久，在新媒体时代尤为迫切，企业应在战略层面树立品牌社群的观念。

三是基于企业 IP 和用户关系进行内容迭代。互联网既是当前品牌言说和行动的重要通路、平台，也是我们生活交往的文化空间。传统话语体系在新媒体时代下已经飞沫化了，企业在输出内容时需要将公众的信息需求和企业核心价值结合起来，积极回应公众的需求和关切，基于企业 IP 进行内容的迭代升级，从产品端和用户需求入手打造内容型产品。

四是基于公众对话和关系管理进行渠道更新。“没关系，不传播”，信息是水，关系是管道，在数字时代要想达成有效的公众对话，前提是与利益相关方建立关系，把公众对话和关系管理纳入社会化网络，所以需要开拓社会化媒体传播渠道。在以往传统渠道的基础上进行针对性的筛选，淘汰无效和低效传播渠道，并且基于关系管理建立属于自己企业的传播渠道，从企业战略层面推进传播渠道的更新换代。

五是基于品牌和社群管理优化人力配置。专业的内容生产和社群管理的人力保障是新媒体时代品牌管理的基础，现在，适应数字时代的专业写手和精通新媒体社群管理的运营人才是稀缺品。新媒体流量的争夺和细分领域的社群化聚集，都需要有新媒体思维和专业知识的人才。所以，企业应注重互联网品牌传播的人才队伍建设，在内容生产和社群管理两方面招揽优质人才，并提供一定的激励政策，或者在机构设置上进行合理化调整。

案例分析：

1931 年百雀羚创立，它是中国历史最为悠久的著名护肤品牌。但是随着全球美妆护肤品牌进驻中国，抢占市场份额，国产护肤品牌生存空间普遍受到挤压，国产护肤市场内部也存在激烈竞争。2004 年，百雀羚进行了一场全国范围的市场调研，并开始进行新品研发。2008 年，百雀羚推出草本精粹系列，重新开始建立清晰和年轻化的品牌形象。但仅就天然护肤与草本护肤的概念，百雀羚仍然面临着来自相宜本草、佰草集等品牌的竞争压力。2017 年，百雀羚的一个以民国特务为故事线索的广告刷屏，据第三方数据统计，该篇文章阅读量已超过 500 万次，再次让国货百雀羚成为关注焦点。广告采用清明上河图的形式，将民国风俗科普和穿越古今的无厘头搞笑情节贯穿其中，最后引出百雀羚“陪你与时间作对”的广告语，使得有着悠久历史的国货护肤品牌成为互联网热点。作为意图提升品牌年轻属性的线上营销，通过社交平台实现了“病毒式”传播，在消费升级和产品同质化的时代，让百雀羚的品牌形象清晰化和品牌声量最大化。以百雀羚品牌“传承多年老字号”为导向，走复古品牌路线；以中华民族传统文化为背景，走为消费者创造独特使用价值路线；结合现代特色包装与中华民族传统文化，走引发消费者民族情结路线；以互联网为主战场占领社交平台，使百雀羚成为网络 IP，引爆网络热点。对于老字号的国货品牌来说，这是一次品牌价值的更新，让品牌焕发了新的生命。

四、新的可能性

随着移动互联网的不断发展、数字信息技术的不断更新，品牌生命周期变得越来越短，从而催生了“小而美”的品牌趋势。进入数字时代，消费者所关注的不是产品、不是功能、不是技术，而是他自己，是他的感受、他的喜好、他的体验，消费个性化将成为必然的方向。品牌传播也遇到了前所未有的难题，比如信息泛滥，品牌选择趋向随意，失去耐性；集体无意识，品牌忠诚度难以培养；个性化年代，品牌小众化；信息趋向对称，品牌的建立和倒塌同样迅速；等等。

自 2010 年前后社会化媒体兴起以来，全球信息传播技术革命又进入了一个新阶段：互联网的核心价值由海量信息生产、沟通社会成员转向重构社会关系、组织社会成员。这一现象延续至今，对于企业来说绕不过三个关键词：互联网、用户和关系。关系时代来临，企业品牌传播也由传统的信息管理过渡到信息管理和关系管理并重。信息管理以信息的生产、加工和传播为核心任务，关系管理则围绕关系的建立、维护和改善展开工作。

（一）从品牌到品牌社群

从信息流到关系网的转换和拓展，直接挑战了单向灌输式宣传，并呼唤着对话时代的到来。宣传的价值在于高效地将信息传播给尽可能多的陌生人，而新媒体则呼唤多元社会主体真实、立体、人格化的相遇，展开双向、平等的对话。公众不再是“他们”，不再是李普曼所说的无面孔的“幻影”，而是逐渐成长为公共讨论和社会行动的主体。以微博和微信为例，在信息层面，微博对人际传播、群体传播和大众传播进行了前所未有的整合；而在关系层面，博主和粉丝之间则生成了一种典型的关系共同体。在关系共同体中，所有的信息传递和互动沟通所产生的流量都是有价值的，传播主体与所有利益相关者共享一套话语体系、共处同一意义空间，建立和维护一个社群。社群与共同体在意义上是一致的，数字时代的品牌或可被称为“品牌社群”，是由企业和利益相关者的对话而形成的，是一种基于互联网的新型企业和利益相关者关系网络。社群精神往往可以成为比物质回报更具效力的激励，而稳定的、具有高凝聚力的社群，也能够让成员产生长期的精神依赖，从而形成极强的产品黏性。因此，建设一个属于自己的社群，是企业品牌营销的不二之选。

（二）从品牌生命周期到品牌社群生命周期

综上，我们跳出传统的关于品牌生命周期的研究，即从初创期、成长期、成熟期、衰退期的生命周期路线图中走出来，从品牌社群的角度看待品牌生命周期，这就是一个社群发展的路线图，即建立社群、维护社群、发展社群，观察社群的生命周期。

首先，企业与利益相关人群因产品和信息的连接，汇集形成初级社群；其次，社群中的交往和基于产品和品牌的互动维护社群；最后，社群内的群体认同和自我认同、反抗和衰退决定社群的衰落和持续发展，此处的走向取决于品牌成员之间是否走向更高级别的价值共创期。从这个角度来说，永续品牌一定有着生命力极强的社群。

面对关系时代的来临，品牌生命周期的调试应该从关系社群入手。对于企业来说，关系管理具体包括政府关系、意见领袖关系、社区关系的拓展和维护，智库合作与运营，重要用户沟通与关系管理，对外品牌合作，品牌国际化，以及其他涉及关系管理与对外拓展的品牌事务。

互联网及数字信息技术带来的真正变革不只是巨大的信息增量，还在于旧关系的复活和新关系的创造。理想的品牌传播应该有助于回到人与人的接触，要培养组织与公众间的社群感，企业品牌传播各阶段必须进行高效的社群管理。

互联网及数字信息技术为企业品牌传播的建立提供了平台和渠道。由权威产生信任的链条已经出现破损，由信任到权威的新链条正在形成。一切在互联网上的公关传播和营销行为，最终都将积累为品牌的数字资产，有时增值，有时贬值。关键在于企业如何通过新媒体传递自己的价值观，以及和企业用户建立怎样的关系，企业通过优质内容与用户建立关系，再通过更好的内容维护关系，进而发展关系，这样的发展道路才符合互联网生态和可持续理念。

而在此环境下的企业品牌生命周期也将被纳入复杂的关系网中，这是一张由企业和利益相关者对话形成的关系网，企业在各个周期都应进行良好的关系管理与社群建设，构建公司与多元利益相关者之间的信息共同体、利益共同体和价值共同体，维系企业品牌公开、透明、响应、参与、创造、互惠、美与善的品格和精神。

（执笔：胡百精、周晓辉）

参考文献

［1］余明阳，朱纪达，肖俊崧．品牌传播学［M］．2 版．上海：上海交通大学出版社，2016.

［2］何颖．品牌生命周期理论的研究述评［J］．商场现代化，2017（10）：1-5.

［3］柯世明．互联网品牌小而美趋势分析［J］．中国市场，2016（40）：37-38.

专题报告六

数字时代品牌传播与价值提升：机遇挑战与政策建议

摘要：建设制造强国，提升我国实体经济的质量，政府与企业、社会要高度重视企业品牌的塑造、传播及价值提升。当今时代，互联网和信息技术迅速发展，互联网、大数据和实体经济深度融合，品牌传播与价值提升面临诸多挑战和机遇。要根据品牌在创立、维护和升华的不同阶段，采用相应的传播与价值提升战略。当前，中国品牌传播与价值提升缺乏系统传播理论和实践支持；缺乏对产品质量和服务的长期坚守，品牌价值不高；缺乏清晰的品牌传播战略，难以走出同质化和价格战的恶性竞争环境；缺乏不断发展的企业品牌文化，难以形成高端品牌等诸多问题。对此，要通过品牌传播的理论体系建设、以创新推动品牌质量、打造以质量为根本的“中国制造”国家品牌形象、制定科学的品牌传播战略等政策措施提升品牌价值。

党的十九大指出，我国经济已由高速增长阶段转向高质量发展阶段，要贯彻新发展理念，建设现代化经济体系；要深化供给侧结构性改革，把发展经济的着力点放在实体经济上，把提高供给体系质量作为主攻方向，显著增强我国经济质量优势。要提高实体经济的质量，就必须重视品牌塑造与传播。当今时代，互联网和信息技术迅速发展，互联网、大数据和实体经济深度融合，为增强我国经济质量优势，必须重视数字时代的品牌传播与价值提升。

品牌价值的核心是客户价值。品牌价值提升的关键是适应客户价值的需求变化，制定科学的品牌传播和价值提升战略，实现客户价值的最大化。在数字时代，可根据品牌产品的客观对象，制定相应的传播战略，提升品牌的知名度、美誉度和价值。

一、数字时代品牌传播与价值提升的机遇与挑战

（一）数字时代品牌传播的特性

一是即时性。品牌信息，无论是正面的还是负面的，都能通过微博、微信、网络直播等新媒体，在第一时间以图文并茂的方式得到传播。

二是不可控性。品牌信息通过微博、微信等新媒体传播面广、速度快，但传播的真实度具有不可控性。

三是放大性。品牌出现危机时，社交媒体或消费者第一时间迅速传播，由于传播的速度太快、次数太多，品牌的问题在传播过程中出现失真的状况，甚至消费者还会挖掘出企业品牌历史上的负面信息，而且这种信息往往具有放大性。企业往往因难以及时发布品牌危机的有关信息，导致危机事件持续发酵。

四是互动性。品牌信息既可以是企业发出的宣传信息，也可以是消费者之间的相关传播，还可以是消费者与企业之间的互动。

五是个性化。过去，企业利用电视、报纸等媒介向消费者或用户传递品牌信息；而网络时代，企业可以向不同的消费者传递品牌的不同信息，甚至可以和消费者进行一对一的交流与对话，这不仅大大提高了传播的效率和精准性，也使企业能够及时发现和锁定最具潜力和价值的客户。同时，个性化的传播也有助于增强客户的满足感和归属感。

六是分类性。网络上人们大多是“群居”的，具有分类性，来自全世界的网民在这里都可以找到具有相同兴趣和爱好的网友，互通消息，交流知识，形成相关的社群，如汽车群、体育群、某种品牌群等。这些社群往往形成很牢固的人际互动网络，具有很高的商业传播价值。所以，如何利用好这种社

群化的传播渠道是企业在互联网经营中需要考虑的一个问题。

七是全球性。数字时代，新技术不断涌现，特别是移动互联网的迅速发展，使人们之间的交流方式和信息传播方式更加便捷、迅速，随之也影响着消费者与品牌之间的互动，影响着品牌在全球范围内的传播。

八是长期性。数字时代，企业品牌，包括图片、文字、视频等信息都会被长期保存，消费者在消费一种品牌产品时，会随时浏览有关品牌的信息资料，以供消费决策参考。

（二）品牌传播与价值提升的机遇

一是根据品牌传播的互动性、个性化和分类性等特征，针对品牌产品客户的特点，加以大数据分析，明确品牌的战略定位和传播方式，及时了解客户对产品的需求和对品牌的评价，及时找到品牌的问题并加以改进，赢得客户的满意，进一步提升品牌价值。

二是利用现代媒体的传播特性，增强品牌传播推广的精准度，降低品牌推广的费用，提高品牌传播的效率，促进品牌价值提升。

三是根据品牌传播的及时性等特征，通过品牌网店、官方微信和微博第一时间发布企业的产品信息或品牌有关新闻，并与消费者进行互动，及时收集消费者对产品和服务的意见、建议，提升企业的品牌价值。

（三）品牌传播与价值提升的挑战

由于品牌传播的不可控性、放大性和长期性等特征，企业品牌的一些负面信息，在以微博、微信为代表的新媒体所主导的数字时代背景下被不断放大，而且传播的速度快、范围广，给企业的品牌危机公关带来很大挑战，如果处理不及时，就会引起品牌价值的巨大损失。如三星手机的电池爆炸事件，给三星品牌价值带来了极大的冲击。

二、数字时代品牌传播与价值提升的途径变化

品牌价值提升可以从企业品牌价值链的各个经营环节中规划和提炼品牌的核心价值成长基因，系统塑造与持续提升品牌内在的文化价值、设计价值、功能价值、制造价值、终端价值和服务价值。不同的产品，其品牌价值提升的途径是不一样的，有差异性，但也有共性，其核心是在市场上对产品准确定位，选择正确的战略，不断提升产品的核心竞争力、提升品牌价值，尤其是产品价值和文化价值。品牌价值一般包括创立、维护和升华三个阶段，不同阶段应采用不同的价值提升模式。

（一）品牌价值的创立时期

主要以高质量的产品和创新技术为核心竞争力，选择精准的市场客户群和战略定位，并逐步形成自身的品牌文化，选择差异化的品牌传播战略，提高品牌的知名度。对于以信息技术为特征的一些轻资产的行业，其客户群多为年轻人，在创立期，借助互联网及数字信息技术，加大产品广告和传播投入，通过产品信息不断进行视觉冲击，在短期内快速提升品牌价值。对于一些传统产业，如汽车、电视等制造业，早期传播的重点应该在于产品的质量和售后服务。

以保时捷为例。保时捷是德国高端性能汽车品牌。保时捷专注于制造跑车，制造技术准则是引领跑车技术、赋予跑车灵魂。保时捷以构建一套“德国制造”的价值观和哲学、以客户和自我价值为己责，代表着动感、敏捷、灵活、速度、时尚、安全的品质。

（二）品牌价值的维护时期

可采用打假、加大知识产权保护等方式维护和塑造品牌优势，不断创新，满足个性化需求，并采取适当的传播方式，提高品牌美誉度，强化品牌的战略意识，持续提升品牌的价值。

以陶华碧老干妈为例。2016 年 5 月 12 日，“中国品牌价值 500 强”评审委员会评选出第十届“中国品牌价值 500 强”，陶华碧老干妈居第 136 位，是我国最大的辣椒调味品专业生产企业，产品畅销海内外。2012 年美国奢侈品电商 GILT 就开始卖陶华碧老干妈的产品，每瓶辣椒酱卖到 12 美元左右。

陶华碧老干妈传播品牌价值的主要举措有两点。一是坚决捍卫品牌价值。陶华碧老干妈在品牌价值初创期，迎来了竞争者的竞相模仿。这不仅使陶华碧老干妈品牌受到冲击，也阻碍了其品牌价值的提升。无论是面对湖南“老干妈”、重庆“老干妈”这些侵权企业，还是面对国家知识产权局商标局，“老干妈”坚持打官司，捍卫自身品牌权益。其中仅与湖南“老干妈”的官司就打了三年。这些官司不仅捍卫了陶华碧老干妈的品牌权益，而且赢得了市场的信誉。二是不断创新，提升品牌价值。陶华碧老干妈的客户大多是大学生和进城务工人员，其在保持产品调味酱口味不变的情况下，不断开发不同的品种，供不同需求的消费者使用，提升客户的满意度和美誉度，提升品牌价值。

（三）品牌价值的升华时期

品牌价值的升华时期，就是品牌的印记产生时期。所有品牌信息，都将借助 VI（符号），投射到消费者脑内，形成特定的品牌印记，包括 VI 联想、场景识别联想、功能识别联想和情感识别联想等在内的消费者品牌联想。这个时期的品牌传播要立足于品牌企业文化，坚持持续的产品创新和更加精准的市场定位，形成独特的产品理念、品质和风格，使产品创新与消费者情感融为一体，快速提升品牌价值。

以德国的宝马集团为例。宝马集团是德国著名的汽车、摩托车及发动机制造商，成立于 1916 年，宝马集团有宝马、迷你和劳斯莱斯三大品牌。宝马集团品牌传播坚定地锁定在国际汽车市场的高端领域，其成功的因素在于以下几点。

一是清晰的战略定位。宝马集团以无与伦比的效率成为汽车、摩托车和自行车中优质产品和服务的领先供应商。

二是独特的产品风格。优秀的运动和动力表现，演绎了“纯粹的驾驶乐趣”。

三是优秀的产品质量。宝马集团所有工厂采用一致的质量、安全和流程标准，确保产品的质量。

四是领先的营销理念。宝马集团不仅重视产品技术，而且重视情感演绎，将技术创新与情感合而为一，触动品牌价值的新脉搏。

五是永远的创新理念。宝马集团的目标是创造永恒的价值，创新无处不在，保持创新、动态的设计理念，打造宝马产品技术和设计的完美性和创新性。

因此，企业选择品牌价值提升战略，应根据企业品牌树立、维护与升华的不同阶段，采取不同的提升路径；同时应紧跟数字信息技术发展变化，根据客户的个性化等价值需求，采取相应的品牌传播战略应对和调整。

三、数字时代品牌传播的战略选择

品牌传播的核心是客户价值最大化，要以客户满意为根本目的，利用互联网大数据分析的客户价值特征，采取针对性战略，宣传和展示品牌的产品价值、服务价值、人员价值和形象。

在数字时代，消费者的个性化、媒体的多元化，以及自媒体的兴起，传统的品牌传播方式在新的传播环境下将难以适应品牌传播的需要。同时，由于互联网使信息更加自由流动，基于互联网及数字信息技术的品牌传播手段不断涌现，品牌价值传播的途径与方式也应不断创新。

（一）传统与数字时代的品牌传播方式

传统的品牌传播方式包括利用各种新闻媒体做广告、赴卖场做品牌推广、举办展览会和展销会等传播方式，其中利用新闻媒体做广告是传统品牌价值传播的主要方式。

数字时代增加的品牌传播方式包括以下几种。一是网络广告传播，是指通过信息服务商进行广告宣传而开展的品牌推广活动。二是网络公关传播，主要是利用企业的官方网站、微博、微信公众号或名人宣传企业文化、产品及品牌，提高企业及其产品的知名度与美誉度。三是网络营销站点传播，利用各种网站的推广策略，吸引网上流量访问企业官方网站，起到宣传和推广企业以及企业产品和品牌的作用。四是网络搜索引擎传播。如果消费者搜索企业的名字或者品牌，企业的相关信息或产品立刻就能出现并且排在最前面，无疑对于企业树立品牌具有很大作用。五是 SNS（社交网络服务）传播。SNS 指帮助人们建立社交网络的互联网应用服务。通过 SNS，可以接收来自好友们分享的各种动态、新鲜事、新闻和图片，当然也可以包括某个企业品牌相关的信息。

（二）数字时代品牌传播方式选择

品牌传播方式的增加，一方面使企业品牌战略实施有了更多的选择，另一方面也使企业品牌战略选择和维护的成本上升。在数字时代，企业品牌传播方式应如何选择？一要考虑企业品牌传播投入的成本；二要考虑客户群的年龄、地域和受教育程度等特性；三要根据企业品牌所处创立、维护与升华的不同阶段，采取不同的传播方式。

在品牌创立时期，要侧重于品牌传播的广度、强烈的视觉冲击和反复提醒，利用传统电视媒体做广告，同时利用好移动网络媒体，通过在主流网络媒体、热点体育活动、热播网络电视剧中插播企业品牌广告来迅速宣传企业产品，推广企业品牌形象。

在品牌维护时期，要侧重加强企业的品牌文化建设，要通过企业的官方网站、微博和微信公众平台以及有关网络公关、网络搜索引擎等传播方式，宣传企业的产品、服务和品牌文化，提升企业品牌价值。

在品牌升华时期，要侧重实现企业客户的最大满意度，实现客户的价值最大化。通过建立企业品牌群、官方微博和微信等方式，及时了解客户对产品的质量、服务等方面的需求变化，不断提高产品质量和服务，以满足客户的需求。通过传统电视媒体和新媒体持续对企业品牌及文化宣传推广，逐步建立消费者的品牌情感识别联想，不断提升企业品牌的价值。

（三）统一的品牌传播管理支持体系

在数字时代，为适应多维空间的经营需要，企业的品牌行动将由多维渠道品牌传播维护系统构成，这些系统相互联系、相互促进、相互制约，形成一个统一的、不可分割的有机整体。因此，在企业内部建立健全统一的品牌传播管理支持体系至关重要。实现多维渠道的品牌传播行动的协调和统一，最直接的途径就是将企业在多维空间的品牌标识统一起来，比如品牌标识在品牌网站、域名、微信、微博等传播方式上的统一，多维空间品牌形象的统一，品牌文化的统一等。

四、数字时代中国品牌传播存在的问题

国际品牌联盟副主席弗朗西斯·麦奎尔指出，中国企业在品牌建设方面最大的失误是低估了自己的实力，中国有能力生产优质产品，缺的是品牌塑造和传播。据日本厚生劳动省报告，2006—2010年，中国输日产品合格率分别达到99.4%、99.58%、99.71%、99.72%、99.74%。由此可见，中国完全有能力生产优质的产品。近些年来，中国出现了以华为、中兴、联想、海尔、振华重工等为代表的世界著名品牌，中国高铁成为中国制造的耀眼名片。当前中国不是没有品牌，而是不知如何挖掘品牌的价值，尤其是不善于在互联网条件下运用品牌传播手段提升品牌价值，中国企业在品牌传播方面仍存在着诸多困难，面临许多问题。

（一）中国品牌传播尚缺乏系统的理论和实践支持

品牌传播的难点在于：如何使品牌信息传播具有一致性，使消费者接收到的品牌信息清晰、稳定，从而形成强有力的品牌识别符号和品牌个性。中国品牌传播学尚处于起步阶段，缺乏科学的理论体系，没有形成基于中国品牌特性和互联网条件下的品牌传播系统理论，更没有品牌传播战略选择等方面的理论支持。中国企业长期注重品牌宣传和推广来扩大产品的消费，对产品价值提升不够重视。企业内部一般设立的是广告部门，而不是品牌传播部门，也没有相应的品牌传播战略设计。同时，中国缺乏知名的品牌传播公司来帮助企业设计品牌传播战略，不断拓展企业品牌价值。

（二）创新不足、缺乏对产品质量和服务的长期坚守，导致产品的品牌价值不高，品牌传播的基础不牢

许多企业不注重创新，过于追求企业的短期利润或规模扩张，以赚钱为唯一目标，而不是以客户价值最大化为导向创建品牌、经营品牌，甚至出现虚假品牌广告、品牌产品质量与营销名不副实、产品售后服务差、客户体验感差等问题。企业履行社会责任不力也会降低品牌价值。一些企业缺乏做“百年老店”的战略定力，研发投入少，缺乏创新精神和工匠精神，不能通过持续的创新，坚守自己的产品和品牌，难以形成高价值的品牌。没有持续的创新，没有高品质的产品，就没有品牌传播的基础，就难以制定品牌传播战略，更谈不上通过品牌传播提升品牌价值。

（三）缺乏清晰的品牌传播战略，难以走出同质化和价格战的恶性竞争环境

改革开放以来，中国涌现出许多优秀的代工生产商，经过多年的贴牌生产，这些企业积累了较雄厚的生产制造能力和产业配套能力，但许多企业还没有创建真正的自有品牌，导致企业的产品利润空间很小，甚至经营困难，没有形成品牌价值，很难创造超额利润。这些企业在创建自有品牌的过程中，往往盲目仿效西方品牌建设模式，没有结合中国企业的产品实际、中国消费者特性和中国文化基因。在打造企业品牌战略的过程中，许多企业仅使用广告和明星代言为主的粗放方式，没有充分利用好互联网条件加大品牌传播力度，缺乏科学的品牌价值提升管理模式，品牌塑造和提升的能力建设还很不足。

许多中国企业缺乏清晰的发展战略，也缺乏基于企业发展战略的品牌塑造和传播战略，没有形成基于市场环境的产品差异化竞争战略。企业技术研发不足，产品在质量、服务和档次层面没有拉开差距，企业产品同质化现象严重，只能大打价格战、广告战、促销战，导致企业陷入微利经营的困境，无法建立品牌价值支撑和品牌认同，无法形成以差异化为主导的品牌发展和传播战略，企业难以可持续发展。

（四）品牌传播缺乏不断发展的企业品牌文化，难以形成高端品牌

当前，许多中国企业的文化建设与品牌建设是脱节的，没有形成以品牌文化为核心的企业文化。企业文化与企业品牌在企业的发展理念层、制度层、行为层、物质层具有共同的基因，应该说，企业文化包括品牌文化，品牌文化是企业文化最根本的特性。企业的品牌建设有助于企业提升市场竞争力，展现企业良好的形象。一些企业还没有形成内塑文化、外塑品牌的战略定位，导致企业品牌的价值不高，更难以形成高端的品牌。在国内外市场竞争中，企业产品难以摆脱劣势地位，不能获得客户认同和高端品牌的溢价。品牌传播缺乏企业品牌文化的支撑，难以提升品牌价值。

五、数字时代通过品牌传播提升品牌价值的政策建议

品牌的核心是质量，品牌建设必须建立在质量提升的基础之上。当前我国企业还缺乏世界知名品牌和跨国企业，却有着大量贴牌产品，可以说是“制造大国、品牌弱国”。为此，笔者就数字时代通过品牌传播、提升品牌价值这一角度提出以下几点建议。

（一）高度重视品牌传播的理论体系建设和实践探索

要在全社会营造重视品牌传播的理论体系建设和实践探索的氛围，总结提炼适合中国品牌传播的理论，注重中国品牌传播成功企业的案例研究，提出促进中国品牌传播的指导意见，大力支持中国品牌传播公司做大做强，培育中国品牌传播的市场和中介组织。

（二）品牌传播重在塑造以质量为根本的“中国制造”国家品牌形象

国家品牌代表国家形象，要借鉴“德国制造”的国家品牌建设经验，要通过科学的品牌传播战略，打造以“高质量、可靠性、创新性、美观性、经济性”为特征的“中国制造”国家品牌。一是重视产品质量的宣传。大力实

施中国质量奖的评选，培育工匠精神，让追求卓越、崇尚质量成为全社会、全民族的价值导向和时代精神，在全社会营造“人人重视质量、人人创造质量、人人享受质量”的社会良好风尚。二是重视品牌保护的宣传。国家应进一步加大对品牌的保护力度，扩大中国政府重视品牌保护的宣传，加大对侵犯企业品牌的知识产权违法案件的处罚力度，让生产假冒伪劣产品的企业无法生存，引导形成生产品牌、购买品牌的市场理念，在全社会营造重视品牌价值的良好环境。三是重视品牌文化的传播。国家品牌是由经济、社会、历史、文化等多方面构成的复杂集合体，是反映一个国家商品和服务的文化。应重视品牌文化的传播，尤其要重视国家品牌的整体文化传播。

（三）品牌传播要立足以创新推动品牌质量，不断提升品牌价值的基础

品牌价值的核心是客户价值，是满足客户日益增长的需求，为此必须不断进行创新。一是国家加大对企业创新的支持力度，继续扩大适用研发费用税前加计扣除政策的企业范围，鼓励企业加大研发投入，不断提高产品质量和服务。二是企业要牢固树立“创新是企业品牌价值提升的第一动力”的观念，要加强产品、服务和文化创新，制定数字时代差异化的企业品牌价值塑造和传播战略。三是企业要坚守“产品质量和服务永远是第一位”的核心理念，坚守客户至上的品牌价值理念，以实现客户价值最大化为品牌塑造和传播的最终追求，打造“百年老店”和世界知名品牌。四是企业要利用互联网及数字信息技术对产品、服务、客户需要的大数据进行科学分析，找出客户对产品和服务的需求变化，持续创新，不断提高产品质量，提升企业的品牌价值。

（四）选择适合企业发展的品牌塑造和传播战略，不断提升企业品牌价值

一是在数字时代，企业要根据品牌打造的不同阶段和企业所处行业、产品的竞争环境，选择科学的差异化品牌塑造和传播战略。二是要根据产品的性能、客户群的特性和历史文化等因素，不断培育企业产品和服务的文化内涵，并提炼成企业的品牌文化，形成以品牌文化为核心内容的企业文化，并利用新媒体技术，持续传播企业品牌文化，提升品牌价值。三是利用现代品

牌传播技术，努力构建品牌的VI联想、场景识别联想、功能识别联想和情感识别联想等四个元素，建立品牌在消费者心智中的“品牌组合定位”。

（执笔：陶平生）

参考文献

[1]《党的十九大报告辅导读本》编写组.党的十九大报告辅导读本[M].北京：人民出版社，2017.
[2] 郭伟.品牌价值管理[M].北京：中国人民大学出版社，2010.
[3] 约瑟夫.德国制造：国家品牌战略启示录[M].赛迪研究院专家组，译.北京：中国人民大学出版社，2015.
[4] 李伟.抓住品牌“老干妈”焕发青春[J].中外企业家，2013(12)：57-58.
[5] 林友清.品牌定位应当是一套“组合拳”[J].中国储运，2017(6)：93.
[6] 曾海威.互联网环境下的企业品牌战略研究[D].乌鲁木齐：新疆财经大学，2009.
[7] 余明阳，朱纪达，肖俊崧.品牌传播学[M].2版.上海：上海交通大学出版社，2016.
[8] 支树平.提升供给质量，建设质量强国[J].行政管理改革，2017(1)：15-20.

专题报告七

数字时代品牌传播的策略

摘要：互联网尤其是移动互联网及数字信息技术，已经颠覆了整个传播生态和规则，品牌传播概莫能外。身处数字时代，品牌传播者必须重塑与消费者的连接，必须构建新的品牌传播策略。

本专题报告首先对影响数字时代品牌传播策略选择的因素进行分析，提出在移动互联网时代，可以将消费者的消费行为归为ISCAS模型，即Interest（兴趣）、Search（搜索）、Consult（咨询）、Action（行动）和Share（分享）。依据消费者消费行为过程的不同阶段以不同的策略影响消费者，使品牌传播产生更多附加效果。数字时代品牌传播的媒介策略包括通过口碑营销和公共关系策略传播品牌形象，同时通过品牌价值的多元开发进行品牌延伸，以巩固品牌传播的影响力。

本专题报告从品牌传播主体的差异性、显著性和代表性入手，重点分析企业品牌传播、产业集群品牌传播、区域品牌传播和国家品牌传播这四种类型的品牌传播特点，并提出具体的传播策略建议。

本专题报告提出，数字时代品牌传播要坚持需求满足，品质保证，功能齐全、价格合理，不断创新，学会借力，同时要着力探索场景化品牌传播，挖掘平台经济下的短视频传播价值，加强产业协会的服务力与传播力。

数字时代的到来改变了品牌传播的环境，逐渐打破了信息沟通不对称情况，消费者的话语权回归，消费意识觉醒，一切以消费者为核心，一切围绕消费者需求、接触点、消费场景和消费习惯展开。传统品牌要打开互联网的大门，就要了解数字时代的品牌传播环境，采取相应的策略。

一、影响数字时代品牌传播策略选择的因素

品牌传播策略是企业在进行内部或外部的品牌传播过程中所使用的策略，可以理解为以消费者为中心，利用各种传播手段传递品牌价值，建立品牌关系的品牌传播过程中所使用的策略。企业选择品牌策略的依据有品牌所处生命周期、品牌传播的目标、品牌传播的内容和品牌传播的目标受众等。

（一）品牌所处生命周期

品牌的内涵既有标志性的符号意义，又有传递价值、形成品牌形象的意义。品牌本身也可以被看作一个动态的、发展的概念，即品牌是不断成长发展的。类似人类成长的过程，品牌的成长需要一定的生态环境，每个品牌都有自己的生态位，同时在这个环境中，品牌作为一个生命体也在不断成长和发展。品牌的成长和发展不像人类自然生长，需要企业经营和培育，这个过程即品牌生命周期，分为品牌初创期、品牌成长期、品牌成熟期以及品牌衰退期四个阶段。品牌所处的生命周期不同，企业和品牌自身的特点不同，品牌传播的目标和策略自然也不同。处于初创期的品牌主要依赖产品来提高知晓度；处于成长期的品牌在市场中具有一定的知晓度，需要通过口碑的积累来加快进入成熟期；处于成熟期的品牌在市场中具有较好的口碑和名气，已经成为名牌，这时需要尽量维持其成熟期的长度，品牌也就相当于进入了维护与完善期；之后，品牌进入衰退期，在这个阶段的品牌需要在尽可能减缓衰退速度的同时通过创新来延伸品牌。选择品牌传播策略时，参照品牌所处的生命周期，根据品牌自身的特征和所处的生态位来进行品牌传播活动。选择符合品牌发展状况的传播策略可以帮助品牌和企业更好地实现传播目标。

（二）品牌传播的目标

过去，学者们普遍认为品牌传播的目标是增加品牌资产。而在社交媒体时代，传播者仅仅通过广告就可以增加销量的时代一去不复返了，只有与消费者建立关系才能促进品牌价值的共创。在这个产能过剩的时代，消费者可选择的产品和品牌很多，其忠诚度大不如前，因而品牌需要通过品牌传播来增强消费者的信任，增强其忠诚度。新时期品牌传播的目标转变为与目标受众建立关系，并促进品牌价值共创。品牌价值共创可以理解为，消费者和企业为了使品牌传播达到双赢的效果，在品牌传播过程中为达成一致的品牌价值而努力沟通交流的过程。品牌愿景是品牌在一个较长时间段内所制定的战略目标，这些战略目标又分成一个个小的策略目标，品牌传播的目标就属于其中一种，依据品牌传播的目标来制定品牌传播策略可以帮助品牌更好地传递和实现其价值。

（三）品牌传播的内容

移动互联网时代，品牌传播的过程也是品牌传播者与目标受众建立关系的过程，通过品牌传播活动，目标受众对品牌的价值产生从认知、认可到认同和共鸣的转变。品牌传播的内容可以是品牌下的产品或服务，也可以是品牌形象，而在当下，学者更认同品牌传播是为了将品牌的核心价值传递给目标受众，从而获得受众的认可，形成共鸣。在充斥着各种各样繁杂信息的互联网世界，品牌的核心价值很难有效传递给消费者。品牌的价值体现为功能性的价值和附加价值，品牌的功能性价值产生于产品的功用，即使用产品可以带给消费者的实实在在的利益；而品牌的附加价值则更多地体现在品牌对消费者的承诺和所赋予的情感，可以在情绪和心理上给消费者带来某种利益，比如消费者购买路易威登的包包，除了为获得其功能性的价值外，更多的是获得一种身份和地位的象征，这种象征就是路易威登这个品牌带给消费者的附加价值。选择品牌传播策略要结合品牌传播的核心价值，选择符合其核心价值的载体形式和合适的渠道。

（四）品牌传播的目标受众

移动终端的应用，使得现代传播由合众走向单独的个体，这些分散的个体由于在兴趣、消费习惯、价值观等方面的趋同性，在社交媒体上聚合成一个个有着类似特征的虚拟社群，这些虚拟社群构成了移动互联网时代品牌传播的目标受众。

品牌传播的过程实质上是企业和目标受众的双向互动沟通过程。企业进行品牌传播的目的是将品牌信息传递给目标受众，从而使其产生消费行为或者分享行为，以提高产品销量及品牌资产。一旦没有受众的参与、交流，品牌传播者的行为就会失去对象和落点。因而目标受众对品牌传播策略的制定起着至关重要的作用，目标受众是影响品牌传播策略制定的核心因素。

1. 目标受众个体的特征

目标受众个体的特征包括了个体的性别、年龄、兴趣、爱好、立场等。而这些个体特征决定了个人在价值观、智力和需求等方面的差异。同时由于每个人成长环境的不同，使得不同个体之间呈现出差异性，这种差异性决定了不同个体对信息的选择和理解不同，因而，品牌传播策略的制定要依据目标受众的个体特征选择不同内容和方式，使得品牌传播有效进行。

2. 目标受众心理

（1）消费心理特征。

消费者在移动互联网时代呈现出更加主动、追求个性化、注重好的消费体验、注重情感分享和缺乏耐心等新特征。这是社会环境引起的消费者心理的改变。除此之外，消费者由于生活的环境不同、经历不同，还呈现出各自独特的心理特征。这些特征共同决定了消费者对品牌传播的内容的选择和接受情况，因而品牌传播者在制定品牌传播策略时需要将消费者的心理因素考虑在内，选择合适的内容和传播方式以达到最好的传播效果。

（2）选择性心理特点。

美国学者约瑟夫·克拉珀提出受众有三种选择性心理特点：一是选择性注意，即注意与自己观点相符合的内容，回避不符合的内容；二是选择性理解，即选择部分信息进行深入的认识、思考和处理，对其他信息的理解处于浅层次；三是选择性记忆，即受众只记住与自己观点一致的内容。这三种心理特点表明，受众在选择信息的过程中完全依据自己的观点来选择接受或者不接受，这就表明要想使得品牌信息为受众所接受，在制定品牌传播策略时，就要把目标受众的心理特点考虑在内。

3. 目标受众的行为

（1）目标受众的媒介接触行为。

过去，品牌传播者通过调查分析目标消费者整体的媒介接触习惯，统计目标消费者接触的媒介载体，然后依据到达率目标和有效传播目标制定内容和媒介组合策略。而现今，消费者的自我发展有赖于与其周围环境的相互作用，消费者根据所处的场景和即时的需求选择合适的媒介，因而为了使品牌传播能够在不影响消费者日常生活的情况下高效触达消费者，品牌传播者需要利用大数据技术，将目标消费者的媒介接触点、接触路径、接触时长和使用特征描绘出来，然后据此来选择合适的传播时间、媒介和方式。

（2）目标受众的消费行为。

从传统媒体时代到数字时代，随着技术的发展、传播方式的改变，消费者的行为过程也发生了巨大的改变。传统大众传播时代，传播中传者和受者地位的差异，使得消费者极容易受到广告传播信息的影响，因而其消费行为经历了 Attention（注意）、Interest（兴趣）、Desire（欲望）、Memory（记忆）和 Action（行动）五个过程，也就是 AIDMA 模型。到了互联网时代和数字时代，消费者的行为模型演变为 AISAS 模型，即 Attention（注意）、Interest（兴趣）、Search（搜索）、Action（行动）和 Share（分享）。

而在移动互联网时代，可以将消费者的消费行为归为 ISCAS 模型。在移动互联网时代多元的媒介平台下，人们的主动性大大提高，人们在生活中需要接触多重媒介，使得人们的注意力被分散，因而行为的起点是目标消费者产生兴趣，之后，消费者会自主搜索有关品牌和产品的相关信息，并且加入一些小群体，通过咨询其他使用者来比较产品或者品牌，选择最优者进行消费，再通过社交媒体分享消费体验。

在数字时代，依据消费者消费行为过程的不同阶段通过不同的策略影响消费者，可以使品牌传播产生更多的附加效果。

4. 消费者反馈

在社交媒体时代，品牌传播的核心是“人”。受众通过社交平台对品牌或产品体验进行反馈，这种反馈在社交媒体网络中容易引起裂变式的传播，正向反馈和负向反馈的传播都可能迅速扩散，因而品牌传播者往往需要及时与消费者沟通，对消费者的反馈给予及时的回复，避免造成不良影响大规模扩散。而在制定品牌传播策略时，需要将消费者的反馈考虑在内，通过消费者的反馈来确定品牌传播的目标，可以使品牌传播有一个正确的出发点，也可以促使消费者与品牌建立良好的互动关系。

二、数字时代品牌传播的媒介策略

（一）品牌定位：媒体整合

品牌定位是构建传播体系的第一步。研究企业的品牌传播策略，首先要明确的是企业的自身定位、目标消费者定位、产品的特性和优势。而整合媒体平台作为品牌定位的重要手段，可以帮助企业在消费者心中树立一个清晰的、可区分的独特形象，与消费者建立长期稳固的关系。为了能够在短时间内让尽可能多的消费者接触到有关的品牌信息、产品信息，企业可以从多个角度、多个时段选择覆盖不同消费人群进行全方位、立体化传播。

企业把平面纸质媒体（杂志、报纸）、视听媒体（电视、视频、广播等）、官方网站、网络媒体（微博、微信等）等作为发布信息的重要平台，逐步形成以网络媒体为纽带，融合平面纸质媒体、视听媒体和网络媒体传播内容、传播渠道组合式传播格局，覆盖目标受众，内塑企业文化，外拓客户群体，以取得广泛的社会认同。

新媒体的出现改变了传统媒体的单向传播，传统媒体中，广告主依靠反复的产品曝光来强化传播的效果，新媒体时代的到来使消费者拥有了主动选择和分享的权利。碎片化的用户行为变化及媒体使用的转移使得消费者的生活和媒体息息相关，新老媒体的界限也不再清晰，因此，基于用户时间、空间、行为等逐渐碎片化，消费者的选择更加多种多样。多屏互动时代更体现了“多屏转移”“多屏共享”和“多屏互动”的特点。在内容的转移和提供上，手机、平板电脑、台式电脑和电视都有自己的传播特点和优势，把它们联合起来使用的时候能够引发神奇的反应，发挥更大的作用。如今的消费者越来越迫切地希望自己掌握一切信息，随时随地掌控自己的信息流向。

具体来说，企业要建设好企业网站、官方微博，使之成为目标消费群体接触企业的重要窗口，进而创造一个有利于企业良性成长的舆论环境；要通过搜索引擎、视频网站和各大社交网站与目标消费群体互动，打造能够提供即时信息、互动的新媒体传播平台；要尽量做到在目标消费群体的每一个接触点都进行品牌传播，形成多维度的传播体系，利用新媒体快速提升品牌知名度，渗透品牌影响力。

（二）品牌形象：企业动态传播

品牌形象的传播及建立是刺激消费者购买行为的前提。在品牌关系方面，企业新闻的动态展示显得尤为重要。企业在重大项目中的表现以及企业内部各项活动的状况和进展，首先会影响到消费者对于产品和企业的判断。

1. 口碑营销

社交性成为数字时代重要的特征之一。植入营销、事件营销和口碑营销是社交网络的突破口，尤其是口碑营销，消费者在选择商品、购买商品的时候会受家人、朋友、同事、同学等周围人不同程度的影响，也愿意分享自己购买和使用产品的体验。社交网络中接收转发的用户一般都具有相同的喜好，这使得信息传播的准确性大大提高，而信息转发有其独特的裂变式效应，信息的传播速度非常快，信息的传播范围更加广。用户在转发信息的过程中，企业可以随时加入用户之间的讨论，增加企业与用户之间的互动，企业通过用户评价可以直接了解用户反馈，为市场分析、战略调整、用户调研提供了强有力的一手参考信息。

2. 公共关系

公共关系是树立组织的良好形象、协调公众关系的传播行为。企业品牌传播应利用公共关系的基本手段，遵循公共关系的基本原则。在数字时代，公共关系传播应有效利用网络互动技术加强企业与新闻媒体和关系群体的情感连接。利用网络建立“记者通道”或“交互意见中心”可以便于新闻媒体的主动参与；精选关键词，建立有效的链接路径会吸引并引导那些正在主动搜寻信息的公众顺利接触到企业品牌；让关系群体或注册用户有偿或无偿进入聊天室、讨论组、在线新闻组和其他论坛，可以形成热点话题并引发舆论的热烈讨论。

（三）品牌延伸：品牌价值多元开发

品牌价值是品牌延伸的核心，其开发决定了品牌影响力的大小，如果忽略对品牌价值的多元开发，不仅品牌传播影响力会削弱，而且品牌延伸的涵盖性和延伸力也会受到影响。

1. 引入 O2O，实行平台化运营

O2O 是移动互联网下的一种生活服务类的商业模式。其核心要素是将线上的技术性优势和线下的人性化服务完美地融合起来，去除传统商业不必要的流程损耗，优化利润二次分配，最大限度提升消费体验，满足客户需求。数字时代的品牌传播应适应移动互联网时代的要求，引入 O2O 模式，实现平台化运营，变“内容提供者”为“一站式生活服务供应平台”，创造多元化的盈利模式。

2. 推行 CRM，实现品牌化经营

CRM 指通过加强与顾客交流，了解顾客需求，并不断改进产品及服务以满足顾客需求的连续过程。其内涵是企业互联网及数字信息技术实现对客户的整合营销，是以客户为核心的企业营销的技术实现和管理实现。基于 CRM 的品牌传播服务是以顾客需求为中心，坚持双向互动原则，为企业提供全方位市场信息服务、关系沟通服务和品牌传播服务，其本质是以客户关系为导向的企业价值创造。

三、数字时代品牌传播类型

一般来讲，品牌按品牌主体可分为企业品牌、产品品牌、区域品牌（产业集群）、自主创新品牌、地理标志品牌、老字号品牌、非营利品牌和其他等类型。我们从品牌传播主体的差异性、显著性和代表性入手，重点分析企业品牌传播、产业集群品牌传播、区域品牌传播和国家品牌传播这四种类型的品牌传播特点，并对传播策略提出建议。

（一）企业品牌传播

企业品牌是指以企业整体为单位，以企业名称为品牌名称的品牌，包含了企业的所有商品和服务。数字时代企业品牌传播的主要目标是建立和维系品牌与目标受众之间的联系，使得目标受众对品牌产生认知、偏好与消费，最终促进用户价值与品牌价值的提升。

2017 年 7 月，《财富》公布了“世界 500 强”排行榜，华为投资控股有限公司以 785.108 亿美元的营业收入排在第 83 位，首次跻身百强榜，比 2016 年排名上升 46 位。同年，在凯度华通明略（Kantar Millward Brown）发布的“BrandZ 最具价值全球品牌 100 强”排行榜上，华为的品牌价值增加了 9%，跃升至全球最有价值品牌的第 49 名。华为品牌的国际认知也在大幅提升，其在全球最大的品牌咨询公司 Interbrand 发布的“全球最佳品牌”排行榜上的排名从 2015 年的第 88 位上升到 2016 年的第 72 位，又上升到 2017 年的第 70 位。华为距离成为全球标志性的科技品牌又近了一步。

2016 年和 2017 年“全球最佳品牌”排行榜上的中国品牌仅有华为和联想。这是由 Interbrand 的评选标准决定的，纳入考量范围的品牌必须有 30% 以上的营业收入来自海外市场，在这种标准下的评估结果暴露了中国企业品牌的国际化程度严重不足。当代中国与世界研究院（原中国外文局对外传播研究中心）联合知名调查机构发布的《中国品牌与中国国家形象调研报告》中，综合最近几年的调查数据发现，华为、联想、青岛啤酒等中国品牌在海外拥有较强的知名度。除此之外，中国中车、珠江钢琴、大疆创新等在海外市场也取得了不错的成绩。

1. 海外市场注重体验营销和口碑传播

2015 年 7 月，《华尔街日报》报道称，时任华为首席战略营销官的徐文伟表示：欧洲很像华为的第二个本土市场。华为在品牌传播上非常重视目标群体的精神需求。在主要目标市场，除了小规模的电视广告之外，华为开展系列公关活动，通过结合当地文化机构与专业人士，展开沉浸式的营销体验和品牌传播活动。其目的是以真实的、能为人们提供某些现实意义的方式，将华为的愿景融入消费者的心中，带来全新的消费体验，并引发口碑传播。

口碑传播的重要性在于，许多消费者都很重视其他消费者的评论与使用感受，电子商务平台也十分依赖用户的点评、体验与分享。当然这需要有优秀的企业产品及服务作为支撑，如果这一条件符合，善用人们对品牌的良好评价就能事半功倍。

2. 名人代言提升品牌在全球的知名度

名人代言和投放极大地提升了华为品牌在全球的知名度，特别是华为品牌在全球范围内时尚的调性。负责华为消费者业务的前全球品牌营销官张晓云曾在自己的专栏文章中写道：“以前华为的全球品牌和营销并没有完整的一体化，当然这是因为华为的区域考核以及对一线的充分授权……现在，我们开始思考如何用机制化的力量来保证品牌的全球硬投入和区域所必须分担的责任。我们也开始思考我们在‘全球化’和‘地方感’之间保持协作和平衡。我们面对未来品牌挑战时应该选择怎样的能力建设方案。”

3. 品牌传播中传递企业价值观

任正非曾亲自签发一份题为“华为价值观搭载与传播策划”的电子邮件，并在邮件第四部分指出价值观传播的意义：在更高的维度彰显华为的社会价值，从而提升社会主流阶层对华为的喜好度、信任度、拥护度。

邮件中提到了两个金字塔。一是“华为声誉度的提升”金字塔，从认知开始，到熟悉、喜欢、信任，直至拥护，共分五个层次；二是“华为的社会价值彰显”金字塔，以政府、媒体、意见领袖、社会精英、客户、行业、员工为目标受众，由低到高分为价值共鸣（华为价值观与利益相关者求同存异、增强认同感）、价值共享（促进对话与沟通、分享华为理念与最佳实践）、价值实现（传递社会普遍价值，为社会进步提供正能量）三个层次。其中，第二个金字塔也就是价值观传播的界定和划分，把企业品牌传播的目标提升到很高的层面。

（二）产业集群品牌传播

产业集群品牌是指某个行政地理区域范围内形成的具有相当大规模和较强生产能力、较高市场占有率和影响力的产业产品，通过该区域内的企业长期规范经营、良好的产品质量、全面周到的服务等积累起良好声誉，从而使消费者对区域内所有生产同类产品的厂商产生一种信任和忠诚。

产业集群品牌传播最大的特点在于大力发挥产业联合体或者行业协会在实施品牌联合战略中的多种服务功能。

作为世界著名的鲜果企业，美国新奇士种植者公司（Sunkist Growers Inc.，以下简称新奇士）于 1893 年创立，原名是“南加州水果与农产品合作社”（The South California Fruits and Agricultural Cooperatives）。它是世界上历史最久、规模最大的柑橘营销机构。根据官网信息，新奇士的基础奠定于一个多世纪以前。与很多食品公司不同，新奇士由加利福尼亚州与亚利桑那州 6000 多名柑橘种植者共同拥有，他们大部分都是小型的个体果农，其中约有 2000 名种植柠檬。果农们把新奇士柳橙、柠檬、葡萄柚和其他许多应季产品销售到世界各地。

资料显示，新奇士（Sunkist）商标全球排名第 47，在 53 个国家和地区获得商标许可，年收入 11 亿美元，品牌价值超过 70 亿美元。该品牌能够取得这样的傲人业绩，新奇士橙农协会功不可没。

1. 长期专业的广告传播战略与全球品牌合作

早在 1907 年，当时的果农合作社前身 The California Fruit Growers Exchange（以下简称 CFGE）就首开先河，成为世界第一家给生鲜水果做广告的合作社。到了 1908 年，CFGE 邀请“现代广告之父”阿尔伯特·拉斯克尔的

Lord&Thomas 广告公司（FCB 广告公司前身）为其确定了“Sunkist”的商品名称及标识，执行品牌传播策划。从此，合作社在持续稳定的长期广告投放中，根据时代潮流和消费者需求变化进行有针对性的调整。在 1916 年，随着“Drink an orange”广告活动的成功传播，新奇士在橙汁这一细分产品市场做到了极致，新奇士甚至成为橙子的代名词。此外，新奇士大力拓展全球市场，积极寻求不同国家与区域之间的品牌合作，针对不同文化背景下的消费者，以市场调研为基础开发新产品、新口味，开展本土广告传播。这些使得“Sunkist”从加利福尼亚州的产业集群品牌成长为世界著名品牌。

2. 分级管理，专业化运营

作为企业联合的利益共同体与产业集群代表，新奇士橙农协会采用现代化的企业运营模式直接参与市场竞争，成立包装厂和区域交易所，鼓励各地果农加入协会并签订合同。优化流程管理，完善数字化的产销管理系统，由协会负责收购和加工，区域交易所接受订单并负责销售，同时确保订单公平分配。

（三）区域品牌传播

发达市场经济下，像企业、产品和名人一样，地理位置和某一空间区域也可以成为品牌。例如，“地理标志品牌”，就是指该品牌所指示的商品来源于某地区，该商品的特定质量、信誉或者其他特征，主要由该地区的自然因素或者人文因素所决定。

区域品牌是企业、产业集群、文化等单一品牌的聚合与升级，在争夺市场过程中所产生的竞争压力迫使地缘文化相近的同质区域采取品牌联合战略，以壮大区域竞争力和影响力。区域品牌传播的主要特点是将特定区域作为传播主体，以更高层级的统一标识将内部的各种资源要素系统化梳理、品牌化整合并且多角度、大规模传播开来，取得协同绩效。

1. 建设政府品牌认证体系

日本大力发展品牌农业，由日本农林水产省制定“本场本物”制度，在全国推行品牌认证。具体操作是由区域食品品牌标记标准审查委员会对自愿参与认证的农产品企业从产地范围、原材料特质、加工工艺与质量卫生管理标准等多方面审核认证，并对其品牌运营给予持续跟踪管理。

连本国总统都可以不放在眼里的法国农民的底气很大程度上来自强大的农产品品牌和随之而来的身份认同和职业信心。法国以区域自然优势和传统文化为基础，建立了严格的“原产地命名控制”认证体系，即 AOC 认证标志。经过认证的 AOC 产品品质优良，深受消费者认同，这对其开展品牌传播有着重要的促进作用。

2. 加强平台建设和财政支持力度

中国《农产品地理标志管理办法》规定，农产品地理标志，是指标示农产品来源于特定地域，产品品质和相关特征主要取决于自然生态环境和历史人文因素，并以地域名称冠名的特有农产品标志。

在我国每年发布的农产品地理标志登记产品并不在少数，但这些地理标志产品中成为著名品牌的却不多，这与区域农产品品牌传播的观念和方式有很大关系，而国家互联网战略在农村区域落地不畅成为主要的技术瓶颈。为此，国家大力推进电子商务进农村综合示范工程，以市场为主联合政府引导，以推动农村电子商务成为农村经济社会发展的新引擎。政府专门提供了四种中央财政资金支持方式：股权投资、政府和社会资本合作（PPP）、以奖代补和贷款贴息。

（四）国家品牌传播

相对于企业品牌，影响国家品牌的因素更多：国家外交政策、战争、疾病、贫穷、犯罪、污染、自然灾害等都可以对国家品牌造成致命的破坏。通常情况下，人们很难将国家与品牌联系在一起，国家也不像企业产品一样能够在充足的空间内重新定位、并自由选择营销渠道。

但在漫长历史的沉淀中，我们也能发现国家推广与品牌化之间千丝万缕的联系。例如，一提到法国，大多数人能联系起来的关键词是浪漫、优雅、艺术气息浓厚、香水、红酒、精致的法式美食。说起中国，除了文明古国、四大发明、故宫、长城和美食，“新四大发明”开始被越来越多的全球受众所认同。2017 年，北京外国语大学丝绸之路研究院发起了一次留学生民间调查，来自“一带一路”沿线的 20 国青年评选出了他们心目中中国的“新四大发明”：高铁、支付宝、共享单车和网购。

这些经过历史积淀或者引领时代潮流的国家元素形成独一无二的国家品牌。本国企业在这样的定位下，制造符合本国风情的产品，在营销时，其“某国制造”的标签就会引来大量的顾客，也易于培养一批忠实的粉丝。

对于那些缺乏历史文化积累，创新发展较少，其地缘特征又不太明显或显著的国家而言，就需要重新寻找国家定位，建立品牌形象，借助高效的品牌传播来到达和获取目标受众与消费者，和竞争对手争夺市场。2002 年，*Journal of Brand Management*（《品牌管理杂志》）出版了一期特刊，主题为“国家和地方品牌化”，其中“Country images in marketing strategies：Conceptual issues and an empirical Asian illustration”（《营销策略中的国家形象：概念问题与亚洲经验》）一文分析了国家形象如何建立和发展，并通过挪威渔业在亚洲市场的案例指出，即使目标市场对原产国知之甚少，国家的原产地战略也可以行之有效。接下来，笔者将以新加坡为例，分析该国以旅游业为重点的品牌传播特点。

1. 政府机构成为品牌传播的主体

从新加坡近 50 年的品牌形象定位来看，从花园城市到购物天堂再到艺术之都，新加坡一直都致力于挖掘本国特色，创造新的体验和新的价值，大力打造国家品牌。在此过程中，新加坡旅游局是品牌传播的主体。为最高效地实现品牌传播效果，新加坡旅游局选择了多种传播方式来传达其品牌定位与品牌文化。具体来说，新加坡旅游局结合了广告、公共关系、品牌叙事、品牌形象代言、个性化传播以及网络互动传播等多种传播模式，各种渠道的信息相互交叉渗透，很好地实现了整合性传播。

2. 注重情感联系，严选传播渠道与内容

如果说企业品牌在传播中还可以强调其产品或服务的性能，那么国家品牌则需要更多地与消费者建立情感上的联系。选择契合国家品牌的渠道与方式，并且制作高标准、积极、正面的传播内容，更容易建立有效的国家品牌。

（1）精心制作微电影与综艺节目。

新加坡旅游局十分善于运用这种软性的情感联系，从微电影到综艺节目，都努力为新加坡的品牌形象创造更多的文化内涵，以更好地提升新加坡国家品牌价值。2013 年，新加坡旅游局推出了《爱・从心发现》系列微电影的第一部，由演员林依晨与陈柏霖出演，结合了言情电视剧《我可能不会爱你》的情节，在新加坡旅行的途中延续了两个角色的爱情故事。2014 年，第二部微电影由林志颖与田原出演，讲述了男主角摄影师路城（林志颖扮演）在新加坡发生的寻爱之旅，通过他的镜头，展现了新加坡的人文美、自然美。2015 年新加坡旅游局携手新加坡樟宜机场推出系列电影的第三部，站在一位从中国交换到新加坡读书的孩子的角度，挖掘新加坡充满活力、友爱的环境与氛围。

除了该系列微电影，2015 年年初新加坡旅游局还与辽宁卫视和优酷视频合作，拍摄制作了 9 集《带你去旅行》节目，展示了新加坡鱼尾狮、滨海湾酒店、环球影城、圣淘沙等标志性景点，淋漓尽致地展现了新加坡热辣、时尚、活力的形象。

（2）事件营销，在主流媒体发布。

自“非常新加坡”主题开始，新加坡旅游局就致力于为新加坡打造艺术之都的形象。开办“创：新”全球创意巡展，与 Art Stage Singapore 2014 联合举办新加坡艺术周等，新加坡旅游局通过主流媒体发布不断产出的活动内容，不仅可信度高，而且时刻保持品牌的话题热度，加深游客形成“新加坡是具有专业艺术氛围”的印象。

（3）社交网络传播。

新加坡旅游局 2010 年开启了官方新浪微博，并在微博上链接了新加坡官方网站、官方微信、新浪博客、人人账号、豆瓣小站等渠道；制作和发布了不同的旅游路线、旅游攻略等长文章，便于游客了解；展示了新加坡旅游局与旅游平台穷游网、马蜂窝等的合作关系。微博内容除了配合公关活动，在平台上发布消息、保持热度之外，还非常积极地与粉丝互动，重视游客自己发布的新加坡旅行体验、旅行路线与旅行建议，展现出活跃、欢乐、便捷的新加坡形象。

四、数字时代品牌传播策略

（一）基本原则

1. 需求满足

成功的传播离不开市场调研。传播主体在制订品牌策划时，要先考虑市场的需求和变化，要用市场需求作指导，以消费者优先的原则来制订传播计划。

2. 品质保证

品牌成功的基础和必要条件就是其背后产品或者服务的质量。一个品牌必须包含消费者对其品质的预期和感知。因为消费者在个人需求上有相当大的差异，预期品质和实际品质有一定的相似性，预期品质的主观性更强一些。这就要求品牌的品质必须要站在消费者的角度考虑，必须能够反映消费者对品牌认可和接受的程度。

3. 功能齐全、价格合理

品牌成功的核心要素就是顾客对品牌的忠诚度。一般来说，初次消费者首先关心的主要是产品或服务的功能和价格。只有当品牌忠诚度建立之后，品牌的外部性才能体现出来，消费者对功能和价格的敏感度才会逐渐为品牌的影响力所取代。

4. 不断创新

在竞争激烈的环境中，追求创新是使品牌长盛不衰的主要办法。要探索新媒体带来的机遇，就要保持创新能力。在品牌发展的历史中，中国的许多老字号在竞争中被打败，最主要的原因就是它们的产品或服务无法在激烈的市场竞争中创新。数字时代的品牌传播，一定要非常注重品牌的创新性，把握目标消费人群的偏好，研究年轻人的消费趋势，与时俱进、不断创新，以吸引消费者的注意力并保持对品牌的忠诚。此外，要善于创新网络环境下新兴的传播渠道和传播模式。

5. 学会借力

正确借力其他品牌或平台进行品牌合作，能收获许多意想不到的效果。电影《指环王》向世人展示了新西兰美丽的自然风光，也为新西兰国家品牌价值的提升作出巨大贡献。电影之后，新西兰国家旅游局推出“指环王”之旅，吸引了大量的粉丝，拉动了旅游业等相关产业的消费。

（二）着力探索场景化品牌传播

在品牌传播过程中，如何更好地利用传播中可控的资源，通过广告、公共关系、人际传播等手段在信息传播中脱颖而出是品牌传播的首要任务。美国学者罗伯特·斯考伯、谢尔·伊斯雷尔在《即将到来的场景时代》一书中大胆断言：“未来的 25 年，互联网将进入新的时代——场景时代。”作者提出，互联网争夺的是流量和入口，而移动互联网时代争夺的是场景。年轻受众吸收新事物的能力是快速的，场景化在品牌传播中应该跟随科技的脚步。场景时代来临依赖于五种科技力量的发展，并共同发挥作用，作者称之为“场景五力”。这五种支撑品牌场景的力量分别为移动设备、社交媒体、大数据、传感器、定位系统。

数字时代，品牌在选择传播方式的时候不断地跟进潮流趋势。流量在哪里，传播渠道就在哪里。场景说到底就是一种心智影响力。品牌传播通过场景内容本身，把消费者带入预设情境中，逐步调动他们对品牌的感知。尝试并寻找更加被消费者认同的场景化传播策略将是品牌传播者的新课题。

（三）挖掘平台经济下的短视频传播价值

数字时代，大量用户聚集的互联网公司因为平台效应，拥有了传播属性。互联网公司通过用户体验和消费产品掌握到的大数据，在一定程度上能代替市场调研成为核心洞察的基础。从新媒体的发展和消费者获取信息的行为模式出发，短视频内容营销在现在及未来一定时期内仍将占据着重要的位置。

淘宝通过大数据发现晚上 10 点是手机淘宝一天流量的高峰时期，为了在这个时间段进入消费者的心里，平台推出全新的“夜淘宝”概念——通过讲故事的方式，用共鸣感来销售。在每天晚上 6 点至早上 7 点的时间段，用户打开手机淘宝应用程序，下拉进入“淘宝 2 楼”就可以进行体验，每个周三、周四的晚上 10 点更新一则短视频。

由上海意类广告有限公司执行的“淘宝 2 楼”短视频内容营销活动“夜淘宝”，起到了良好的品牌传播效果。意为“夜淘宝”定性的视频基调为魔幻都市，结合夜晚的属性、美食的选材、横屏的直播感，从而迎合了消费者的内心活动，给人带来感悟，刺激进一步的情感迸发，甚至直接刺激消费。数据显示该短视频系列的内容营销非常奏效，前两期的主推商品都是上线不久即售罄，短视频《一千零一夜 · 鲅鱼水饺》上线 2 个小时内，就卖掉了近 20 万只饺子。

平台经济下，可以投放广告的位置越来越多了，可以说机会越来越多。但与此同时消费者的选择也越来越多，这为品牌传播带来不少的干扰。广告公司或者传播公司想要在未来的市场竞争当中保有优势位，除了持续输出打动人心的内容创意外，还需要逼迫自己像一个产品经理那样了解产品本身，甚至跟客户一起去驱动产品的变革，只有这样才有可能让自己的广告创意和品牌传播活动变成产品的一部分沉淀下来。

（四）加强产业协会的服务力与传播力

目前，我国一些工业、农业和服务业等产业在国内甚至国外市场处于无序竞争的状态，打价格战、相互拆台，不仅损害了企业自身的商业利益，也不利于产业集群的长期发展。为了实现良性竞争，市场的有序性和协同性显得非常重要。在中国产业集群品牌成长的过程中，应该由政府或企业牵头，组建一些非官方的、受到同行认可的组织来对市场上的竞争对手们进行协调。这种组织带有民间协会的特征，加入组织的成员有接受组织协调的义务，也有享受组织所提供的服务的权益。

1. 收集、获取行业需求

行业协会通过调研、培训、行业宣传和参加国际交流活动等不同方式，为企业提供多种服务，以减少企业各自的成本投入，增加各企业的竞争能力。

行业协会与微观企业及宏观政府相比，自身可以在行业内部进行资源和信息的整合，具有充分了解本行业发展状况，与外界有大量交流等优势条件。行业协会充分利用自身社会联系广泛，信息资源丰富等优势，组织业内外专家，对本行业有关生产、流通、经营、技术开发、出口贸易以及国外产业等进行调查研究，为行业发展做好预测以及为政府制定政策提供依据。这些研究结果还可以帮助成员对各自的策略进行调整。协会还通过出版刊物、发行广告和举办国内外展览会等各种整合营销传播形式，传播信息，沟通渠道，积极为本行业推销产品和服务，最大限度地占有国内外市场。

2. 协调企业立场，实行统一的对内对外经济战略

注重培养企业的行业自律和协作精神，号召企业要从国家战略和行业整体利益出发，听从行业协会的协调和组织，避免盲目性和企业间的恶性竞争。通过汇总所有成员的信息，以及国内外的环境信息，行业协会可以总结判断，对市场做出一定的指导，对出口市场的各个方面进行充分协商、协调。

我国行业协会应主动将产业内的企业组织起来，在自愿基础上组织企业在生产、销售、价格、开拓市场等方面联合行动，协商制订出能够从整体上加强竞争力的方案。此外，还可以借鉴国外行业协会的成功经验，组织企业进行国外实地考察和培训学习，了解我国产业与国外同业整体上的差距，向政府有关部门提出缩小差距的建议措施。

3. 为成员企业提供人才培训与技能鉴定

行业协会可以充分发挥信息优势，接受会员委托，为会员提供培训、咨询与技术研究开发、人才技能鉴定等服务。然而我国行业协会长久以来，由于大多是自上而下依托行业主管部门建立的，本身缺乏被行业内企业广泛承认的基础，甚至有一部分从部门管理体制转制为行业管理的行业协会主要目的是解决政府部门分流人员，行业协会成为临退休人员的集中地，其在职能定位上偏重为政府服务，并不能真正反映企业的问题和要求，这就使得行业协会很难形成一个面向全行业所有企业的组织结构。因此，在缺乏公信度和权威、职能定位不清的情况下，许多行业协会根本无法开展业务。

因此，应该重视行业协会的地位和性质，把不同产业集群的协会建设成

为行家集中、标准统一、市场认可的市场权威机构。针对这个问题，我们首先应该改变行业协会主要由政府组建，完全依仗政府发展的现状，实现以企业为主体的行业协会的建立机制，减少行业协会原有浓重的行政色彩。同时，将政府承担的许多管理和行政审批职能逐步让渡给行业协会，让它们作为产业集群利益的代言人，为产业做好品牌传播服务。

（执笔：王擎、刘菁、任超、徐晶琳）

参考文献

［1］郑兴东．受众心理与传媒引导［M］．北京：新华出版社，2004.

［2］蒋军．今后这样做品牌：移动互联时代的品牌营销策略［M］．北京：中华工商联合出版社，2015.

［3］阿克．管理品牌资产［M］．吴进操，常小虹，译．北京：机械工业出版社，2012.

［4］胡河宁，郜旻．论品牌传播的受众导向策略［J］．学术界，2005(6)：76-83.

［5］黄清华．媒介融合时代的品牌传播策略［J］．现代传播（中国传媒大学学报），2016（3）：167-168.

［6］余明阳，舒咏平．品牌传播刍议［J］．品牌，2001（11）：8-10.

［7］隋岩，曹飞．论群体传播时代的莅临［J］．北京大学学报（哲学社会科学版），2012（5）：139-147.

［8］胡易容．宏文本：数字时代碎片化传播的意义整合［J］．西北师大学报（社会科学版），2016（5）：133-139.

［9］胡菊芳．新媒体背景下的品牌营销传播方式［J］．科技传播，2016（3）：9-10.

［10］郭曲红．品牌传播策略研究——以雀巢为例［D］．南昌：江西财经大学，2013.

［11］杜鹏鸿 .Web3.0 环境下的品牌互动传播实现路径研究［D］. 广州：华南理工大学，2014.

［12］官月晴 . 华为手机打开欧洲市场的三板斧［J］. 国际品牌观察，2017（8）：54-56.

［13］张晓云 . 华为营销官：是什么支撑华为成为全球标志性的科技品牌［EB/OL］.（2017-09-26）［2022-01-13］. https://www.sohu.com/a/194619501_313745.

［14］任正非放大招：华为价值观搭载与品牌传播策略［EB/OL］.（2016-07-26）［2022-01-13］. http://www.360doc.com/content/16/0726/01/35367189_578496902.shtml.

［15］林笑 . 新奇士的品牌“新奇”路［J］. 农经，2014（11）：72-74.

［16］孙凤芝，于涛，张明伟，等 . 基于系统视角的区域品牌传播模式探究［J］. 山东大学学报（哲学社会科学版），2013（5）：125-131.

专题报告八

数字时代品牌传播危机管理策略

摘要：本专题报告内容共分为以下三大部分。

第一部分重点分析数字时代品牌传播危机复杂性的外部环境因素。基于微博、微信等新媒体的快速发展，信息传播的实时性得以实现，这对媒体舆论格局现状带来明显改变，在此背景下，品牌传播危机的发展相对以往更加快速。

第二部分侧重对品牌传播危机应对现状及原因进行全面分析。结合对大量品牌传播危机事件应对现状的全面总结，将危机应对过程中存在的种种问题客观归纳为基本观念、处置流程与惯用处置策略三方面。结合实战案例，着重分析当下在品牌传播危机处置中被广泛使用的“屏蔽式危机公关”惯性思维，同时为了呈现危机应对现状的全貌，也对众多企业处置品牌传播危机的危机意识淡薄，姿态高傲、沉默回避，以及过度公关、推脱责任、欺骗公众等常用招式进行总结与分析，并对相关人员观念认知方面的内在原因进行了归纳与分析。

第三部分侧重探讨改变品牌传播危机被动现状的对策。从危机应对的实践需求入手，重点总结了如何客观认识品牌传播危机、优化事件应对流程，以及基于“辨证论治”的对症下药三方面，强调了全面管理提高与日常危机防范的重要性，并对舆情素养能力提升、“治未病”式日常防范、舆论形象管理与强化主体意识的内容进行了详细阐述。

一、互联网及数字信息技术环境加剧危机事件复杂性

近年来，随着互联网及数字信息技术的迅猛发展，媒介技术领域发生了翻天覆地的变化。微博、微信、新闻客户端、网络社群等新媒介形态层出不穷，无论在传播方式和内容形态上都迥异于报纸、广播、电视等传统媒体，因此被业界统称为“新媒体”。而结合品牌传播危机事件的发展来看，新媒体既有可能成为事件的源头与导火索，也有可能成为推动危机事件舆情快速发展的助推器，整体来看，新媒体已成为众多危机事件涉事主体企业难以招架的“舆论大敌”。

近几年来，随着微博、微信等新媒体的快速发展，加之国内网民总量持续增长以及各类移动手持终端逐步成为广大网民获得信息的主要渠道，新媒体逐渐成为舆论关注的“主战场”。同时，从舆情应对与管理的角度来看，新媒体舆情成为各类型企业不得不去面对的舆论管理的新领域、新课题，挑战与压力并存。

新媒体是一个相对的概念，是继报刊、广播、电视等传统媒体以后发展起来的新的媒体形态，包括网络媒体、手机媒体等。具体从舆情传播的渠道来看，较为传统的论坛、博客、贴吧，及后来兴起的微博、微信、新闻客户端、微视频等多种在线传播渠道，都属于新媒体的范畴。

具体结合品牌传播危机的发展过程来看，新媒体突破了传统媒体在信息传播时间上的限制，实现了信息传播的实时性；借助互联网的普及，实现了话语权从少数媒体精英向公众转移的平等性；网络的多元文化使得新媒体呈现出不同文化、地域、教育背景之下的民众在表达上的多元性。如此一来，新媒体无疑能够推动、加速品牌传播危机的快速发展。

二、品牌传播危机应对现状及原因分析

每一次危机对企业、对品牌传播来说都是一场生死战，一旦处理不当就

有可能给企业带来灭顶之灾，即便是侥幸逃过一劫，劫后余生也多半是经营惨淡。当然，我们也应该看到，重重危机包围下的企业也并非毫无希望，危机在为企业带来破坏性后果的同时也蕴藏着生机，只要处理得当依然有挽回的余地。

（一）应对现状

从当下品牌传播危机涉事企业的应对来看，整体应对效果不容乐观。随着近年来新媒体的快速发展，以及由此给各大企业品牌传播危机事件带来的空前压力，部分涉事企业的应对能力有较明显的提高，从几年前被动、恐惧与沉默，向积极、主动回应、有效沟通转变。但同时我们必须要看到，当下仍有众多涉事企业的危机实战能力依然处于较低水平，难以真正有效应对重大品牌传播事件。

总的来看，当前多数品牌传播危机涉事企业危机应对的基本观念、处置流程与惯用处置策略可以归纳为以下几个方面。

1. 惯性思维

说到危机应对的惯性思维，以摆平媒体、屏蔽消息、政府公关等主要措施为特征的“屏蔽式危机公关”，在较长时间内占据着国内众多涉事企业的主流应对思维空间。

2008 年 9 月，三鹿奶粉事件中百度公司的“屏蔽风波”，是首个“屏蔽式危机公关”的热点案例。在三鹿事件被舆论曝光后的第一时间，网络上出现了署名为某广告公司的“三鹿集团公关解决方案建议”帖子，内容明确指出花费 300 万元与百度公司合作进行负面舆情屏蔽，是三鹿事件应对的当务之急。此话题被媒体追踪报道后，三鹿集团因舆论压制计划而受到媒体抨击，百度也因这一合作方式陷入了“恶意屏蔽”风波中。自此标志性事件起，“屏蔽式危机公关”引起了舆论的关注，也被包括企业及政府机构在内的众多危机事件涉事主体作为首选应对策略。

2013 年 11 月 29 日，山东省东营市广饶县一居民因收到被氟乙酸甲酯污染的圆通快递包裹而中毒死亡。12 月 20 日，中国新闻网对事件进行全面报道，话题快速成为舆论热点。根据相关媒体报道，死者家属表示家人住院、死亡、出院整个过程都没有见过圆通快递的工作人员，直到12月18日才见到圆通快递的代表。家属认为，圆通快递的人在县城待了十多天而不和家属联系是一件微妙的事，并得知圆通快递方面可能在县城做了不少“公关工作”，试图将此事压下。很显然，在本次事件中，涉事的圆通快递也以“屏蔽式危机公关”作为应对的首选方案。

“屏蔽式危机公关”虽然占据主导地位，但从众多品牌传播危机案例的最终处置效果来看，显然并不是百病皆治、一用就灵的。

2. 常用招式

在“屏蔽式危机公关”的惯性应对思维之下，面对纷繁复杂的新媒体环境，众多品牌传播危机涉事企业没能认清当前形势，难以适应当前的媒体环境，依然故步自封，采取传统媒体时代的危机应对策略，从而将企业引入了灾难的深渊。总的来看，多个品牌传播危机涉事企业面对新媒体危机的常用招式，主要表现在以下几个方面。

第一，危机意识淡薄。传统媒体时代仅仅通过少数大众传播媒介进行统一公关就可以取得不错效果的日子已经一去不复返了，取而代之的是传统媒体和多元化的公众自媒体形式并存的全民传播时代。企业在危机预警意识淡薄或者无危机预警机制的情况下，一旦陷入品牌传播危机，将面临无从下手的局面，进而导致行动缓慢，贻误最佳危机公关时机。一步慢，步步慢，错失时机最终将使品牌陷入被动传播的舆论旋涡，给企业造成无法挽回的损失。

从2011年2月9日开始，尼美舒利被冠以“夺命退烧药”之名出现在多个育儿论坛上，多家媒体争相报道，矛头直指康芝药业。其实，本次品牌传播危机起源于2010年11月26日的“儿童安全用药国际论坛”，有与会专家称尼美舒利在近6年里出现4703例不良反应，当日中央电视台等媒体进行了报道。从前期问题被曝光到次年事件成为舆论热点，足足过了两个月的时间，而企业方面没有任何明显的应对处置措施，由此其危机意识淡薄被充分展现出来。

第二，姿态高傲、沉默回避。在传统媒体时代乃至当前，仍然有很多企业在危机爆发以后，面对公众及媒体的口诛笔伐，并不善于主动回应，更有甚者采取高傲姿态，对危机信息不闻不问，沉默回避，放任危机自由发展，这样只能进一步加深企业危机，使品牌形象进一步受损。在2011年的西门子冰箱门事件中，9月开始，老罗英语培训创始人罗永浩连续发布微博，指西门子冰箱存在“门关不严”的问题。罗永浩的做法很快得到众多西门子用户的响应，最终形成西门子用户集体维权行动，对此西门子方面没有任何反应。11月20日，以罗永浩为首的西门子冰箱用户，到西门子北京总部进行“维权”，并在现场砸了三台冰箱。当晚，西门子中国官方回应称，所涉冰箱产品系合资公司博西家电独立生产、销售并提供售后服务，产品并无质量问题。这种姿态使得本次品牌传播事件快速发酵。

第三，过度公关、推脱责任、欺骗公众。危机来袭，很多企业不是积极主动地正视问题、解决问题，而是选择千方百计地撇清关系、推卸责任甚至采取极端的措施阻断危机信息的传播。尤其是在言论高度自由的新媒体环境下，一些企业一旦看到有不利于企业的信息传播，就通过公关公司雇用大批网络水军“灌水”，试图淹没不良信息，甚至屏蔽、删除这些信息。凡此种种行为，一旦暴露只会抹黑企业形象，加深公众的不信任感，使事件朝着更加糟糕的方向发展。

我们不对危机事件涉事企业的“屏蔽式危机公关”惯性思维及常用应对招式进行主观的褒贬分析，但结合多起品牌传播危机的最终应对效果来看，上述应对思维与常用招式多属惯用套路，通常会错失最佳应对时机，甚至可能会引发次生危机。

（二）原因分析

为什么众多企业面临品牌传播危机事件考验时，仍然一味地在惯性思维驱使之下，采取被动、不切实际的惯用应对招式呢？经过具体分析，这一问题的根本原因主要集中在以下几个方面。

第一，舆情素养能力不足。“恐惧源于无知”——大多数舆情危机处置一线的相关人员，内心深处都存在对舆情危机的惧怕，其根源在于无知与生疏。

总结当下各涉事企业的危机应对现状，对危机事件与网络舆情认识不足而过度依赖经验主义，最终导致舆情危机应对的被动与日常舆情管理的相对滞后，是不争的事实。具体梳理总结可知，企业一方面对舆情危机客观规律认识不足；另一方面由于没有掌握足够的规律与方法，难以改变危机应对的现状。对网络舆情、危机事件基本规律的认识，以及在应对处置中的实操应用能力，这正是我们所称的舆情素养。

第二，心理因素缺陷。在危机应对过程中，相关企业人员缺乏逻辑性与喜欢走捷径的心理也相当明显。因为逻辑思维相对欠缺，所以其在面对重大舆情危机考验时，宁可照搬、套用那些惯用的应对策略，也不愿进行具体的分析判断，进而养成走捷径的心理惯性。在如此心理因素的驱使之下，形成惯用应对策略的习惯也就不难理解了。

第三，思维模式束缚。逻辑思维的相对欠缺，使得在危机应对策略方面经验主义大行其道。在如此的思维模式之下，摆平媒体、屏蔽消息、政府公关等惯用应对措施就意味着成功的可能，更有甚者将其奉为成功应对重大危机的万能之法。在多起重大舆情危机中，都或多或少能看到经验主义的影子。

第四，责任承担之忧。重大品牌传播危机对于涉事企业来说，最终意味着什么？轻则品牌声誉受损、业绩下滑，重则关停甚至破产。总之就是一句话，“事件责任重大”。在责任压力之下，涉事单位的大部分人，尤其是基层人员，甘愿放弃主观能动性，以求安全免责。在此形势之下，领导者无疑处在“高处不胜寒”的境地，在一定程度上也不愿意承受所谓“打破常规”带来的潜在风险。

三、改变品牌传播危机应对现状的对策

面对品牌传播危机整体被动应对的现状必须要进行反思，我们对舆情危机只能算是“既熟悉又陌生”——在实操方面对应对策略的执行手法已相当娴熟；但在基本概念层面，我们对舆情危机的认识其实很肤浅，甚至难以看清危机事件的真面目。两方面的鲜明反差，正是导致危机应对经验主义大行

其道的根源所在，据此我们可以做出初步判断：过度依赖经验主义难以真正取得危机应对的成功。

那么，到底我们应该从哪里入手才能突破品牌传播危机应对的被动局面呢？依据品牌传播危机应对现状的需求来划分，具体可以分为品牌传播危机处置实践需求、提高舆情管理水平与日常风险防范两个层次。

（一）品牌传播危机处置实践需求

改变品牌传播危机应对现状的对策，从事件处置的实践需求来看，必须要从以下方面实现突破。

1. 客观认识品牌传播危机

一说到品牌传播危机，我们就会条件反射地想到它的可怕，但这显然不是它的全貌。要想避免重大危机的伤害，我们要能够冷静、理智地看清舆情危机。舆情危机确实变幻莫测，但为了摆脱目前的应对困局，我们还是要凭借理智的、全面的分析，客观总结它的基本规律与变化特征，首先让我们来关注它的五个基本构成要素。

第一，危机矛盾。危机矛盾是基本矛盾原理在舆情危机发展中的具体应用，为专属于舆情危机事件的矛盾类型。对于品牌传播危机发展来说，危机矛盾是其内在的核心推动因素。危机矛盾是推动品牌舆情事件发展的关键因素，由于其具有隐蔽性，不易被直观发现。

例如，2016 年 4 月被舆论集中关注的和颐酒店女生遭袭事件，其危机矛盾是“单身女性入住酒店的安全问题”。因为在事件发生后，和颐酒店方面未就此采取有力的应对措施，最终导致事件应对被动。

第二，话题敏感性。话题敏感性是品牌传播危机事件话题致敏程度的直接体现，致敏程度越高，后期舆论集中关注的可能性就越大。话题敏感性是危机事件舆情后续关注的潜在“加速势能”，在很大程度上左右着事件最终的舆论关注程度。

2012 年 7 月 1 日上午，浙江省湖州市长兴县 62 岁的环卫工人陈彩香感到口渴难忍，来到位于长兴县迎宾路的一家中国农业银行大厅饮水机处接水，但是遭到了拒绝，并被保安当众赶出大厅。之后，此事件在网上的关注度一路飙升，该行受到网友一致谴责。本次品牌传播危机引发广大网友集中关注的原因就在于话题敏感性——强势的国有银行拒绝弱势的环卫工人到营业厅接水，并进行驱赶。

第三，相关群体的利益诉求。人是一切社会关系的总和，品牌传播危机不可能脱离社会关系而孤立存在，因此可以说人物是品牌传播危机的关键构成要素。“身份决定立场”是恒定不变的基本规律，相关群体关注点与诉求点的差别明显，整体来说是品牌事件话题热度发酵的关键推动因素。

2012 年 6 月 10 日下午，北京市民张先生在物美大卖场大兴店购买了两袋双汇火腿肠，姐姐和女儿吃后均出现腹泻、呕吐等症状，病历资料显示，其姐姐因腹泻引起宫缩，导致先兆性流产。在事件处理过程中，张先生当面向双汇业务员提出“我不要赔偿，只要你写一张字据，来证明双汇火腿肠生虫”的具体要求，显然是对双汇方前期的处理措施，尤其是不承认火腿肠生虫的做法不满。

第四，品牌声誉形象。通俗来讲，品牌声誉形象是危机涉事企业在舆论定势与公众内心的基本认知印象与舆论标签。对于品牌传播危机来说，品牌声誉形象能量强大且弹性空间大：良好的声誉形象是危机发展的“防火墙”，反之则会成为事件发展的助推器。

2013 年 9 月，江西省南昌市新建区樵舍镇发生了一对年幼小姐妹被洗衣机绞死的惨剧。22 日，地方媒体对事件进行报道，提及“可能孩子进洗衣机时触到按钮，机器开动后盖子又关下来，两孩子无法爬出最终导致悲剧”。舆论矛头指向了涉案洗衣机质量问题，家电巨头海尔面临空前的舆论压力。上述报道一经公布，引起了众多网友的讨论和热议，不少网友纷纷实验并表态，家里的洗衣机无法放进两个孩子。随后，在中央电视台对本事件进行跟踪报道时，也重点分析了网友的亲身实验声援方式。通过众多网友的亲身实验，有效缓和了海尔洗衣机的舆论压力。网友这种反常的做法，明显是基于海尔出色品牌美誉度的主动声援行为。

第五，舆论关注形势。相比于上述隐蔽存在的四大构成要素，舆论关注形势无疑是品牌传播危机事件的最明显、最直观的体现形式，也是我们感触舆情危机的直接介质与载体。舆论关注形势就是危机事件应对的“主战场”。

从实操层面来看，虽然在品牌传播危机的非常状态下，舆论关注形势是最直观的呈现方式，但我们切忌犯“一叶障目”的低级错误，割裂舆论关注与品牌传播危机事件其他构成要素的内在联系。

2. 优化事件应对流程

总结当下大部分应对失败的品牌传播事件，忽略基本舆情形势及其内在客观规律，而凭主观经验提出的所谓应对策略，是无源之水、无本之木，最终经受不住舆论考验而失败实属在所难免。要想真正改变品牌传播危机应对的被动局面，必须要优化事件应对流程。

简单来说，在处置危机事件应对决策的基本流程中，要有效保障面临重大品牌传播危机时，资料收集、过滤排查、研判分析与应对策略制定这四大环节的顺利实施，以此保障研判分析关键信息流的顺畅。尤其要强化研判分析观念，围观对事件舆情研判分析的主线，建立健全相关体制机制，以此确保危机应对流程的优化与高效。

概括来说，研判分析就是当涉事企业面临舆情考验时，借助对现阶段舆论形势的全面掌握，同时考虑外部舆论环境、自身声誉形象等多个相关因素，整体、全面、深入分析，并对事件发展的趋势做出预判，同时以此预判结果为基础，为后续的事件应对策略及相关方案提供参考依据。从自身价值角度来看，研判分析是品牌传播危机应对至关重要的“神经中枢”，能够形成基本的事件应对指令，从而有效衔接危机事件前期的信息报送与后期的事件应对实操，在很大程度上影响、决定着品牌传播危机应对策略及其实施效果。因此，我们可以说，研判分析是可以改变品牌传播危机事件应对现状的“支点”。

3. 基于“辨证论治”的对症下药

“辨证论治”是中医认识疾病和治疗疾病的基本原则，是中医学对疾病的一种特殊的研究和处理方法。在中医理论中，“辨证”即认证识证的过程，就是根据收集的资料，通过综合分析，辨清疾病的病因、性质、部位等；“论治”即根据“辨证”的结果，确定相应的治疗方法。“辨证”和“论治”是诊治疾病过程中相互联系不可分离的两部分。“辨证”是决定治疗的前提和依据；“论治”是治疗的手段和方法。

从品牌传播危机应对的角度来看，借用传统中医理论的“辨证论治”原则，可有效体现舆情研判与危机应对的内在关联。我们如果把舆情研判理解为中医的“辨证”，那么危机应对无疑就是“论治”了，危机应对的两个环节紧密关联、不可分离：舆情研判是决定应对策略的前提和依据；应对实操为应对策略的具体执行，无疑为危机应对的手段和方法。

（二）提高舆情管理水平与日常风险防范

舆情危机应对是一个复杂的系统工程，要想成功应对品牌传播危机，我们必须要有一个不断积累与提高的过程。

1. 舆情素养能力提升

关于舆情素养对于品牌传播危机的重要性，前文已有论述。简要来看，相关人员的舆情素养，包括多项有关危机应对、舆情管理的实际能力。

第一，对舆情危机的认识与基本心态。如果把品牌传播危机的所有要素组合比作一座建筑物的话，那么对舆情危机的客观认识，就是这一建筑物的坚固基石。通俗来说，舆论监督就是一面镜子，而品牌传播危机则能直接反馈涉事企业相关环节客观存在的问题，或与服务对象心理预期的差距，以便及时提醒、发现并积极改正问题，消除差距的“魔力之镜”。因此，舆论监督应该成为广大企业发现自身不足或认清与公众心理预期差距的重要手段。

第二，网络舆论环境基本规律。如果把当前复杂的舆论环境比作水的话，那么企业就是在水中飘摇的小舟，如果不了解载舟之水的基本特征与规律，载着品牌声誉的小船就会说翻就翻。当然，要总结网络舆论环境的基本规律，离不开个人长期学习、积累沉淀。

第三，掌握各舆情传播渠道、传播规律及特点。微博、微信、微视频等新兴传播方式，有着与传统的报纸、电视、广播、新闻网站等传播渠道所不同的传播规律，在品牌传播危机舆情发展过程中也呈现出不同的特点与舆论影响力。对从事舆情管理及危机应对的相关人员来说，必须要熟悉所有主流舆情渠道传播的基本规律及特点，打好了基础，当真正面临重大品牌传播危机考验时，才能得心应手、从容不迫地对各传播渠道进行有效选择，并以此为基础实施有效的危机应对策略。

第四，清楚企业自身的基本声誉形象及潜在舆论风险。与外部复杂的舆论环境相比，企业自身的基本声誉形象则是引发危机事件的重要内在因素。因此，对于各企业来说，要时刻清楚自身的潜在舆论风险，以最大限度降低舆情危机的负面冲击。

2.“治未病”式日常防范

对于各类企业来说，品牌传播危机的突发性和破坏性是显而易见的，所以在观念认识层面，我们不能仅仅局限于事发后的应对处置，更要有足够的防患意识。而结合品牌传播危机舆情的发生、发展过程来看，历来被中医推崇的“治未病”理念，完全可以作为企业防范舆情危机的基本指导思想。

第一，日常服务环节。对于各级各类企业来说，日常服务环节与产品质量保障，是最容易引发品牌传播危机事件的，对此必须要高度重视。在此需要指出的是，对于企业的售后与客服部门来说，广大消费者反馈的相关问题能否被及时、高效处理，也是有效防范舆情发生、发展不可忽略的重要因素。如果能在线下环节处理好、解决好相关问题，那么就能在很大程度上避免品牌传播危机的发生。

第二，广告与代言合作。在各企业的宣传环节，尤其广告、代言方面，通常也会因为不当价值主张、不当创意或代言人的不良行为等引发舆论质疑，进而可能上升为热点品牌传播危机事件。

第三，对于各类企业来说，日常的各类主题活动、让利促销环节，以及企业重大资产并购或人事调整等事项，若前期策略准备不周到，忽视活动背后的潜在风险因素，就可能会面临舆论危机的考验。

3. 舆论形象管理

即使再出色的“治未病”式日常防范管理，也难以从根本上杜绝重大品牌传播危机的发生，这一残酷的现实情况是各企业的共识。在此严峻形势之下，为发挥日常舆论风险防范的效果、提升品牌传播危机应对的实战能力，确保最终能够最大限度地维护好涉事企业的声誉形象，我们必须要进行全方位的舆论形象管理。

第一，企业舆论生态环境分析。简单来说，就是对企业的外部舆论环境进行全面分析。归纳来看，企业的舆论生态环境分析主要包括整体舆论关注形势与各类主要舆论渠道的关注权重、影响力及关注倾向性分析。舆论渠道包括各类传统媒体和微博、微信、微视频、新闻客户端等新媒体，当然，也不能忽略网络大V[①]、业内专家、本行业新媒体公众号等舆论力量的关注形势。另外，也要对所在行业的基本舆论形势进行分析。

第二，声誉形象分析。声誉形象对于品牌传播危机发展趋势的作用明显，但是我们不能坐以待毙，站在“舆论风口”等待风暴的到来，必须要在日常就对自身的声誉形象进行全面分析。在进行具体声誉形象分析时，必须基于企业的全部利益相关群体角度进行综合分析，在汇总分析阶段，可根据不同群体对于企业的重要性不同而设置具体的权重比例。

当然，在进行企业声誉形象分析时，除了对自身声誉形象进行分析外，也必须要对所在行业的声誉形象进行同步分析，以便为自身声誉形象的分析提供必要参考和支持。

第三，媒体关系维护。对于各类企业来说，积极的媒体宣传、舆论造势，是树立自身良好声誉形象的必要措施。虽然近年来新媒体快速发展，在舆论影响方面，传统媒体“独霸天下”的格局早已被打破，但传统媒体仍具有自身独特的优势，其舆论影响力仍然不可忽视。基于这一现实情况，在当前基本的舆论格局下，对各企业来说，保持与传统媒体的有效沟通与正常关系维护，是声誉形象管理的重要组成部分。

第四，新媒体运营管理。随着近年来新媒体的快速发展，各大企业的官方微博、官方微信等新媒体平台的运营管理，越来越成为其形象管理的重要组成部分。从舆论风险防范的角度出发，结合近年来涉及新媒体运营管理的

① 在网络平台获得个人认证，并拥有众多粉丝的用户。

相关品牌事件，反思总结针对性的防范措施，具体包括以下几个方面。

在运营管理的人员安排方面，既要考虑对新媒体平台的熟悉程度，又不能忽略对公司基本业务、相关专业问题的积累与储备，以保障新媒体平台内容更新、在线交流的专业性、客观性。

在运营管理流程方面，新媒体平台内容更新与在线答疑，须根据各单位新媒体平台实际情况，设置内容审核把关环节，以保障发布内容的准确无误。

要充分认识到新媒体平台是企业在新媒体的官方发声渠道，在此前提下，必须要强化运营管理人员的责任意识，严格要求公私账号彻底分离，切忌混用。

第五，舆论风险预控管理。梳理大量品牌传播危机的发生、发展过程，不难看出，舆论风险是危机事件发生、发展的促发因素或推动因素。各类企业自身固有的舆论风险、所在行业的特定舆论风险，都有可能促使或推动重大危机事件的发生。对此，我们必须要进行针对性管理，借此对企业的舆论风险进行有效的分级分类管理，明确划定组织机构的舆论痛点，并实施有效的针对性管理。

第六，全员自媒体规范管理。近几年伴随微博、微信等自媒体平台的快速发展，众多企业基层员工的自媒体爆料成为不可忽视的舆情危机源头。对此，建议广大企业要加强对职员个人自媒体的有效管理，借助具体管理制度，在不牺牲职员新媒体更新活跃度的前提下，划清单位与个人相关信息发布的界限，以此确保企业核心信息、保密信息与敏感信息不外泄，避免“家丑外扬式”危机。

第七，建立健全重大危机应急预案。要从品牌传播危机应对的角度出发，建立健全重大危机应急预案等体制机制，以此为基础促进事件应对的高效进行。以重大品牌传播危机应急预案为例，当重大品牌传播危机发生后，根据事件舆情的发展趋势，判断品牌传播危机的预警级别，并依据企业舆情危机应对管理预案的相关预警标准，正式启动对应级别的应对管理预案，及时组织相关人员组成品牌传播危机应对领导小组，为后续开展危机应对的相关工作做出全面准备与具体部署。

4. 强化主体意识

品牌传播危机事件的不确定性、破坏性和扩散性等内在特点，以及事件发展过程中对处置决策过程时间紧、任务重等外在要求组合成的“双重因素”，决定了危机管理的主体行使处置权力必须快速、高效，而结合当前品牌传播危机应对的现状来看，主体意识是不可忽略的关键因素。

企业现阶段品牌传播危机管理机制的主体确定方式主要有两种：部门集权化与平台共管化。具体来说，部门集权化是在公司认可并有效授权的基础上，将舆情监测、信息预警、研判分析、舆论引导等大部分有关品牌传播危机管理的相关工作，都安排给某一个具体职能部门。各类公司的部门设置不同，一般情况下，承担这些职能的部门通常是宣传部、公共关系部、市场部或品牌部等。与此明显不同，平台共管化则根据各部门的具体职责分工，将有关品牌传播危机管理的工作交给由内部多个部门组成的虚拟平台来共同管理。以制造类企业为例，虚拟平台部门应该至少包括总办（或董事会办公室）、宣传部门、生产部门、销售部门、市场部门、质检部门、客服部门、法务部门等。为便于开展日常工作，虚拟平台管理方式通常由一个内部级别较高的部门牵头。对比来看，部门集权化管理方式，内部沟通效率较高，但与相关部门协调沟通往往较为低效或不被重视；虚拟平台式管理，协调效率较高，但在最为关键的应对决策方面通常会较为薄弱。整体来看，两种不同的品牌传播危机管理方式各有利弊，须有相应的内部管理体制机制来配套完善与补充。

从大量企业品牌传播危机管理的现状来看，要想取得良好的效果，必须要强化主体责任意识，在制度制定与规范出台的同时，确保职责明确、权责分明。在不违背“一把手责任制”、确保相关部门高效配合的前提下，划定相关部门与具体岗位品牌传播危机管理的具体职能与责任。

从另外一个角度来看，当面临重大品牌传播危机时，尤其涉及行业共性类问题或地域共性类问题时，涉事企业也可积极向行业相关主管部门或地方政府寻求帮助与支持，并结合自身具体情况建立健全相应的汇报与沟通机制，以此保障非常时期有关危机事件的高效沟通与有效处理。

客观来讲，在复杂的互联网舆论环境下，重大品牌传播危机固然可怕，但其具有发生、发展的内在规律。要想在面对重大品牌传播危机考验时取得主动权，切忌坐以待毙，必须要“化整为零”，在满足品牌传播危机处置实践需求的前提下，在舆情素养能力全面提升的基础上，全面做好“治未病”式日常防范、有效舆论形象管理，并有效强化主体意识，为后续的全面应对打下坚实的基础，这也正是我们最终战胜品牌传播危机的信心与底气所在。

（执笔：董盟君、王洪波）

参考文献

［1］王洪波.把准脉开好方：舆情危机研判与应对［M］.北京：新华出版社，2017.

［2］刘向东.话语生态、自媒体与后现代——社会符号学视角［J］.重庆工商大学学报（社会科学版），2015（4）：98-104.

［3］凡欣，聂智.自媒体舆论场下我国主流意识形态的话语权控制研究［J］.学术论坛，2015（7）：139-142.

［4］代玉梅.自媒体的本质：信息共享的即时交互平台［J］.云南社会科学，2011（6）：172-174.

专题报告九

数字时代中国品牌的海外传播策略

摘要：中国已经成为全球制造业第一大国、全球货物贸易第一大国，但中国依然是“制造大国、品牌小国”。从市场开拓能力、市场占有率和企业盈利能力角度来看，过去 10 年，中国品牌在全球品牌排行榜中的地位有了明显提升，但从品牌美誉度要素，即产品和服务、创新、生产条件、治理、企业公民、领导力和综合表现等七个方面来看，与发达国家尚有很大差距，中国制造的整体海外形象与我国制造业大国的地位之间有较大落差。互联网传播的广度和深度加速了全球消费者价值取向的趋同性，同时互联网的互动性和便捷性使消费者个性化需求有条件得到更大程度的满足，品牌传播的全球化与本土化同时增强。在此背景下，本专题报告基于对中国品牌的海外形象现状和中国品牌海外传播核心要素的分析，提出促进中国品牌海外传播的建议：牢固树立以品质为核心的品牌国际传播理念；以国际标准和标准认证为基础推动品牌传播；将促进可持续发展作为中国品牌全球传播的核心价值；量身定制适合各国国情的本土化品牌传播方案；运用互联网及数字信息技术健全品牌海外保护机制；准确把握各国互联网基础设施现状和未来。

中国制造，早在西汉张骞出使西域时，就已开启海外传播的先河。时至今日，中国改革开放已走过 40 余年，加入世界贸易组织已超过 20 年，中国制造的海外传播也随着时代的变迁，不断被赋予新的内涵与意义。面对当今全球化、信息化、网络化、数字化的新时代，深入研究数字时代中国品牌的海外传播对于助力中国从制造业大国走向制造业强国和品牌大国有重要意义。

总体来看，中国已经成为全球制造业第一大国、全球货物贸易第一大国，但中国依然是“制造大国、品牌小国”。中国制造的海外形象与我国制造业大国的地位之间有较大落差，在海外提升中国制造美誉度、树立中国品牌任务艰巨。中国有句老话“酒香不怕巷子深”，抓住了品牌的两个核心要素，即品质和传播。基于“互联网”和“海外传播”两个特定条件来考察中国品牌，可以看到，“酒香”毫无疑问是基础，但“酒香”也怕“巷子深”。这个“深”的寓意，不仅有距离遥远的直意，还包括文化差异之大、品质考量方法差异之大、信息真实性差异之大等海外传播面临的特殊挑战。面对这些挑战，中国企业还存在品牌意识不够、品牌塑造能力和传播能力不足等问题。

作为数字时代品牌国际传播的一项探索性研究，本专题报告试图从理论和实证角度集中阐述三个方面：一是中国品牌的海外形象现状；二是中国品牌的核心要素及海外竞争力；三是关于数字时代品牌国际传播的建议。

一、中国品牌的海外形象现状

从全球层面来看，不少国际品牌研究机构在开展全球品牌排名，尽管各排名采用的衡量指标各有不同，结果也不尽相同，但能够从侧面反映出中国品牌全球影响力的总体情况。与 10 年前相比，中国品牌建设取得了一定进展，特别是近几年在一些领域取得突破性进展。根据联合国开发计划署 2006 年之前的研究，国际知名品牌在全球品牌中所占比例不到 3%，市场占有率却高达 40%，销售额超过 50%。而中国参与国际市场的企业中，拥有自主品牌的不到 20%，自主品牌出口额在总出口额中的比重不足 10%。2015 年以来，中国已有超过 30 家企业进入世界品牌实验室的品牌排行榜“世界品牌 500 强”。但同时也要看到，尽管随着近些年的发展，中国品牌的整体形象有所改观，但与美、德、英、法、日等国相比，中国品牌的世界影响力和美誉度还有相当大的差距，与我国世界第二的经济体量还不相称。特别是国际上关于品牌内涵的认知越来越丰富，从市场占有率等传统认知层面看，中国品牌的排名在快速上升，但从更加综合、更具美誉度的品牌排名来看，中国品牌的总体形象仍待进一步扭转。

具体来讲，对比“世界品牌500强”和“全球声誉最佳公司”两个榜单的排名情况可以看出评价指标与结果的不同。世界品牌实验室将品牌影响力定义为品牌开拓市场、占领市场并获得利润的能力。该机构按照品牌影响力的三项关键指标，即市场占有率、品牌忠诚度和全球领导力，对全球8000余个知名品牌进行评分，最终推出世界最具影响力的500个品牌，连续十余年发布“世界品牌500强”排行榜。世界品牌实验室2015年度“世界品牌500强”中，中国大陆地区只有31个品牌入选；在其2016年度的排行榜中，中国大陆地区有36个品牌入选，比例有所提高。但同时需要看到，中国品牌在一些其他排行榜中的表现并不尽如人意。“全球声誉最佳公司”排名堪称企业界的奥斯卡，是全球各大品牌都非常关注的品牌排行榜。该排名主要通过对各国消费者进行访谈，从七个方面评判品牌，即产品和服务、创新、生产条件、治理、企业公民、领导力和综合表现。2017年2月，美国福布斯财经网站公布了2017年全球声誉最佳的100家公司，瑞士劳力士公司蝉联世界第一，前20名全部是美、欧、日各行业公司，而这100家公司中没有一家中国公司。尽管这一排名的评价指标带有西方色彩，但能够反映出消费者对品牌内涵的综合理解。

从区域层面看，中国品牌形象在世界不同区域有共性也有显著差异。非洲和欧美市场的调查数据具有较强代表性，能够从中看到中国品牌形象在发达国家和发展中国家市场的差异性和动态变化。非洲最大的调查研究机构“非洲晴雨表”2016年10月发布了一份内容为非洲国家对中国在非洲影响力看法的调查报告，分析了中国正面形象和负面形象的原因。受访者认为中国正面形象最重要的贡献因素是“中国对基础设施和发展的投资（32%），其次是中国产品的低成本（23%）”，而受访者对中国负面形象认知的最主要原因是中国产品“价廉质差”，非洲36个国家持此观点的受访者高达35%。这一结果与笔者2017年对非洲来华培训官员的访谈结论高度一致。非洲来华官员普遍表示，在非洲国家，各收入阶层的民众对中国制造的基本印象是非洲市场上的中国产品价格便宜但质量差，假冒伪劣多，对中国商店和中国产品不信任。而当他们来到中国，看到中国市场上的中国产品物美价廉时感到十分惊讶。

在全球制造业强国德国，其民众对中国制造的认知在发达国家市场中具有较强代表性。中国产品进入德国人的购物袋已成为近年常态，其中电子产品尤其受欢迎。有 50% 的德国人购买过中国品牌的智能手机、电脑或照相机，其中 70% 的人给出好评。德国的厨房里也越来越多地出现中国家电，有 23% 的受访者已购买中国生产的厨房用具，超过一半的人表示愿意购买。令人欣慰的是，年轻一代德国人对中国制造的认同感更高，在 18~29 岁的受访群体中，82% 已是中国制造的消费者。但同时，只有 4% 的受访者对中国制造完全没有负面印象，而负面印象主要有品牌声誉欠缺（60%）、质量有待提高（57%）和检测认证缺乏（50%）。

二、中国品牌的核心要素及海外竞争力

中国品牌与中国制造密不可分。习近平主席提出的“三个转变”原则为中国品牌和中国制造指明了发展方向，即推动中国制造向中国创造转变、中国速度向中国质量转变、中国产品向中国品牌转变。国家高度重视品牌建设，2017 年 5 月 10 日被确定为首个“中国品牌日”。中国品牌建设被提到了前所未有的高度，同时也为我们重新审视和定位中国品牌的核心要素、打造路径和推进举措提出了更为紧迫和更高的要求。

（一）中国品牌的品质要素及海外竞争力

品质是品牌的根本，这是产品最终被认知和推广乃至持续发展的基础。随着时代的变迁，人们对品质的理解，已不只是我们传统认知的经验性概念，而是以科学完备的标准体系为支撑的综合概念。“国家质量基础设施（NQI）”是世界范围内衡量一个产业、一个行业和一种产品品质的通用国际规范，由

联合国工业发展组织（UNIDO）和 ISO 于 2005 年联合提出。NQI 以标准、计量、认证认可与检验检测为三大支柱，不仅实现了对产品的质量评定，也实现了对整个生产过程的引导和监控，是国际上公认的综合质量概念，并被普遍认同为铸就产品品质的关键方法。因此，在中国品牌走向国际化的今天，需要通过 NQI 理念促进产业升级，通过对全产业链品质的提升，铸就产品稳健、可靠和可考量的品质，为中国制造、中国速度和中国产品向中国创造、中国质量和中国品牌转变打下坚实基础。

众所周知，德国制造享誉世界，是先进制造的综合国家品牌，但德国制造的良好形象并非与生俱来，其历史演变轨迹恰恰说明基于质量控制形成的品质是品牌建设的核心。第一次工业革命时期，德国制造在英国市场曾是“劣质”的代名词，“德国制造”后来居上的因素有很多，一个关键因素是标准、计量与检验检测的发展，即工业制造产品参数和综合产品性能的标准化，以计量为精准度基础的工业机床产业的发展和工业生产精度的提高。德国成为工业标准的发源地，全球超过 2/3 的机械制造标准来自德国标准化学会。德国通过严苛的国家质量基础方法和路径，将一个产品按照产业进行标准化细分，并通过严苛的工厂标准化和体系认证、产品认证，以及终端产品检验检测，使许多规模不大的企业，甚至是中小企业在某项产品上做精做强，成为某项产品的全球“隐形冠军”。这种高度发达的专业分工和工业产品全生命周期的质量管理铸就了高品质的德国制造。

德国制造的经验使我们更加坚信，将 NQI 方法融入品质塑造是夯实中国品牌内在品质的必然选择。机床产业被称为“工业母机”，其产业发展水平和精准度关乎一个国家工业发展的水平。笔者对中国中小机床产业集群山东省枣庄市滕州市进行了近 5 年的实地跟踪研究。该产业聚集区将机床产业质量视为中国中小机床发展的生命线，发挥机床制造业集聚优势，打造国家机床产品质检中心，形成质量发展合力。明确以技术创新为核心、以高标准制定为基础的质量发展框架，设立了山东省机床标准化技术委员会并积极与 ISO 进行引标、对标，以高水准确保中国中小机床制造的高品质，力争打造中国“工业母机”的“隐形冠军”。截至 2018 年，该产业集群的中小机床出口量已占全国机床出口份额的50%以上，品牌效应逐渐形成。因此，中国品牌海外推广之路的成功与否，取决于国家质量基础为支撑的产品品质优劣。如果没有产业潜心锻造真本领，以技术创新为先导，以国家质量基础为综合质量保障打造中国制造，所有的宣传只是舍本逐末。因此，必须痛下苦功，从根本上扭转低端品质，才能使中国制造摆脱在国际上留下的“低价劣质”的形象，摆脱中国品牌的低端地位。当前，以省域产业为基础开展的“浙江制造”“上海品质”和“深圳标准认证”都是以国家质量基础为支撑开展的区域品质集体提升战略，为塑造一个区域的品牌优势，抱团出海，打下了良好的基础。中国品牌是众多中国产品和中国企业形象的集合，随着更多区域和行业集体品质的提升，中国品牌在海外的良好集体形象将逐渐形成。在此过程中，不断提升的中国品质也理应成为品牌海外传播的核心内容。

（二）中国品牌的服务体系要素及海外竞争力

品牌的基础是质量，是品牌的硬核，同时与之配套实施的服务体系也是品牌国际竞争不可或缺的软实力，是所有品牌排名中的核心指标。一个具有优良品质的产品，最终被消费者购买并得到满意使用效果，需要与之匹配的服务体系，其中需要重点考虑品牌定位、营销网络和售后服务等要素，也就是针对用户的事前、事中和事后服务。中国产品普遍具有价格优势，产品宣传也充分突出了这一优势，但往往忽视服务体系的建设，特别是海外市场服务体系的建设和传播。

1. 品牌精准定位

品牌定位的核心是市场细分、选择目标市场和市场定位，也就是选择潜在消费者并确定产品和服务适当的价格。如前所述，没有好的品质不可能成为品牌，但是在一定品质基础上，发挥好价格优势和服务优势则可以大幅度提升用户的满意度。华为创业初期作为电信设备供应商所取得的成功就在于其找准了品牌定位，并很好地发挥了价格和服务优势。十几年前，全球电信设备市场基本为欧美公司所垄断，华为作为一个名不见经传的小公司处于竞争劣势。但许多欧美跨国公司由于体量大，内部运作程序复杂且成本高，难以根据中小客户需求提供差异化服务，而华为很好地发挥了公司灵活高效的优势，以合理的价格为客户量身定制全套电信解决方案，并提供精准服务，从而逐步赢得市场，成长为世界知名品牌。

在激烈的海外市场竞争中，要有长期扎根和服务当地市场的决心和定力，最终实现品牌对市场的占有份额。传音手机这个在国内完全没有市场的低成本手机，在 2017 年成为非洲大陆第一大手机品牌，其成功的关键就是忽略高端品牌竞争激烈的中国市场，而是将品牌定位在撒哈拉以南的非洲地区，努力根据当地需求研发低成本手机，全心全意服务当地市场，成为当地优势品牌。海尔、海信等家电品牌都经过了从贴牌生产到在海外重点国家研、产、销一条龙的国际化升级过程，从而一步步贴近当地市场需求，获得更大的海外收益。2004 年，海信的海外销售收入只有约 5 亿美元，其中 90%是非品牌收入。到 2016 年，海信在海外建立 9 个研发中心，海外销售收入超过 35 亿美元，其中自有品牌收入超过一半。

2. 营销网络本土化

启用本土化销售网络，在帮助产品尽快融入目标国市场、有效形成目标国的销售渠道、降低异国产品的陌生感等方面都有明显的效果。在互联网传播和跨境销售中，容易出现跨境电商与目标国本土化销售网络脱节的问题。一些商家忽略了海外线下体验、海外配送，还出现不同程度的海外产品质量难以追溯理赔等负面问题。有些跨境出口电商盲目以扩张为目标，海外供应链和团队跟不上，出现了“乱卖”现象，还有的在完全没有进行海外价格体系评估的基础上，在海外打价格战，导致国内商家的利润大打折扣，甚至出现因企业海外价格战导致国内企业破产倒闭的现象。因此，在跨国电商领域，尤其需要与之配套的本土化服务网络建设，进而满足企业线上、线下协调统一，有序有效推进的综合效果。

3. 服务保障本地化

产品在使用过程中，维护保养、人员培养以及应急处置等售后服务需求是普遍的，满足售后需要是产品的第二条生命线。国际知名品牌都有完备的售后服务网络，力争售后服务的稳健性、可靠性和及时性。近些年，我国国内的知名品牌将售后服务作为品牌发展的重要保障，民众在购买同类产品时也将售后服务作为选择品牌的重要标准。

然而，中国品牌的国际售后服务体系与发达国家企业相比还有较大差距。以日系车为例，其在全球建立了强大的售后服务保障体系。在许多“一带一路”沿线国家，道路上行驶的车辆都以日系车为主。在印度尼西亚、孟加拉国、巴基斯坦等国，日系品牌车辆的市场占有率达90%以上。日系车已进入这些国家市场超过30年的时间，其配套的售后服务体系健全，其他国家厂商的车辆也往往由日系售后服务机构保养或修理。同时，日系厂商强大的职业培训体系已经与当地的人才培养相融合，以品牌带动汽车产业相关就业快速发展。与之相反，我国相似行业品牌的市场开拓就缺乏稳扎稳打的服务布局，很多企业只想赚一笔就走，影响了企业和国家品牌的整体声誉。20世纪90年代，中国的摩托车品牌一度在东南亚国家有很高的市场占有率，但由于产品质量不高，维修率高而售后服务跟不上，目前中国品牌的摩托车已基本失去这些国家的市场，被日本品牌取代。应该说，如果没有强大的当地服务网络作支撑，品牌的海外宣传将如昙花一现。提高本土化售后服务能力，并在海外传播中有效宣传售后服务，对于增强消费者的信心和忠诚度至关重要，对推进中国品牌在国际市场上落地生根意义重大。

（三）中国品牌的传播要素及海外竞争力

品牌传播的基本范畴包括传播战略、传播元素、传播手段、传播媒介、传播周期、传播效果评估等要素，其中品牌形象设计塑造、渠道选择建设与互联网海外传播特点关系密切，特别是在中国品牌传播的重点方向——“一带一路”沿线国家和地区。

1. 品牌海外形象塑造和传播

中国品牌形象定位和内容策划有一些好的案例，但耳熟能详的成功案例很少，海外传播中更是缺乏令人印象深刻的经典案例。突出原因在于品牌传播的两个方面亟待提高，即全球化与本土化。

一是品牌的全球化、标准化不够“高大上”，即品牌形象的内涵不够，与品牌的国际潮流结合不够。当今品牌形象的国际潮流是什么？多位工商管理学界的国际知名学者在 2016 年“世界品牌 500 强”发布会上指出：“消费者会通过评估品牌是否有助于他们和他们孩子的未来来决定品牌的未来。欧洲的数据表明，1985 年后出生的人群中，将近 90% 的人希望品牌能体现出保护环境的责任。”“一个伟大的品牌要想可持续发展，必须与社会、自然和道德紧密相连。品牌成功的制高点是商业道德。”“品牌成功的前提是社会的成功和地球的健康。通过慈善活动来提升品牌形象的日子早已结束了。企业应转变思维模式，彻底实现工业流程变革，节约能源和资源，最终实现生态效益与可持续发展，从而真正地实现品牌的基业长青。”按照哈佛大学李维特教授提出的传播的全球标准化理论，全世界消费者的需求和欲望日益趋于一致，特别是互联网传播的广度和深度加速了全球消费者价值取向的趋同性。因此，促进全球可持续发展是世界范围内品牌的价值潮流。许多国际知名品牌的广告中常常看不到产品，只是在传递可持续发展理念，却给人留下了更为深刻的印象。苹果公司 CEO 库克 2016 年 3 月来中国访问期间，很少讲产品，却多次在重要场合表示，苹果公司的重要成就是公司实现 100% 使用绿色能源。这为企业的可持续发展理念做了很好的宣传。事实上，中国已有相当数量的企业十分重视可持续发展，但是还缺乏将可持续发展融入传播中的意识和能力。

二是品牌的本土化不够“接地气”，即品牌的内容策划、表现形式、媒体选择等策略方面与当地文化和社会需求结合不够。尽管人们的基本需求和欲望是趋同的，但是满足这些需求的方式却因国家和文化的不同而不尽相同，甚至有巨大差异，因此除了一些高科技产品、高端奢侈品适合全球标准化传播，大多数品牌需要同时做好品牌的本土化传播。文化通常被认为是宗教信仰、历史传统、政治法律环境、社会习俗等一切影响人的思维和行为的元素的集合。文化差异包括显性的语言差异和宗教信仰差异，也包括隐性的非语言差异和价值观差异等，是海外传播中关键的制约因素。宗教信仰对许多国家民众的行为方式和消费习惯有着重要影响甚至起到支配性作用，一些国家的宗教信仰又十分多元，产品形象设计需要谨慎顾及各个宗教信仰，切忌想当然。诸多国际知名品牌在传播内容和渠道策划中都根据品牌本土化传播的需要，从品牌名称、标识、广告、渠道等方面与当地文化元素结合。中国品牌的海外传播受起步晚、缺乏深度跨文化交流的传统以及缺乏相应人才等原因影响，本土化方面还有待进步。如某品牌在海外播放的一段中国洗衣机广告，使用“中国式幽默”，涉嫌触碰西方对残疾人尊重和关爱的社会道德底线，该品牌最终不但没有达到预期传播效果，还为此进行了公开道歉和赔偿。某鞋在出口海外市场时，其标识与某宗教领袖形象相似引发当地民众抗议，最后由中国驻该国大使馆出面解决才得以平息。渠道选择也同样存在本土化不够的问题。如笔者在印度尼西亚的北苏拉威西省首府美娜多的调研中，看不到中国品牌的宣传，而美国日用品、食品和韩国化妆品本地化的广告宣传随处可见。同时，在当地超市里，一些欧美的质量检测机构，结合当地的标准、检测和认证要求，对销售的本国日用品开展相关的检测和认证活动，并进行实地的宣传，反映了欧美、日韩的跨国企业和质量机构注重品牌传播形式和内容的本土化，通过各种内容和形式的品牌方案设计，形成了当地民众喜闻乐见的品牌推广体系。因此，我们在进行品牌国际传播的过程中，尤其要重视对不同文化的深入研究和品牌宣传投放前的严谨论证。“一带一路”沿线国家作为中国品牌走出去的重点区域，更是存在经济发展水平、社会环境、文化传统的巨大多样性，本土化传播尤为重要。

全球标准化与本土化之间如何取舍呢？事实上，二者各有特点和不足，根本上是互补关系。最易全球标准化的是传播战略、产品性能和品牌定位；处于模糊地位的是品牌名称、包装、广告等；几乎总是需要本土化地面向消费者的是销售和服务。传播理论界整合两种思路形成一个名词“Glocal”，即英文“Global（全球）”与“Local（本地）”的合成词，其意义可理解为“全球视角，本土执行”。美国的跨国公司只有 9% 使用了完全的全球标准化策略，37% 为完全的本地化策略，而其他 54% 采用了二者结合的策略。

2. 品牌海外传播平台和媒介选择

平台和渠道的选择是开展品牌海外传播的重要环节。与报纸、广播、电视等传统大众媒介相比，数字时代的品牌传播有其固有的优势，即传播面广、用户数量庞大、传播手段和传播层次丰富、时空限制弱、成本相对低廉。世界银行《2016 年世界发展报告：数字红利》指出："随着互联网的广泛应用，我们正身处人类有史以来最伟大的信息技术革命进程之中，充分利用这一变革契机发挥数字红利，建设更为繁华与包容的世界将成为可能。"近年中国"互联网 +"的普及和推广，以及跨境电商发展的提速，"互联网 +"必将是未来中国品牌国际推广的重要方式和媒介。

然而，互联网传播对于品牌来说既是机遇也是挑战。互联网的互动性、快捷性和自由度使受众与企业的接触点大幅增加。受众不再仅仅是信息的接受者，同时也是信息的发布者和传播者。很多情况下，无论是否真实，企业和产品的负面消息比正面信息传播得更快更远。这种现实对企业和其产品及服务提出了更高更全面的要求，也大大增加了品牌危机管理的工作量和复杂性。总的来说，中国企业还不擅长在海外全方位树立企业和产品的品牌形象，对于互联网互动缺乏能力和自信，很多企业选择只做不说或多做少说，不善于向当地媒体、智库、非政府组织和公众讲述企业的产品和企业为当地做的好事。按照奥美公司的定义，品牌根本上是产品与消费者之间的关系，而利用好互联网的企业则可以使品牌与消费者迅速建立紧密联系。如西门子通过微博、微信、线下三大渠道鼓励消费者用各种方式表达"饭后不想洗碗"的情绪，形成病毒式传播，迅速开拓洗碗机市场。星巴克用应用程序闹钟加打折服务，使消费者睁开眼睛就想到星巴克咖啡。此外，人与人之间的口碑传播也通过社交媒体与企业的传播行为交织在一起，尼尔森的数据显示，数字时代口碑传播的效果明显好于其他形式的传播，对消费者决策的影响力达到 68%。应该说，数字时代产品与消费者的关系更加透明，信息更加对称，更加凸显了品质的基础地位。

同时也要看到，许多国家互联网基础设施的发展状况还不容忽视。在发达国家，上网的人数达到全部人口的 80%；但在发展中国家，仅有 1/3 的家庭具备连接互联网的条件；在一些不发达国家，能够上网的人数还不到总人口的 10%。2015 年联合发布的报告显示，整体上看，全球仍有超过一半的人口不能上网。根据国家信息中心对"一带一路"沿线 64 个国家的信息化发展水平的测评（见表 3），从基础设施条件来看，沿线国家由于经济发展水平差距较大，信息化发展水平不平衡，绝大多数国家的宽带速度低。从不同区域信息技术应用的状况来看，中东欧国家的整体水平较高，西亚、北非和东南亚地区国家间差距较大，南亚和中亚国家信息化发展普遍落后。在对“一带一路”沿线国家实地调研中也发现，由于互联网发展的制约，以及智能手机普及率等因素的影响，许多地区还以“海报 + 传单 + 电视广告”为主流宣传形式。在巴基斯坦和孟加拉国，经常可以看到不同品牌的广告以当地民众喜闻乐见的歌舞为依托，在当地电视台滚动播放，使当地民众在耳熟能详的歌舞中熟悉了解相关品牌的产品，如美国洗涤用品、韩国电气产品。在滚动播

表 3　“一带一路”沿线国家信息化水平（加权分数）

排名	国家	ICI（信息通信业）基础				ICI应用					总分
		人均GDP	成人识字率	宽带速度	宽带资费	固定电话普及率	移动电话普及率	电脑普及率	固定宽带普及率	移动宽带普及率	
1	新加坡	7.08	9.69	10.00	9.89	8.80	12.00	10.86	10.12	12.00	90.44
2	爱沙尼亚	2.32	9.99	8.00	9.70	7.41	12.00	10.19	10.98	12.00	82.59
3	以色列	4.73	9.79	8.00	9.76	10.54	12.00	10.17	10.50	6.26	81.75
4	卡塔尔	10.00	9.74	4.00	9.84	4.47	12.00	12.00	3.85	12.00	77.90
5	白俄罗斯	0.77	9.98	6.00	9.66	12.00	12.00	7.40	12.00	6.60	76.41
6	巴林	3.13	9.58	6.00	9.78	5.02	12.00	11.68	7.12	12.00	76.31
7	克罗地亚	1.54	9.94	8.00	9.54	8.49	12.00	8.65	8.87	8.22	75.25
8	匈牙利	1.64	9.92	10.00	9.49	7.64	12.00	9.48	10.50	4.08	74.75
9	立陶宛	1.90	9.99	10.00	9.75	4.59	12.00	8.41	10.64	7.03	74.31
10	拉脱维亚	1.83	10.00	8.00	9.77	4.76	12.00	9.07	9.60	8.60	73.63
11	斯洛文尼亚	2.77	9.98	4.00	9.73	8.86	12.00	9.85	10.58	5.60	73.37
12	俄罗斯	1.21	9.98	10.00	9.90	6.29	12.00	8.77	7.18	7.91	73.24
13	捷克	2.31	9.91	6.00	9.80	4.43	12.00	9.69	10.68	7.54	72.36
14	阿联酋	5.42	9.39	2.00	9.63	5.64	12.00	10.85	4.90	12.00	71.83
15	保加利亚	0.91	9.85	10.00	9.58	5.69	12.00	7.15	8.58	7.97	71.73
16	塞尔维亚	0.69	9.82	8.00	9.15	8.92	12.00	8.09	6.41	7.33	70.41

续表

排名	国家	ICI（信息通信业）基础				ICI应用					总分
		人均GDP	成人识字率	宽带速度	宽带资费	固定电话普及率	移动电话普及率	电脑普及率	固定宽带普及率	移动宽带普及率	
17	斯洛伐克	2.14	9.96	6.00	9.72	3.89	12.00	9.94	8.93	7.14	69.72
18	沙特阿拉伯	2.74	9.48	6.00	9.76	3.07	12.00	9.88	4.60	11.88	69.41
19	罗马尼亚	1.20	9.89	10.00	9.77	4.84	12.00	7.88	7.57	5.93	69.08
20	摩尔多瓦	0.25	9.95	10.00	8.61	8.56	12.00	6.47	5.95	5.93	67.72
21	黎巴嫩	1.08	9.40	6.00	9.51	4.70	10.45	10.00	8.71	6.42	66.27
22	科威特	3.88	9.64	4.00	10.00	3.28	12.00	10.84	0.52	12.00	66.16
23	北马其顿	0.65	9.79	8.00	9.23	4.32	12.00	8.65	6.58	5.72	64.94
24	哈萨克斯坦	1.41	9.99	4.00	9.78	6.04	12.00	7.99	5.00	7.18	63.39
25	阿曼	2.10	9.12	6.00	9.75	2.56	12.00	10.37	2.15	8.84	62.89
26	波兰	1.67	9.99	2.00	9.78	2.72	12.00	9.59	7.45	7.48	62.68
27	泰国	0.78	9.68	10.00	9.11	1.93	12.00	4.19	3.54	9.59	60.82
28	格鲁吉亚	0.51	9.99	10.00	8.81	5.40	12.00	5.65	5.60	2.62	60.58
29	阿塞拜疆	0.74	9.99	4.00	9.53	4.57	12.00	6.38	7.56	5.62	60.39
30	黑山	0.86	9.88	4.00	9.25	6.08	12.00	6.75	6.92	3.72	59.46
31	马来西亚	1.31	9.47	4.00	9.26	3.51	12.00	8.21	3.43	7.00	58.19
32	文莱	4.90	9.61	4.00	9.58	2.19	12.00	11.36	3.06	0.76	57.46
33	乌克兰	0.28	9.99	8.00	9.77	5.29	12.00	6.47	4.52	0.90	57.22
34	波黑	0.56	9.86	6.00	9.55	4.94	10.82	5.56	6.36	3.34	56.99
35	土耳其	1.22	9.51	4.00	9.77	3.67	11.52	6.91	4.74	5.12	56.46
36	马尔代夫	1.03	9.94	6.00	9.30	1.50	12.00	8.14	2.48	5.87	56.26
37	亚美尼亚	0.47	9.98	4.00	9.23	4.51	12.00	6.36	3.67	4.10	54.32
38	伊朗	0.91	8.70	2.00	9.84	9.36	11.21	6.48	4.16	1.28	53.94
39	埃及	0.48	7.39	10.00	9.00	1.80	12.00	5.57	1.73	5.22	53.19
40	越南	0.28	9.46	8.00	9.55	1.55	12.00	2.53	3.12	3.72	50.21
41	蒙古	0.53	9.85	4.00	9.47	2.14	12.00	4.42	2.73	3.72	48.86
42	巴勒斯坦	0.27	8.01	4.00	8.75	2.19	9.31	5.56	2.31	6.00	46.40

续表

排名	国家	ICI（信息通信业）基础				ICI应用					总分
		人均GDP	成人识字率	宽带速度	宽带资费	固定电话普及率	移动电话普及率	电脑普及率	固定宽带普及率	移动宽带普及率	
43	菲律宾	0.39	9.64	8.00	7.88	0.73	12.00	2.53	1.30	3.36	45.83
44	约旦	0.66	9.55	4.00	8.13	1.17	12.00	6.31	1.59	2.29	45.70
45	斯里兰卡	0.53	9.27	6.00	9.64	2.95	12.00	2.20	1.19	1.56	45.34
46	阿尔巴尼亚	0.53	9.77	2.00	9.61	1.73	12.00	2.90	2.91	3.71	45.16
47	吉尔吉斯斯坦	0.15	9.96	2.00	7.25	1.75	12.00	2.17	1.42	8.22	44.92
48	土库曼斯坦	0.93	9.97	6.00	8.94	2.95	12.00	1.23	0.02	1.13	43.17
49	印度尼西亚	0.45	9.40	2.00	9.25	2.14	12.00	2.20	0.42	4.16	42.02
50	不丹	0.34	6.50	6.00	8.90	0.69	10.45	2.70	1.36	3.38	40.32
51	乌兹别克斯坦	0.29	9.96	2.00	8.82	2.07	8.80	1.11	1.37	2.87	37.29
52	塔吉克斯坦	0.12	9.98	2.00	8.68	1.30	11.83	1.23	0.03	1.14	36.31
53	柬埔寨	0.16	7.73	6.00	6.73	0.40	12.00	1.31	0.20	1.68	36.21
54	印度	0.21	7.13	6.00	8.68	0.49	9.46	1.60	0.51	0.66	34.74
55	叙利亚	0.53	8.65	2.00	2.12	4.49	7.49	5.88	1.20	0.68	33.04
56	东帝汶	0.15	5.84	6.00	6.16	0.06	12.00	1.23	0.03	0.07	31.54
57	尼泊尔	0.10	6.41	2.00	7.14	0.73	11.61	1.01	0.41	2.09	31.50
58	巴基斯坦	0.19	5.80	4.00	8.92	0.39	8.03	1.96	0.36	0.61	30.26
59	孟加拉国	0.16	6.17	2.00	8.68	0.13	10.00	0.85	0.92	0.77	29.68
60	老挝	0.24	8.00	2.00	6.94	3.35	6.37	1.30	0.20	0.55	28.95
61	也门	0.19	6.77	2.00	7.57	1.15	8.16	1.23	0.59	0.58	28.24
62	伊拉克	0.62	7.93	2.00	0.93	1.37	11.26	1.23	0.00	0.43	25.77
63	缅甸	0.16	9.32	2.00	2.12	0.24	9.20	0.42	0.13	1.79	25.38
64	阿富汗	0.08	3.82	2.00	0.00	0.08	7.39	0.33	0.00	0.38	14.08
平均值		1.37	9.12	5.47	8.65	3.88	11.33	6.05	4.41	5.10	55.39

资料来源：国家信息中心“一带一路”大数据中心.“一带一路”大数据报告（2016）[M].北京：商务印书馆，2016.

放的电视节目中，鲜有中国的产品宣传。此外，“一带一路”倡议提出多年以来，中国对沿线国家投资增长迅速，旅游人数、留学生数量大幅度增加，人员双向交流明显增强；许多国家开始用脸书、微信等社交工具，提高了口碑传播的概率，为品牌传播创造了更多渠道和机会。因此，在明确“互联网+”是中国品牌在海外传播未来发展趋势的前提下，应基于目标国当前的实际情况开展品牌宣传媒介的选择和构建。

综上所述，品质决定品牌的内在基础“硬实力”，国家质量基础在打造品质、支撑品牌方面具有核心价值和基础作用。品牌服务体系和传播体系为品牌的“软实力”，提升和完善服务和传播体系对于在海外打造中国品牌尤为重要。

三、关于数字时代品牌国际传播的建议

（一）牢固树立以品质为核心的品牌国际传播理念

习近平主席提出的“推动中国制造向中国创造转变、中国速度向中国质量转变、中国产品向中国品牌转变”的“三个转变”理念，为中国品牌海外传播指明了根本方向。品牌传播，其本质是产品推广过程中品质表现形式和传播渠道的构建，而最终承载品牌持续发展的是以质量铸就品质、品质打造口碑、口碑支撑品牌的内生传播动力。我们无论开展何种形式的品牌传播，都不能替代以品牌内在品质为根本的理念，不能忽略中国品牌“走出去”的根本支撑是产品的质量和服务，切不可夸大互联网等品牌传播渠道的力量，不可舍本逐末。以国家质量基础理念为根本，沉心静气、凝神聚力，塑造品质、夯实品牌，才是品牌国际化扎实稳健的发展之路。

（二）以国际标准和标准认证为基础推动品牌传播

中国品质能否得到国际市场的认可需要与之相配套的认证认可制度支撑。中国品牌的国际推广，需要建立与ISO的“互认共通”，需要推动企业积极参

与国际普遍认可的专业检验检测，以此作为产品品质确认的第三方保障，提高国际市场上消费者的信任度。同时，要鼓励企业通过自主创新在优势领域参与国际标准制定。互联网条件下，“互联网＋认证认可检验检测”使企业生产全过程都可以实现事前的监管设计和全程监控，既可以减少后期品牌传播过程中的风险，也可以利用认证检验这一过程推动品牌传播。

（三）将促进可持续发展作为中国品牌全球传播的核心价值

中国品牌的全球化需要品牌价值理念的全球化。在参与全球化进程中，许多中国企业提供了优秀的产品和服务，也积极履行了企业社会责任，为当地可持续发展做出了积极贡献，但往往没有主动在当地和国际上形成话语权，好的产品和企业形象没有得到有效传播，没有形成应有的品牌效应。联合国于 2015 年通过“2030 年可持续发展议程”，整合经济、社会、环境三大领域目标，将可持续发展上升到全球共识的高度，也使可持续发展成为更多世界知名跨国企业的旗帜。中国企业不仅需要在投资和生产中更好地融合可持续发展理念，也应在传播中大大方方地将促进可持续发展作为中国品牌的核心价值，在品牌定位、品牌个性、广告主题等方面充分体现可持续发展理念和行动，在与当地媒体、智库、非政府组织、民众的传播沟通中主动宣传可持续发展行动和愿景，使中国品牌赢得道德高地。

（四）量身定制适合各国国情的本土化品牌传播方案

品牌国际化既是经济行为，也是文化行为。本土化是品牌国际化过程中克服文化障碍、提高沟通有效性的根本途径。对于品牌传播对象国国情和市场的研究是品牌国际传播策略的核心，要对目标国进行立体化、多维度的考量，重点包括三个层面：一是政治经济环境；二是社会文化背景；三是法律法规体系。要结合目标国经济发展水平、人口结构、居民收入、受教育水平等因素，充分考虑该国民族特有的宗教、文化背景，选择更适宜的品牌传播内容和形式。在“一带一路”沿线国家，要坚持“共商、共建、共享”原则，确立长期发展战略，学习知名跨国品牌的发展路径，实现在当地研发、生产、销售一条龙，深度参与当地经济发展，真正实现中国品牌扎根“一带一路”沿线国家。

（五）运用数字新技术健全品牌海外保护机制

中国品牌国际化的一大障碍是，一些假冒伪劣产品充斥海外市场，特别是在非洲和我国周边的发展中国家，许多消费者对中国制造形成的“价廉质劣”的负面印象，影响到中国产品整体形象。究其原因，既有这些国家的消费水平为这些低端产品提供了市场，而这些国家政府监管能力不够，无法有效监管市场的影响，也有一些中国企业和公民利欲熏心，违法违规，危害中国产品甚至国家整体形象。因此，我国政府应主动与有关国家政府和执法机构沟通，加强对此类行为的联合打击，并建立制度化的品牌海外保护机制。品牌保护措施过去常常因技术手段不足而难以落实，但区块链、大数据等数字新技术的应用可以为监管提供新的技术手段。

（六）准确把握各国互联网基础设施现状和未来

数字时代的品牌国际传播，需要客观研究目标国的互联网基础设施发展水平、受众人群对互联网终端的保有量和应用水平，在准确把握互联网发展水平的前提下，形成有效的传播方案。各国信息化水平差异巨大，以“一带一路”沿线国家为例，信息化率平均值为55% ，但新加坡的信息化率高达90%，而巴基斯坦的信息化率只有30%，因此在此类国家开展品牌宣传，需要将基于互联网及数字信息技术的新媒体与传统的报刊、彩绘广告、条幅或宣传单等纸媒相结合。从中长期来看，随着“一带一路”信息基础设施联通项目带给这些国家互联网基础设施水平的快速提升，要加强对品牌传播的前瞻性布局，逐步扩大对品牌潜在消费群体的影响力。

（执笔：蒋希蘅、谭晓东）

参考文献

[1] 余明阳，朱纪达，肖俊崧.品牌传播学[M].2版.上海：上海交通大学出版社，2016.

[2] 国家信息中心"一带一路"大数据中心."一带一路"大数据报告(2016)[M].北京：商务印书馆，2016.

[3] 佚名.中国企业品牌建设八大战略[J].企业标准化，2006(11)：54-55.

[4] 李伟.借力互联网，推动实现普惠、共享、共赢发展[N].中国经济时报，2017-12-5.

专题报告十

数字时代的品牌传播支持保障体系

摘要：互联网及数字信息技术的出现与应用深层次地实现了品牌传播体系的重塑，品牌传播的观念、方式、路径、受众范围也随之发生了全方位的变化，创造了全新的传播模式，即品牌传播架构从整合式向聚合式转变、品牌传播路径从宣讲式向对话式转变、品牌传播对象从封闭式向互动式转变。就现阶段我国数字时代的品牌传播而言，其支持保障体系还处于探索起步阶段，尽管取得了一定建设成效，但总体上尚未形成健全和良性的传播生态，主要体现在数字时代品牌传播的配套政策尚不健全，品牌传播的市场机制建设比较滞后，企业利用互联网媒介拓展品牌传播体系、创新品牌传播模式的意识比较薄弱，品牌专业技术与专业人才支撑不足等方面，亟须进一步从完善政策供给与法规保障、健全市场体系与制度环境、强化新媒介与信息化支撑、扶持领军企业与推广平台、培育人才队伍与民众意识等方面加以改善。

互联网及数字信息技术的出现与应用深层次地实现了品牌传播体系的重塑，品牌传播的观念、方式、路径、受众范围都发生了全方位的变化，创造了全新的传播模式，即品牌传播架构从整合式向聚合式转变、品牌传播路径从宣讲式向对话式转变、品牌传播对象从封闭式向互动式转变。与传统传播媒介相比，互联网给予了品牌传播更加开放的传播环境与更加多元的传播载体，同时也实现了传播内容的个性化和传播形式的多样化，相应催生了新的传播技术与业态，进一步提升了受众的品牌体验，也使得品牌的差异性对于企业品牌价值而言更加重要。

就现阶段数字时代的品牌传播而言，其支持保障体系还处于建设起步阶段，尚未形成良性的品牌传播环境，主要体现在以下几个方面。

一是数字时代品牌传播的配套政策还不健全，缺少基于互联网及数字信息技术的品牌传播研究与顶层部署。现有品牌建设与传播政策多基于传统媒介范畴，针对数字时代的品牌建设与传播体系还缺少政策导向与政策扶持，品牌传播中的行为规范与相关知识产权保护力度比较薄弱；同时在市场监管与法治环境建设方面还基本处于空白状态，导致品牌模仿、抄袭以及虚假品牌宣传等问题日益严重，极易误导消费者的认知，给品牌企业造成品牌价值和形象上的巨大损害。

二是品牌传播的市场机制建设比较滞后，尚未形成良性、公平的市场竞争环境，缺乏稳定的品牌服务供需机制建设。品牌传播难以在市场中得到有效的价值增值与价值提升保障，企业品牌发展与品牌创新的积极性受到较大影响。

三是企业利用互联网及数字信息技术建立品牌传播体系、创新品牌传播模式的意识还比较薄弱。品牌传播的技术、资金与专业化人员支撑不足，品牌建设还未普遍纳入企业的研发成本。同时，数字时代领军型的品牌驱动型、文化驱动型企业还未广泛出现，其先导示范与引领带动作用尚未得到充分发挥。

四是品牌相关的专业技术保障能力不强，欠缺完善的品牌技术体系与品牌管理体系，使得企业的品牌建设与品牌传播欠缺规范性和专业性。

五是品牌传播内容的同质化问题日趋严重，品牌传播方式与策略也缺乏针对数字时代进行的优化与创新，使企业容易陷入低质、恶性的竞争之中。

此外，数字时代品牌线上与线下传播还缺少高效的互动，大量企业的线上宣传与线下体验处于脱节状态。线上展示的品牌内容、品牌服务与线下的品牌体验不符，上下联动的传播机制尚未建立，容易造成消费者品牌信任度的下降。

综上所述，数字时代的品牌传播保障体系是对品牌价值在市场中运行和增值过程的保护，目的是通过技术、政策与法律法规等手段，使上述运行和增值过程更趋规范化、标准化，并在很大程度上能够获得稳定的预期。对此，我国的基础尚显薄弱，亟须从构建和完善国家品牌战略的高度，对数字时代的品牌建设与传播保障体系进行系统建设。

一、数字时代品牌传播战略的支持保障体系构成

（一）政策制度保障

一是数字时代的品牌型企业扶持政策，即以扶持生产类和服务类品牌企业建设为核心的政策体系，包括为企业创造税收减免机制、进行品牌专业技术人才培训等。二是数字时代的品牌价值推广政策，即以促进生产类和服务类品牌企业输出和宣传品牌价值的政策体系，包含组织行业范围的品牌高峰论坛、设立“中国品牌日”、对优秀品牌型企业或产品进行宣传报道等。三是数字时代的品牌公共服务政策，包括为企业提供信息化共性技术服务平台及设备支持等。四是数字时代的品牌法律法规体系保障，包括具体生产或服务领域的品牌法律内容、品牌法治信息化建设、品牌设计与传播过程中的知识产权保护和违法追责处罚机制等。

（二）市场机制保障

一是数字时代的品牌劳动力市场，即构建数字时代品牌经济的人才供需环境，用以实现品牌开发与设计体系的人力资本支撑。二是数字时代的品牌商业市场，即构建数字时代品牌经济的产品与服务供需环境，用以配置品牌流通与传播过程的终端产品与服务支撑。三是数字时代的品牌资本市场，即构建数字时代品牌经济的投融资环境，用以建立品牌金融体系与各类品牌投融资交易等。

（三）基础设施保障

一是数字时代的品牌传播技术设施，如品牌大数据系统、品牌云计算技术服务平台等。二是数字时代的品牌传播教育设施，如品牌管理类专业和培训机构、品牌线上知识库、文化设计图书馆等。三是数字时代的品牌传播推广设施，如品牌设计展览馆、文化与艺术设计交流中心、线上品牌咨询和品牌教育网络、现代品牌与产品博物馆等。

（四）民众意识保障

一是数字时代的品牌认知观念，如品牌文化环境、消费者对于品牌体系下产品质量与配套性服务的了解和应用等。二是数字时代的品牌消费意识，如重视和尊重品牌化发展的社会氛围与价值观环境、品牌保护意识和保护行为等。三是数字时代的品牌传播和品牌价值引导，如专业性品牌推广组织、系统的品牌研究与品牌价值评估、品牌培训服务等。

二、我国数字时代品牌传播支持保障体系建设存在的主要不足

（一）政策建构尚不完善

进入21世纪以来，特别是“十一五”之后，尽管国家发展和改革委员会、工业和信息化部、文化和旅游部以及有关地方政府纷纷出台促进品牌发展的指导性文件，但以“技术驱动型”和“加工驱动型”为主体的两类生产服务企业普遍仍处于低附加值输出的旧有模式之下，未能找到实施品牌化发展和对外品牌传播的有效路径，切实拓展和强化品牌研发、设计与传播体系的操作性政策总体较少。就上述重点类型企业实施品牌化发展的外部环境而言，尚未形成良性的市场氛围与竞争环境，缺少具有顶层指导性的品牌发展规划与相关政策体系支撑。从地域视角看，虽然我国一、二线城市文创产业发展已初步带动了品牌消费规模的提升，但在三、四线城市及欠发达区域的品牌产品体系建设和品牌消费观念还比较淡薄，品牌传播范围因而受到很大

制约。在数字时代，去中心化、去中介化已成为品牌传播的新趋势，品牌主体开始与受众共建品牌，品牌传播开始由固定媒介向企业自媒体和消费者交互媒介快速转换，其背后是品牌传播渠道、方式和手段的变化，品牌政策的语境也需要相应进行转换，用以构建开放、互动、公平的品牌经济环境。与此同时，由于品牌建设属于技术与文化交叉领域，多头管理的问题长期以来仍比较突出，包括国家发展和改革委员会、科学技术部、工业和信息化部、文化和旅游部等主管部门都曾出台有关品牌领域建设的文件，导致政策之间缺乏系统性与连续性。此外，对于大量中小微型生产和服务企业而言，实施品牌建设与推广传播的成本还比较高昂，需要有效的投融资渠道和品牌技术共性服务平台等作为支撑，而现有品牌政策在共性研发、市场以及平台化服务等方面的建设还很不完善。

（二）市场机制建设滞后

从生产环节看，目前我国在品牌领域涉及的知识产权保护以及相关的产品外观专利、实用新型专利和发明专利等方面的规则和管理体系还比较松散，导致在互联网信息扁平化与高度开放和共享环境下，品牌保护往往力不从心。以产品外观设计为例，尽管近年来我国产品外观设计专利年均增长率超过30%，但由于专利条款设置上存在大量如仅限定产品造型细节的视觉性雷同数量等相对模糊和松散的规则，使得产品模仿、品牌仿冒的现象由于侵权成本过低而成为常态，品牌型企业的产品设计研发投入难以在市场环境中得到真正有效的保护与增值，削弱了这些企业创新的积极性，也使相应领域往往陷入低质和低价的恶性竞争之中。从消费环节看，我国在有关民众的品牌消费意识、促进品牌引领高品质生活方式的价值认知方面还很不成熟，对于功能性消费基础上的文化性消费培育，特别是对于高效、理性与身份认同的品牌生活方式的宣传、推广与普及工作相较于德国、日本等品牌强国还存在明显差距；加之社会工业化体系在我国现阶段经济形态中还不健全，导致我国的品牌化市场供求结构缺乏稳定性与连续性，品牌市场机制的建设总体上比较滞后。与此同时，虽然数字时代电子商务的快速发展为消费者购买品牌商品提供了更大便利与更多选择，但也相应带来了新的问题与挑战，即品牌创新保障难度的加大。目前，我国已成为全球最大的电商零售市场，其中制假售假的问题还没有从根本上得到遏制，导致品牌原创价值的传播受到很大影响。应该看到，使品牌原创性受到合理保护仅靠事后责罚远远不够，需要建立制度性的事中监管，以及企业、网购平台、消费者、社会组织等各方的联合发力。此外，我国品牌领域的专业化人员队伍建设还处于起步水平，人员流动性较大、专业化水平不高、高校中的品牌教育专业尚未建立等问题，削弱了品牌领域的人才支撑。

（三）企业品牌意识薄弱

首先，绝大部分国内生产与服务企业对于长期以来秉持的“引进—消化”思路下的模仿性、抄袭性品牌设计产生了高度依赖，特别是在数字时代获取信息便利度大幅上升的情况下，在产品与服务开发阶段的品牌研发投入便出现明显不足，缺少在品牌服务内容、产品设计原型、用户生活方式研究等方面的深度研发和技术、人员储备。由于品牌体系建设需要长期的资金投入与制度性变革，使得企业往往满足于从事微利加工、贴牌生产，一味采用价格策略抢占中低端市场，在很大程度上放弃了价值链上游的产品研发、设计与价值链下游的品牌营销与传播等高附加值环节，导致自身的市场空间局限在较小范围、较低层面，只能采用跟随策略，产品创新体系无从构建。这对于企业的品牌价值建设与品牌化发展而言十分不利。在我国中小微企业占绝大多数的情况下，生产规模的限制与经营能力的不足使得企业的从众化特征明显，看中短期利润、忽视核心价值的短视行为极易传导。其次，长期以来单一的技术指标和营销反馈等数据性评价机制主导着我国生产与服务企业的经营战略，企业管理者和投资者尚未真正认识到在体验型消费模式变迁下的品牌建设对于提升产品与服务附加值以及培育新兴消费市场的重要作用。最后，领军型的品牌驱动与设计驱动型企业还未大量出现。目前，我国生产与服务企业中还缺少像苹果、索尼等以品牌与设计为核心的品牌型制造企业，以及如国际商业机器公司、甲骨文公司等以提供品牌化技术解决方式为核心的品牌型服务企业，这类企业凭借品牌价值与产品原型层面的创新，不仅实现了自身的快速发展，同时还在不同程度上推动了金融、制造、物流、交通、人工智能等领域的快速进步，触发和促进了新兴产业领域的形成，其先导示范与引领带动作用十分明显。我国在品牌制造与品牌服务领域尚处同质化竞争阶段，品牌领军企业对整个品牌领域发展的辐射与带动效应还相对缺失。

（四）专业技术能力不足

一方面，欠缺完善的品牌专业技术体系。作为典型的资本密集型和智力密集型业态，品牌经济的理论和实践应用体系尚未在我国政府以及企业的研发、生产与销售环节中得到广泛运用，致使我国传统生产企业尝试借助品牌实现经由 OEM（原始设备制造）、ODM（原始设计制造）、OBM（原始品牌生产）、OSM（原始标准生产）的转型升级时，无法对相应的品牌经济要素进行高效开发、统筹和培育，品牌实力与相应的产品设计水平因而难以准确应对和有效对接市场需求。在品牌技术引进与消化吸收方面，国内企业的技术转化还缺少定向的资金投入与共性技术平台的支撑，导致技术消化、迁移能力以及技术外溢效应受到很大限制。另一方面，欠缺自主设计与技术原型对于品牌建设及其推广传播体系的有力支撑。在数字时代，品牌要素的流动性与开放性显著加强，支撑品牌的技术、质量和服务被其他企业学习和掌握的难度大大降低，技术要素生命周期逐渐缩短。在此背景下，自主品牌设计与品牌技术原型的开发就成为保持品牌竞争优势的关键所在。由于我国企业在品牌原型方面的研发能力还处于较低水平，在品牌建设中吸收前期研发成本投入的能力偏弱，导致品牌在生产和服务体系中“将市场与技术语言转化为产品语言”以及“将产品技术含量转化为产品文化价值”的核心价值转换职能严重受限。企业品牌创新往往仅停留在产品外观样式或服务表现形式等较浅层面，缺乏在技术和设计原型支撑下对于产品功能与体验方式的深层次开发和应用，导致产品和服务的同质化现象十分普遍。

三、推进我国数字时代品牌传播支持保障体系建设的若干建议

（一）完善政策供给与法规保障

首先，要做好顶层制度设计，以品牌经济的规范化发展作为促进数字时代产业创新与融合的先导，在充分借鉴发达国家品牌建设经验基础上，可以考虑组建政府性品牌促进部门，统筹品牌经济与推广传播相关政策规划与重点项目。其次，要加快制定国家层面的品牌发展战略规划纲要，明确品牌建设重点方向、目标和阶段性工作重心，实施重点领域品牌振兴发展规划。最后，要着力推动品牌领域法律法规体系建设，完善重点领域的品牌法治环境，强化品牌设计与传播过程中的知识产权保护与违法侵权的追责惩罚措施，为企业创建完善的市场竞争机制和法律环境保障。在数字时代，由于知识与资源越发趋向扁平化，无论制造业还是服务业，其产业链条的价值重心都明显向上游的研发设计和下游的营销体系进行转移，知识产权逐步取代技术优势成为承载产品高附加值的重要角色，品牌价值的差异性也由此得到体现。推动品牌领域立法体系建设，目的是保障各类品牌创新主体权益、规范品牌竞争边界、创建培育品牌价值原型、加快品牌公共服务落地，逐步构建健康良性的品牌市场秩序。

（二）健全市场体系与制度环境

首先，要通过实施重点领域政策引导，使传统制造、加工和服务企业在产业链的增值环节导入品牌研发设计过程，增强上述领域产品与服务体系的附加值含量，用以满足生活方式变迁背景下市场结构与受众消费结构的变化，建立品牌引领企业升级的市场理念；要立足于我国具体国情，改革体制机制，构建国家创新体系，引导和扶持企业进行品牌创新；要持续加大品牌创新投入，部署产业层面的品牌发展战略和品牌创新基础设施建设，完善和优化品牌推广与传播路径，构建鼓励创新、公平诚信、良性竞争的品牌市场体系和

品牌文化氛围。其次，在数字时代，要着手从国家层面推动一批具有代表性的品牌型城市与企业试点，通过线上评选与网络推广等方式，引导品牌要素聚集，并对入选城市或企业给予政策和资金上的优惠支持。在此过程中，要重视品牌领域的资本运行机制建设，将培育品牌领军企业不断涌现作为政策建设的重要基点，以此为基础建立完善的品牌金融体系，为品牌企业的投融资活动以及品牌传播提供金融资本保障。再次，要针对高科技类产业和重点战略新兴产业，进一步完善数字时代的品牌创新扶持政策和品牌科技企业认定工作，把文化科技项目纳入国家年度科技领域发展规划，积极利用信息化、云计算等网络技术为科技企业实施品牌创新提供技术支撑。最后，要多点发力构建和优化市场监管体系，可以通过建立电商平台与权利人、商户、消费者、监管部门等多主体构成的监管与打假平台，公开数据共享信息，助力企业和消费者进行品牌维权，构建品牌评估的大数据系统，使模仿复制、制假售假的山寨企业和品牌诚信度较差的企业没有生存与发展空间。对日益占据销售渠道主流的电商平台加强监管，制定销售标准与信用体系，提高品牌侵权成本。

（三）强化新媒介与信息化支撑

一方面，要积极借助各类新媒体手段，依托智能化、云计算与大数据等现代信息技术，创新数字时代品牌传播技术环境。伴随微博、微信、网络社群等新媒介的广泛出现，品牌传播体系的层次与结构都发展了显著变化，品牌社群化与圈层效应更为明显，加之移动互联网的快速发展，借助移动应用、二维码等方式，使得这种趋势进一步深化，同时品牌传播的速率和精准化程度也得到大幅提升，有助于品牌与受众建立深层次的互动与认同，同时使企业能够在品牌传播过程中不断学习受众的思维方式与消费习惯，持续改进和完善品牌内容与传播策略，强化受众的品牌黏性与品牌忠诚度。另一方面，要提高对新媒体和移动互联网时代品牌传播的政策引导与市场监管，将建设专业化与公平开放的市场传播环境作为核心目标。过程中要加强对新媒体和移动互联网时代的企业品牌传播行为的约束和规范，加快研究制定相关法律法规，规范品牌传播过程中的用户数据采集、使用和后期处理流程，保障用户隐私与信息安全，遏制对用户信息的非法获取与买卖行为。

（四）扶持领军企业与推广平台

首先，要高度重视品牌领军企业的带动与辐射作用，在数字时代积极利用网络社区与各类新媒体平台，重点在科技、金融、制造、旅游、环保等领域培育和扶持品牌龙头企业，打造品牌观念与品牌文化，引导企业加强以服务、质量、创新、信誉为核心的品牌经营意识，培育和形成一批国内外知名的国家级品牌，并建立相应的品牌原型研发、设计、物流、传播与交易运作体系，提高品牌领军企业的市场竞争力与价值辐射力。其次，要推动文化创意类产业与传统产业实施合作的共性技术研发创新平台建设，鼓励在科研领域成立品牌实验室与品牌技术研发中心，加大品牌共性技术的市场供给水平与公共服务水平，提高企业的品牌价值研发能力与品牌要素集成能力，构建以市场为导向、以企业为主体、“政产学研商”资源相结合的品牌共性技术创新体系。深入开展文化创意与科技领域的融合性创新研究，为传统产业提升品牌附加值提供路径与技术支持，促进围绕品牌领域的产业集群化发展，建设具有全球影响力的创新设计产业集群，大力鼓励制造业企业建立工业设计研发中心，鼓励服务业企业建立服务设计、交互设计研发平台，使传统代工型、加工型企业以及技术驱动型企业不断向设计驱动型、品牌驱动型企业进行转变。最后，要借助数字时代信息互联互通的优势，积极探索建立多元协同的开放式集成创新模式，构建多领域融合、多技术集成的品牌研发与创新平台，推动品牌型企业与国内外高校、智库、科研院所、金融机构以及各类创新基金开展战略共建与品牌建设推广合作，形成优势互补、风险共担、利益共享的品牌共建模式，加快品牌研发与品牌设计成果转化，同时完善信息化、数字化的技术配套支撑。

（五）培育人才队伍与民众意识

一方面，要实施培养和引进相结合，加快品牌领域专业人才队伍建设，促进国际人才交流合作，加快品牌领域人力资本要素的流动与转化，提升品牌创新活力与人力资本储备，建立健全品牌生产企业、品牌服务企业的人才双向流动机制。在智力密集型与资本密集型产业领域积极培养和吸引国内外高层次品牌领军人才和文化复合型人才。在数字时代建立品牌专家人才库，把具有品牌知识背景、品牌技术背景的人才纳入国家人才政策支持范畴，推进文化创意与设计服务领域的职业资格认证机制与社会保障机制建设，在子女教育、看病就医、住房保障等方面给予倾斜。同时，要加大品牌研发、设计与传播过程的软硬件投入，为品牌人才的团队化建设以及品牌战略研究咨询机构的发展提供支撑性条件。在教育领域推动高等院校开展品牌学科建设，支持有条件的院校设立品牌专业；鼓励社会研究机构、智库开展面向企业的品牌咨询与推广传播体系研究，加强对企业管理者和员工的品牌培训，持续提升品牌企业与专业化品牌服务咨询机构从业人员的能力和素质。另一方面，要加强线上和线下的双向品牌宣传，培育民众品牌认知，营造品牌消费氛围。通过组织和举办公益性品牌宣传活动，如网上品牌展会、线上品牌博物馆、网上品牌产品交易会等，使民众能够不受时间与空间限制体验品牌及其产品对于生活方式的积极影响。同时，通过开展公益性的品牌培训，传递品牌在提高生活品质与效率方面的重要价值，提升企业管理者与民众对于实施品牌化发展、使用品牌化产品与服务方面的认同，强化品牌经济对消费结构与消费模式升级的促进作用。

（执笔：李曜坤）

参考文献

[1] 约翰逊，卡尔森. 现代品牌建设与管理［M］. 李桂华，等译. 北京：经济管理出版社，2017.

[2] 蒋晓东，宋永军. 创品牌：移动互联网时代的品牌转型、打造与传播［M］. 北京：机械工业出版社，2016.

[3] 舒咏平，郑伶俐. 品牌传播与管理［M］. 北京：首都经济贸易大学出版社，2007.

[4] 李丹. 移动互联环境下的品牌传播策略研究［J］. 传媒观察，2017（7）：35-36.

专题报告十一

构建数字时代品牌传播的效果评估体系

摘要：对传播效果进行评估成为数字时代品牌传播非常重要的一个环节，它为品牌传播的行为、过程和结果提供了一条衡量的准绳，为品牌传播的管理者对现在和将来的品牌传播战略做出调整提供重要决策参考信息。如何进行数字时代的品牌传播效果评估？本专题报告提出以传播效果评估为主体，经济效果评估、社会和文化效果评估为两翼的“一体两翼”效果评估体系。其中，传播效果评估以质量和服务为着眼点，在认知、态度和行为这三个层面上分析受众对某品牌传播的反馈。经济效果评估以有形资产和无形资产为抓手，测量品牌传播的经济效应。社会和文化效果评估以技术创新为出发点，对品牌传播所引起的社会文化、教育等方面的作用进行预测。品牌传播效果评估的重要性使得品牌传播效果评估市场出现了一些不规范的现象。同时，新媒体技术及其运用正处在高速的变革之中，品牌传播效果评估体系本身的健全、完善和统一是一个渐进的过程。外部和内部的种种因素影响着品牌传播效果评估的科学性、客观性和公正性。这些问题的解决需要政府、传媒机构、企业、协会和受众的共同努力，为中国品牌的价值提升营造一个风清气正的良好环境。

在数字时代，信息传播在即时、便捷之外最大的特征是参与性和互动性的强化。以社交媒体为代表的新媒体信息传播方式能在极短的时间内得到扩散和回应，影响的范围更广，引发的各类效应更加丰富。而在各类效应中，大部分的传播效应是在接受者的头脑中发生的。因为大脑处理信息的特殊性，人们一般无法完整回溯他们何时何地接受了哪些信息，也无法清楚解释传播究竟对其态度甚至行为造成了怎样的影响，这就是传播过程的“黑匣子”。因为“黑匣子”的存在，人们只能较好地描述品牌传播的输入端（或者称其为投入），并试图界定好相应的输出端（或者称其为产出），随之设计出一些比较容易观察和测量的评估因素，例如，媒体暴露的数量或时机、覆盖区域、有形资产等。然而，“黑匣子”内部是如何运行的？到底哪些因素产生了影响？影响程度如何？类似这些问题还在激励着科学家们从认知传播、实验心理等多个角度解开奥秘。

在这个探索过程中，需要科学、全面、具体地获取和分析受众对品牌传播活动的反馈数据，精确测量受众对品牌的认知度及相应的心理和行为改变。郇玉萍指出，面对历史性的发展机遇，借助大数据技术，品牌传播和营销人员可以对来自互联网的那些原本纷繁无序的数据进行整合、分析，以解释各种现象背后的原因，并预测事物的发展趋势，推断出其发展规律。这为企业的品牌传播、产品迭代、公关策略的调整等提供了依据。

2014 年 1 月，经 ISO 批准，ISO/TC 289 正式成立。其由中国担任秘书国，旨在以有形资产、无形资产、质量、服务、技术创新这五要素为基础，建立并推行一套全球认可、科学公正的品牌评价标准体系。为此，本课题组提出以传播效果评估为主体，经济效果评估、社会和文化效果评估为两翼的“一体两翼”效果评估体系。其中，传播效果评估以质量和服务为着眼点，在认知、态度和行为这三个层面上分析受众对某品牌传播的反馈。经济效果评估以有形资产和无形资产为抓手，测量品牌传播的经济效益。社会和文化效果评估以技术创新为出发点，对品牌传播所引起的社会文化、教育等方面的作用进行预测。

一、数字时代品牌传播的效果评估原则

（一）效果评估的目标取向

为品牌传播进行效果评估存在多种目的。首先，从组织的角度来看，管理层可以把效果评估用于大方向上的品牌传播决策，它为品牌扩张、调整、退出等重要决策提供信息。其次，效果评估可以用于确定品牌调查和研发的需求，它们可以分析出品牌当前欠缺的卖点或影响力，以及需要开发的弥补方案。最后，效果评估还可以作为一种有效的指标来判断品牌传播策略的效果。效果评估应该向品牌提供反馈，也可以作为组织的奖励分配基础。

（二）效果评估的主要内容

1. 传播结果

对于传播主体而言，如果品牌传播的结果比过程更具意义，那么管理层就应该对品牌传播的任务结果进行评估。使用任务结果来评价品牌传播效果时，评价标准可以是品牌美誉度和品牌影响力，也可以是品牌价值和品牌资产。同样，对一线品牌传播人员的评价标准可以是受众或用户的品牌认知和偏好、品牌记忆与品牌忠诚度，乃至品牌购买行为。

数字时代，品牌传播对结果的评估可以参照关键绩效指标（KPI）。这是目前国际通行的企业经营绩效成果测量和战略目标管理的工具，通过对组织内传播流程的输入端、输出端的关键参数进行设量、取样、计算和分析，以目标式量化管理指标来衡量传播绩效。

2. 传播行为

在品牌生命周期和品牌传播的一些特定阶段中，如果“做了什么”比“做得如何”更受重视，那么传播行为将成为效果评估的首要内容。此外，整体的品牌传播结果可能易于评价，但很难清楚划分每个品牌传播成员的贡献。当管理层需要对传播结果进行归因时，通常会需要对员工的传播行为进行评

价。值得注意的是，许多情况下，很难把一些具体的结果直接归结为某些品牌传播活动。对于品牌调研或品牌法务等支持岗位的人员，以及工作任务属于群体劳动的人员来说，这一点尤其突出。

对品牌经理而言，可以用于效果评估的行为包括每月提交报告的情况和其表现出来的领导风格等。有关一线品牌传播人员的行为可以包括每天的发文量、受众点赞或转发等反馈量，以及所引发的在各大平台的搜索热度与话题排行等。马化腾在腾讯大讲堂进行分享时曾经提到，深受年轻人喜欢的 QQ 邮箱在最开始推出的时候根本不被认可，用户反馈其笨重难用。于是，腾讯从用户的需求与使用习惯入手，研究用户痛点和品牌功能诉求，并形成了一个“10/100/1000 法则”：产品经理每月必须做 10 个用户调查，关注 100 个用户博客，收集反馈 1000 个用户体验。他说：“这个方法看起来有些笨，但很管用。”同样，组织可以根据各自的传播目标，制定具体的品牌传播行为衡量指标与评估内容。

此外，不同的组织文化对员工的传播行为和评估也会产生很大的影响。对于以团队导向为主要文化之一的组织而言，列入评估的行为应该并不仅仅限于与个体生产率直接相关的行为，帮助团队成员、提供改善建议、自愿承担额外的工作会使组织和传播更有效。因此，在传播行为的评估当中还应该包括有利于整体组织品牌传播效果的周边行为，它们有利于促进相互配合，加强协同合作，增益总体绩效。

3. 传播特质

“同样都是火，它使黄油融化，却使鸡蛋变硬。”人格特质理论的创始人、美国心理学家奥尔波特把特质定义为具有使许多刺激在机能上等同的能力，具有诱发和指导顺应与表达性行为的等同（意义上始终一致）形式的一种神经心理结构。奥尔波特认为，特质说明了人类行为的恒常性，特质既能激发行为又可以指导行为。但是，特质不能直接被观察到，因此必须通过推断才能确认它们的存在。

品牌传播效果和行为的背后也存在着传播者的个人特质，这可能是效果评估中最难把握和衡量的一项内容。传播特征比传播结果和行为更难把握，是因为它距离实际的工作绩效最远。例如，“真诚”“靠谱”“态度好”“看上去很忙”或者“经验丰富”这样的特质，与良好的传播结果和行为之间可能高度相关，也可能不相关。即便如此，特质在组织中却被广泛应用，被组织作为评价员工绩效水平的标准。如何定性传播特质并确定测量方式，还需要进一步的研究。

（三）效果评估的执行主体

20 世纪 90 年代开始，我国各种规模的企业中已经开始广泛应用 360 度绩效评估法，这种方法可以为品牌传播效果评估所借鉴。360 度考核法又称全方位考核法，最早产生于西方，由英特尔公司加以运用并获得成功。这种方法的特点是评价主体多元化，提供的绩效反馈来自员工在日常工作中可能接触到的人，评估人的数量少则 3~4 个，多则 20 个。公司组织收集 5~10 人作出对每个员工的评价，主要通过员工本人、上级、同级、下级、顾客等不同主体来了解被考核者的工作绩效，评论知晓各方面的意见，帮助被考核者厘清自己的长处和短处，以达到提高被考核者绩效的目的。这种评估方法的初衷是通过采集多渠道信息来源，计算评估人给出的分数平均值，帮助组织获得更可信、无偏见、准确的初级评估结果。但从我国企业的应用效果来看，成功和失败的案例都不少。

刘博、刘向坪指出，360 度考核在我国企业应用中出现误差的原因主要有两方面。一方面，数据质量不过关，有以下三个数据来源可能导致数据质量下降。一是下级考核上级的数据容易失真，不敢说真话几乎是通病。二是同级考核的数据容易失真，同事间彼此不了解，或者可能会因为竞争关系而将“政治行为”带到考核中来。三是来自外部顾客的数据容易失真，顾客与被考核者是两个不同的利益主体，顾客以其自身利益的得失评价员工的服务质量，使得数据质量有可能下降，而这样的考核有时候也会使得员工不敢对顾客坚持原则。另外，考核中需要收集大量数据使得成本升高，人际关系的影响使得考核误差加大。另一方面，我国很多企业的绩效考核还是评估式的考核，而不是发展式的考核。

为此，戴元初指出，一方面，传播效果的评估主体应该是没有利益纠葛的第三方机构。评估尺度的价值就在于其中立性，它不会因为评估对象的不同而发生任何偏移，除了可以容忍的误差和置信区间，评估的结果应该客观、公正、科学。另一方面，评估主体必须是具有评估能力的专业机构。这种专业性，既是对职业技能和专业研究能力的要求，同时也是对社会责任和职业道德的要求。在高度职业化的调查研究领域，如果没有职业技能的保证，就会造成数据的严重偏差。比这一点更严重的是，如果缺乏职业道德和社会责任的约束，严重违背社会公德的伪数据就有可能出现，这样的评估结果比没有结果还要坏。

在互联互通的数字时代，品牌传播能否寻求到真正没有利益纠葛的第三方机构为其评估？评估主体的职业技能如何认证？评估主体的职业道德和社会责任的监督与问责机制怎样建立？这些是营造良好市场环境中不可忽视的市场组成部分，也应该引起政府重视并进行引导。

二、数字时代品牌传播的传播效果评估

简单而言，品牌传播效果评估是对受众认知、态度和行为的测量，在此基础上设计出由认知指标、态度指标和行为指标所构成的品牌传播效果评价指标体系。

目前，在学理上获得广泛认同的传播效果理论模型包括以 AIDMA 模型、效果层次模型、DAGMAR 模型、ARF 媒介评价模型和扩张关联模型等为代表的线性传播效果模型，以及 FCB 方格和 ELM 模型等非线性传播效果模型。比如美国全国广告主协会（ANA）的营销顾问罗素・H. 科利（Russell H. Colley）所提出的 DAGMAR 方法。评估人员可以从品牌接触效果分析、品牌记忆效果分析、品牌理解效果分析、品牌态度效果分析和品牌行动效果分析等方面对调查问卷进行设计和调研以及信度检验，并对调查结果进行分析。

（一）认知指标

具体来说，品牌传播的认知效果就是受众对品牌的注意、理解、记忆等认知效果，体现为品牌注意率、品牌知名度、品牌联想等。数字时代，品牌传播者对一个测量维度肯定不陌生，那就是点击品牌的人数。这个维度直接关系品牌点击率和品牌转化率。品牌传播者可以用点击率来计算受众对品牌的注意率，用转化率测量受众认知与网络购买行为之间的联系。用公式表示如下：

品牌点击率 = 点击品牌的人数 / 品牌展示量 ×100%

品牌转化率 = 网络购买品牌的人数 / 点击品牌的人数 ×100%

品牌知名度可以通过问卷调查的方法，来测试受众在不经提示的情况下对品牌的回忆程度。那些“浮上脑海”的品牌名称，是已经顺利抢占受众心智的胜者。当然，受众经提示后能回忆该品牌也具有一定的价值。

品牌联想是受众对品牌的刻板印象，是带有“温度”的深层次的品牌认知。研究者可以引导受众写下一些词语来表达根据品牌名称所联想到的内容。

（二）态度指标

品牌传播的态度效果即受众对品牌的态度与情感。态度指标包括品牌美誉度、品牌满意度等，这两个指标都可以通过设计五分制或者十分制的态度量表，在问卷调查中予以询问和分析。值得注意的是，品牌的“质量”与“服务”直接影响了受众对品牌的态度与行为。因此无论是通过问卷调查，还是通过焦点小组访谈等方法，调研者都应该根据品牌自身特性，多围绕“质量”与“服务”这两个着眼点来设计问题。

（三）行为指标

品牌传播的行为效果主要表现为传播对受众品牌消费的促进或强化作用，可以通过品牌占有率、市场占有率、品牌重复购买率、品牌购买趋势、品牌替代率和品牌忠诚度等指标来进行测量和评估。

总之，上述认知、态度和行为三类效果评估指标是相互联系、不可偏废的。例如，宁昌会提出从品牌知晓、品牌态度、品牌接受、品牌偏好、品牌试用、重复购买、品牌满意和品牌忠诚八个指标衡量和测定品牌传播效果。而针对数字时代多种品牌传播手段的传播效果，一些学者也从实证研究的角度给出了各自的解释。例如，薛健平、余伟萍、牛永革利用内容分析法对易迅网微博内容进行了全样本分析，探索电子商务企业微博品牌传播效果差异及纵向变化趋势。品牌传播分布研究结果表明：广告数量最多，销售促进次之，再次是公共关系，“其他”最少。品牌传播纵向研究结果表明：企业微博成立之初，各类品牌传播方式的数量非常接近，表明企业发布微博内容具有随机性；此后广告和销售促进的增长速度逐渐加快，“其他”则逐渐趋近于零，而公共关系是先快后慢，表明企业微博营销意识越来越强。品牌传播效果研究结果表明：广告和销售促进的传播效果最好，且无显著差异，公共关系次之，“其他”最差，并且它们之间存在显著差异。

三、数字时代品牌传播的经济效果评估

品牌传播的经济效果评估，指的是通过品牌传播对现有和潜在消费者进行的投入所获得的可识别、可衡量的财务回报，或者说对创造的财务价值所进行的财务性评估。所有的品牌传播者不仅要围绕预算来规划所有的传播活动，还要使用一系列财务工具来更好地管理收入、投资和回报，以此把握品牌传播活动带来的经济价值。为了构建基于价值的立体的品牌传播效果评估体系，需要从经济效果的角度来回答困扰传播主体的三个问题：应该投入多少？能够收回多少？多久获得回报？

（一）应该投入多少

无论对个人还是组织而言，其所占有、使用和可支配的经济资源都是有限的。个人或组织进行品牌传播的过程，就是利用各种有限的资源创造出对受众或消费者具有价值的商品和劳务的过程，即投入产出的过程。从经济资

源的稀缺性这一前提出发，当个人或组织用一定的经济资源进行品牌传播时，这些经济资源就不能同时被用于其他用途，这就产生了机会成本。因此，传播主体应该认识到资源是有限的，资源的使用具有时间成本和风险成本。那么，用于品牌传播的投资需要有正当理由，并且应该产生高于成本的正向的回报预期。

唐·舒尔茨和海蒂·舒尔茨认为，在绝大多数情况下，所有的公司都不得不取消、调整或者重新界定其营销传播活动。理论上，只要企业的收入回报大于投资花费，针对用户的传播投入就是合理的。为了确定投资回报有多少，可以使用增量收入评估法。他们认为，要想使得增量收入评估法具有可行性，企业就要正确获得顾客的投资回报分析。对顾客群体进行划分，掌握公司来自不同群体的顾客收入是多少，即每种顾客群体的价值，从而确定每个顾客群体的边际贡献基数和各自的财务价值基数。一般情况下，根据顾客与品牌之间的关系可以将其划分为四大群体。

第一个群体是忠诚群体，主要由那些在购买该类别产品时最经常选择该品牌的长期顾客组成。该群体的需求并没有体现出显著的增长趋势，但是这些顾客所带来的收入对于企业来说是最重要的，而且忠诚顾客也会受到广告的正面影响。因此，品牌管理者需要针对这一群体制订专门的传播计划，以维持从这些顾客处获取收入。

第二个群体是摇摆不定群体，他们通常会在同一品类的不同品牌之间选择和转换，而且购买决策常常受到促销活动的影响。品牌管理者需要加强品牌与该群体之间的关系，进而尽可能多地从这一群体获取需求份额。

第三个群体是新兴顾客群体，这一群体通常会快速增长。品牌管理者希望能够占据该群体的心智，以期在现在或未来获得更多收入。

第四个群体是问题顾客群体。在有些情况下，这些顾客所带来的业务仅占该品牌总体生意中一个极小的比例，而这些顾客通常会要求品牌提供更多的服务或者支持。为了维持这批顾客，品牌所需要支付的客户服务成本是相当高的，从而在很大程度上挤压了品牌的利润空间。基于这样的分析结果，营销者可能更倾向于减少针对这一群体所进行的营销传播投入，甚至试图疏离这一群体中的部分顾客。但是，这么做可能会伤害到公司在其他更具价值的顾客心目中树立起来的声望，因此，营销者在试图疏离这些顾客时需要慎重对待。

首先，估算出维持或争取不同顾客群体所带来的收入需要投入多少费用，品牌应该把有限资源重点投入能够为公司创造最大收益机会的顾客群体。

其次，确定品牌传播活动所能带来的增量价值。为此，需要把品牌传播投入前的收入水平，与实施了品牌传播活动之后的收入进行对比。这两项收入既可以是估算和预期的，也可以是按照以往经验得出的。具体到细分的顾客群体，其净贡献收入成为管理者评估品牌传播活动带来的增量收益或亏损的重要指标。

最后，对每一个群体实施单个或者不同的品牌传播活动估算。管理者要确定每一种营销传播投入的费用是多少，如何在不同群体中进行分配，这样做的目的是回答一系列管理者关心的问题。比如，不同形式的品牌传播手段和投入的费用会对品牌现有顾客和潜在顾客的需求份额、品牌收入与利润带来怎样的影响与变化？这个问题的数据分析答案可以作为管理者对品牌传播投资的决策依据。

（二）能够收回多少

在能够收回多少这个问题上，企业因现有财会制度会非常注重短期回报，同时也需要衡量品牌传播对品牌价值和品牌资产所能带来的长期影响和未来收入。

1. 重视现金流

Rajendra K. Srivastava 等学者认为，管理者需要确保营销传播投资至少能创造以下某种价值。一是增加现金流，吸引新顾客或是提高现有顾客所带来的回报。二是加快现金流，企业目前拥有的钱比未来获得的钱更值钱。因此，营销传播的目标必须是加快来自顾客的现金流，给企业带来更大的灵活性和杠杆效应。三是稳固现金流，提升顾客的品牌忠诚度和购买持续性。四是创造或者增加股东价值。

2. 评估品牌传播效果与经济效益等的关系

“有形资产”和“无形资产”是测量品牌传播经济效应的重要指标。胡晓云在《品牌传播效果评估指标》一书中介绍了品牌传播效果评估的六大相关基础，以及历来与品牌传播效果评估相关的八大理论模型。品牌传播效果评估的相关模型包括大卫·艾克的品牌资产十要素模型、Interbrand（英特品牌集团）的品牌价值评估模型、品牌资产评估电通模型、品牌资产引擎模型、Giep Franzen 的效果群相互作用模型和唐·舒尔茨的品牌传播效果评估体系。然而，唐·舒尔茨和海蒂·舒尔茨指出，能够将销售、顾客忠诚度以及营销传播的其他效应与股价乃至股东价值直接挂起钩来的财务模型至今尚未完全建立起来。

（三）多久获得回报

公司针对每位顾客的全部投入究竟需要多久才能收回？对这个问题的回答能够帮助管理者调整预期的回报，并为进一步的决策提供依据。唐·舒尔茨和海蒂·舒尔茨指出，品牌传播的时间框架不同于财务系统所设定的时间框架，传播的费用会出现在一个会计时期，而其结果却要在稍后的某个时期才能实现，这对品牌传播的投资和效果评估增加了难度。但这仍然需要传播者使用财务的时间框架，使品牌传播的投资和回报能适应所采纳的会计和财务准则。

此外，时间也是用来评估品牌传播的一个重要因素。究竟应该在哪一时间段内评估品牌传播的结果，直接关系到传播主体究竟多久能够从其品牌传播的投资中获得回报。例如，虽然吸引新顾客能够为品牌创造长期的价值，但需要大量的投入，而且其价值的产生通常需要长时间的积累而非短期就能完成。唐·舒尔茨和海蒂·舒尔茨认为，对于企业而言，在很多情况下最好的做法是在加大力度争取新顾客之前，尽力巩固现有顾客，因为财务时间框架较短。

1. 品牌传播活动的滞后效应

消费者从接触品牌传播活动到做出购买行为，其间往往存在滞后。滞后的原因包括消费者购买该品牌提供的产品或者服务满足自身需求的迫切程度、收集相关信息以确定购买决策，以及寻求购买时机等。因此，企业需要正确认识品牌传播活动的滞后效应。不少企业采用复杂的统计模型对以往的销售数据进行分析，以此推断过去市场的回报情况，然而如何准确评估将来多快能够获得回报是一个还在探索的问题。

2. 消费者的品类使用周期

虽然品牌传播的长期理想效果是给企业带来持续的现金流，但不可忽视的是，消费者本身对于不同品类产品的需要周期是不同的，有的产品消费者会持续需要几十年，有的产品只在消费者特定人生阶段被需要。因此，必须为预期的消费者价值设立可行的时间框架。在此期间，消费者带来的收入应首先能够覆盖公司为接触该消费者所支付的所有费用，并逐渐达到公司预期的投资回报率。

四、数字时代品牌传播的社会文化效果评估

品牌传播的社会文化效果主要是品牌传播对社会文化、教育等方面的作用。评估品牌传播的社会文化效果，受一定的社会意识形态下的政治观点、法律规范、伦理道德以及文化艺术标准的约束。意识形态不同，约束的标准也不同，甚至相反。对品牌传播社会文化效果的评估，很难像对传播效果和经济效果评估那样用几个指标来衡量，因为品牌传播的社会影响涉及整个社会的政治、法律、艺术、道德伦理等上层建筑和社会意识形态。然而，数字时代的一个显著特征是技术的创新和扩散显著加快。因此，品牌传播的社会和文化效果不妨以“技术创新”为出发点，对品牌传播在社会文化、教育等方面的作用进行预测。

（一）技术的创新与扩散

2015 年瑞士海报奖首次将“最佳海报”授予瑞士旅游局为格劳宾登州推出的动态交互类作品：The Great Escape。评委主席 Christian Brändle 在发表大

赛颁奖致辞时表示，这是将国家最先进的科技与跟真人谈话的魅力结合起来的作品，开辟了户外广告的新前景。

该广告传播活动由苏黎世广告公司 Jung von Matt/Limmat（荣格·冯·马特 / 利马特）策划，吸引了很多人的关注，越来越多的人盼望着来这样一场“说走就走”的旅行。格劳宾登州的山上，一位友好的当地老人坐在电脑前通过互联网和传感器，与苏黎世中央火车站的人们即时交谈，并邀请他们暂时停下紧张的工作，去格劳宾登州游玩。当人们接受邀请后，一张旅途的车票会在电子屏下的机器里实时打印出来。人们抛开都市的喧嚣去山里度假变得空前简易。这场别开生面的传播活动有以下特点。

1. 直播互动

老人背后就是格劳宾登州，直播互动的形式让传统的广告牌活了起来。热情而又善解人意的老人甚至还帮一位上班族向她的老板请了假，现场互动出其不意，令人放松和开怀，充满了惊喜感、新鲜感和参与感。

2. 邀请出票

老人直接发出邀约，户外广告屏里的电脑直接打印出票。在苏黎世中央火车站的受众可以直接乘车前往，这让广告牌直接具备了集客营销能力，非常直接和便捷。

3. 人文关怀

视频直播了老人与受到邀请乘车前来的乘客热情拥抱，并向广告牌周边的人打招呼，让这个广告牌所传递的商讯具有了一定的人文关怀，“远离城市，直奔放松的山间村落”，需要的无非就是一次说走就走的旅行。

这个品牌传播活动让瑞士格劳宾登州宁静怡人的自然风光、高度发达的经济环境与热情好客的当地居民共同构成了强大的文化吸引力，给受众留下的深刻的印象，召唤他们前往一探究竟。这也是“技术创新改变生活”的一个完美范例。

（二）促进社会化进程，制约文化心理

1977 年，美国心理学家阿尔伯特·班杜拉提出社会学习理论，认为许多

人类的学习是通过观察他人的各种行为方法而产生的。人们具有认识和思考的能力，能够从观察和体验中获益。社会学习理论展示了传播活动对个体社会化进程产生的影响。

品牌传播创意中通过对某种行为的鼓励或者价值观的宣扬，可能会对受众的浅层文化认知和深层文化心理形成制约。宋维山指出，文化心理是受众文化结构系统中的深层意识构成，它控制着受众的消费行为，因此，广告传播通过影响这种文化的深层意识构成来控制、引导受众消费，在传播过程中建立、强化或改变受众的文化心理，在潜移默化之中起到文化传播的动力源作用。

（三）对社会真实的建构

品牌传播的效果是改变人们对真实的理解，或者说是对世界的观点，这是一个与知识、态度和行为的改变完全不同的效果。Adoni、Mane 对社会真实的建构过程提出了客观真实、符号真实和主观真实三个模式。客观真实就是由事实组成、存在个人之外并被体验为客观世界的真实。符号真实是对客观外界的任何形式的符号式表达，包括艺术、文学及媒介内容。主观真实是由个人在客观真实和符号真实的基础上建构的真实。数字时代，品牌传播通过符号的选择与传播，直接参与了对受众头脑中“真实的世界”的建构。

（四）对意识形态的营造和呈现

不论是何种类型的品牌传播，其传播的内容都可以通过传播媒介传递有关世界观、人生观和价值观等意识形态的信息，这将潜移默化地影响受众对世界的认知方式，从而间接地影响着整个社会的意识形态，并且与其相互作用、相互影响。

米歇尔·福柯指出，话语即权力。史安斌、王沛楠认为，话语并非仅仅是“纸上苍生”，更是一股以社会实践为主体的、具有支配性和役使性的力量。在持续的表述过程中，话语背后所代表的制度和意识形态反复被强化。

五、数字时代品牌传播效果评估的问题及对策

品牌传播效果评估之所以重要，在于其为品牌传播的行为、过程和结果提供了衡量的准绳。在基于对真实可靠的受众和消费者数据的挖掘和分析之上，便于品牌传播的传播主体和传播渠道对传播过程进行总结。品牌传播的管理者可以把效果评估作为决策参考的重要信息，对现在和将来的品牌传播做调整。品牌传播效果评估可以作为参与人“品牌传播能力”的有效指标，识别传播者的绩效，指出传播者在当前欠缺的能力或技能。品牌传播效果的评估结果可以作为组织内的奖励分配基础，以及组织之间的成本和收入的划分依据。

这些重要性也使得品牌传播效果评估的市场出现了一些不规范的现象。同时，新媒体技术及其运用正处在高速的变革之中，品牌传播效果评估体系本身的健全、完善和统一是一个渐进的过程。外部和内部的种种因素影响着品牌传播效果评估的科学性、客观性和公正性。这些问题的解决需要政府、传媒机构、企业、协会和受众共同努力，为中国品牌的价值提升营造一个风清气正的良好环境。

（一）数据有意造假或无意失真，直接影响效果评估的基础

数字时代数据有意造假的恶疾之一是“刷流量”。为此，一方面，作为品牌传播渠道的网络平台首先需要组建专业技术团队，自觉地进行数据实时监测，开辟实时防刷系统。另一方面，不同的平台和运营商之间应该积极推动数据的流通与共享，方便技术人员通过用户行为大数据来交叉识别刷流量行为，从而进一步推动数据库升级和用户行为的算法迭代。

在有意造假之外，还存在无意的数据失真，其中一部分原因是评估者使用的网络分析工具存在单一或不足的情况。一些免费的网络分析工具只能捕捉到部分数据，比如新闻稿或公关稿覆盖范围中很少的一部分。或者有些工具只能掌握某些网站的数据，却无法了解在其他网站发布的稿件的影响力。

这些使得数据局部失真，评估人无法对全局的传播效果有完整的认知。

为此，一方面，我们在做品牌传播效果评估时，应避免只用单一工具，建议采用不同工具的组合，以便更加全面和宏观地把控品牌传播效果评估。另一方面，需要呼吁行业加强自律，政府加以监管，以提供和使用真实、透明、可追溯的数据。

（二）评价指标较为单一，对数据的挖掘和解读不够深入

正如本章开篇所言，传播过程存在“黑匣子”现象，传播效果难以衡量。这使得评价品牌传播效果的指标被简单地归总为一些传播量，评价指标较为单一，评价不够全面。事实上，高曝光度并不代表影响力大，更不一定代表良好的品牌传播效果。

例如，当评估品牌在媒体上的口碑表现时，我们不仅仅需要曝光量、粉丝量、转发量等数据，还需要做更加深入的媒体监测和舆情监测。从正面、负面和中性三个维度考察受众（消费者）与品牌之间的互动与反馈。在做媒体和舆情监测的同时，也可考虑与非传播效果方面的数据联系起来，以便更客观地给用户画像，从而更加准确地测量传播效果。

（三）评价体系各行其是，缺乏行业统一标准

目前学界和业界对品牌传播效果评价有多种衡量指标。市面上存在不少的品牌价值和品牌影响力排行榜，同一品牌在不同榜单里的排名可能大相径庭。由此可见，要想在品牌传播中实现与自身的纵向对比和与竞争对手的横向对比，如果缺乏统一的衡量标准，那几乎是无法实现的。

为此，理想状态是要建立起赢得行业共识的标准，行业共同遵守、公开使用。此外，还要对执行标准的机构进行审计，完善品牌传播效果评估的监督机制。

（执笔：刘菁）

参考文献

［1］郇玉萍．融合媒体时代的品牌传播效果评估［J］．国际公关，2015（1）：54-55.

［2］马化腾：用户体验的 10/100/1000 法则［EB/OL］．(2014-02-13)［2022-01-14］．http：//www.woshipm.com/ucd/67373.html.

［3］刘博，刘向坪．360 度考核在我国企业绩效评价中的应用技巧探析［J］．人力资源管理，2016（6）：42-43.

［4］戴元初．城市品牌传播效果评估：品牌传播的绩效考量［J］．青年记者，2012（31）：67-68.

［5］宁昌会．品牌传播效果的衡量指标及测定［J］．统计与决策，2001（7）：15-16.

［6］薛健平，余伟萍，牛永革．电子商务企业微博品牌传播效果研究——以易迅网微博为例［J］．软科学，2013，27（12）：67-71.

［7］唐·舒尔茨，海蒂·舒尔茨．整合营销传播：创造企业价值的五大关键步骤［M］．王茁，顾洁，译．北京：清华大学出版社，2013.

［8］SRIVASTAVA R，SHERVANI T，FAHEY L. Market-based assets and shareholder value：a framework for analysis［J］. Journal of marketing，1998，62（1）：2-18.

［9］胡晓云．品牌传播效果评估指标［M］．北京：中国传媒大学出版社，2007.

［10］宋维山．广告传播的文化效应散论［J］．社会科学论坛，2005（4）：35-36.

［11］ADONI H，MANE S. Media and the social construction of reality：toward an integration of theory and research.［J］. Communication research，1984，11（3）：323-340.

［12］史安斌，王沛楠．“新十亿”阶层的崛起与全球新闻传播的新趋势［J］．新疆师范大学学报（哲学社会科学版），2017（3）：22-28+2.

专题报告十二

数字时代品牌传播大数据分析对策

摘要：本专题报告分为四大部分。第一部分简要介绍大数据给品牌传播带来的变化。在大数据重构品牌管理方面，把重构与影响集中归纳在品牌营销、品牌塑造与品牌传播三方面。另外，也从内容生产智能化与传播渠道自动化两大方面，对传统媒体智能化转型助推品牌大数据分析进行了总结。第二部分侧重分析大数据对品牌传播的挑战与应用价值，从大数据促使企业品牌传播分析方法转向、企业数据存储与处理能力需要提升、企业品牌传播人员知识结构亟待完善三个维度进行了全面分析。接下来从传统模式语境下品牌互动传播瓶颈亟须突破、助力品牌互动传播的新路径等四个方面，讲述了运用大数据分析品牌传播的必要性。在这一部分还详细介绍了当前主流的大数据采集系统与分析方法。第三部分重点分析大数据对品牌传播的价值，具体从信息传播要更加精准、品牌传播要更具前瞻性、实现双向传播与有效沟通、有效管理传播过程、准确把握传播效果、生成高附加值的数据产品六个角度，进行全面深入分析。第四部分从转变观念、制定大数据战略、创新品牌传播管理机制等四个角度，归纳总结企业品牌传播大数据分析的对策与建议。

一、大数据给品牌传播带来的变化

2011 年 5 月，麦肯锡咨询公司发布了《大数据：下一个创新、竞争和生产力的前沿》专业研究报告。该研究报告指出，所谓大数据，是指大小超出常规数据库工具获取、存储、管理和分析能力的数据集，未来十年将会是大数据引领的科技时代。美国、英国、日本等国家开始大力推广大数据战略。在多国政府的协力推动下，起源于计算机领域的大数据技术，迅速渗透到了人们社会生活的各领域，众多学者亦在各自领域对大数据及其产生的影响、价值等进行了广泛、深入的研究。大数据具有数据规模大、数据种类多、数据输入与处理速度快、数据价值密度低等多个特点，在数据思维和处理方式上具有基于全体数据而非随机样本、数据允许一定的混杂性而非完全精确、数据结果得出基于相关关系而非传统的因果关系三大特点。

（一）大数据重构品牌管理

随着大数据的价值被逐步深入挖掘，企业的品牌管理工作也受到了重大影响，集中体现在以下三个方面。第一，在品牌营销方面，大数据从消费者、媒体、营销策略、效果评估四个层面解构和重构了营销体系，其基于数字化映射现实的能力所产生的巨大营销价值，可以帮助企业建立立足未来的核心竞争力。第二，在品牌塑造方面，大数据技术对品牌识别、品牌含义、品牌响应、品牌关系等方面均具有较为显著的影响，企业可以通过大数据评估原有的品牌产品甚至是创造新的品牌，从而最大限度地帮助企业塑造和提升品牌。第三，在品牌传播方面，消费者的购买行为、网络社交行为、网络浏览等行为在大数据时代下都会被挖掘，“以消费者为中心”的精准广告成为现实。

大数据对企业品牌管理的各个领域均产生了不同程度的影响，尤其是在品牌传播的受众分析、品牌定位、传播渠道、传播形式及效果评估等方面产生了重要的影响，以实效、精准为特征的品牌传播环境逐渐形成。

（二）传统媒体智能化转型助推品牌大数据分析

在大数据与人工智能技术飞速发展的时代背景下，传统媒体通过对新技术的应用，悄然进行智能化转型，以服务于自身的历史使命与社会价值。而面对这一客观形势，对于品牌传播来说，大数据的分析与应用显得更为迫切与现实。

1. 内容生产智能化

随着 AI 技术的发展及日益成熟，AI 代替人类进行稿件创作似乎已经成为不可回避的趋势，如今机器人写作早已不是什么新鲜事。报道显示，腾讯公司 Dreamwriter（腾讯写作机器人，有资料译为梦幻写手）在财经和科技应用方面的发稿量超过 2000 篇 / 天，体育稿 500 篇 / 天，内容包括每天行情报盘、上市公司公告精要报道，以及体育赛事每轮每场的消息；今日头条写稿机器人 Xiaomingbot（张小明）在 2016 年里约热内卢奥运会开幕后的 13 天内，共撰写了 457 篇关于羽毛球、乒乓球、网球的消息简讯和赛事报道，每天 30 篇以上。机器人新闻写作能够迅速获取资料，实时播报，将新闻记者从重复、烦琐、低技术含量的数据采集当中解放出来，让人有更多的时间去思考和从事更具想象力、创造力的工作。

2. 传播渠道自动化

媒体传播渠道的自动化，主要体现在智能化的内容分发、内容与渠道的融合两大方面。

（1）智能化的内容分发。

相比编辑人工分发，智能化的内容分发的优势主要有以下两点。第一，对大量内容进行快速的深度加工。人工干预的内容数目受限，往往集中于最热门的头部内容，而机器人分发则可以覆盖与用户生活、个人兴趣相关的新闻报道之外的资讯，通过记录、分析用户的浏览行为，从信息源中提取分类、主题、标签、风格等结构化信息，利用用户的行为探索并发现有潜力的内容。第二，跳出编辑个人主观视野，实现个性化内容展现。算法排序的核心是根据用户、内容、上下文信息决定实时计算每个内容的得分，按照得分进行排序。由于考虑到了用户的信息，排序结果是个性化的。另外，模型的更新也是实时的，能够充分利用已有数据，指导下次分发，最大化地优化分发效率。

（2）内容与渠道的融合。

技术的发展必然带来媒介形态的变革与创新，智能硬件、植入式设备、AI、VR 等新技术在未来或许将为我们开启全新的媒介图景。

现在的内容生产，是把渠道作为背景，生产结果适应于渠道。比如一篇文字稿，适配网页、App 页面等。其中又由于渠道的个性特征，不同渠道的稿件标题与通知内容各不相同。当编辑完成内容创作之后，还要考虑不同渠道的客户特征和点击通道设计表达方式。未来，媒体将不同新闻推送到不同渠道时，借助大数据技术，AI 能帮助编辑选择各渠道最佳的信息表达形态，在不同产品中呈现同一条新闻的文本、图形、音频、视频等不同状态。

综上所述，伴随相关技术的飞速发展，大数据正在重构企业品牌管理的多个核心要素。在消费者、营销策略等要素发生变化与重构的同时，相对稳定的传统媒体，也在通过智能化手段努力实现自身的转型。在客观背景的如此变化形势下，企业的品牌传播必须要顺应大数据技术的发展趋势，并在此基础上做出一系列针对性的改变与转型，才能确保品牌传播的高效性。

二、大数据对品牌传播的挑战与应用价值

随着移动互联网最新技术的发展，人们迎来了“多屏时代”，也同时意味着广大公众的注意力已经被电视、手机、电脑等瓜分，各媒体、各渠道之间抢夺受众关注度的竞争愈演愈烈，在传播的过程中得到更多关注的一方显然就是这场没有硝烟的战争的最终胜利者。在此发展趋势之下，基于专业技术平台支撑的大数据分析，一方面对品牌传播提出了一系列挑战，另一方面让我们看到了运用大数据分析品牌传播的必要性。

（一）大数据对品牌传播的挑战

将大数据技术应用到品牌传播工作中，企业首先要对各种传播渠道内的多类型数据进行整合，其次利用数据挖掘技术建立数学模型，最后基于数学模型分析结果指导品牌传播活动。在这样的决策流程之下，大数据对企业品牌传播形成了强有力的挑战。

1. 大数据促使企业品牌传播分析方法转向

随着各类智能设备的日益普及，以及公众触媒习惯的改变，社会化媒体迅速崛起，各类传播渠道日益增多，消费者出现了分众阅读、媒体消费主动性、个性化和交互性等特征，传播者和接受者之间的界限越来越模糊，消费者碎片化的生活状态也越来越显著。

传统的品牌传播分析方法大多为抽样调查法，这一调查方式在当今存在三个方面的问题：一是调查对象来源于随机抽样样本，样本调查范围小，而加大调查范围会带来高昂的调查成本；二是调查技术无法适应碎片化时代媒介细分的测量需求；三是从调查开始到调查资料输入、统计、分析再到结果呈现耗时久远，得出的结果亦为事后分析。

大数据基于全体数据而非随机样本、基于相关关系而非因果关系、允许混杂而非完全精确所带来的思维变革提供了弥补以上传统方法缺陷的思路，进而促使品牌传播分析方法进行转向。大数据技术可以实时帮助企业实现品牌的精准传播、个性传播，品牌传播全流程中的因素几乎均可以实现定量化的跟踪与测量，如从消费者情绪到消费行为再到消费者反馈可以通过全方位的跟踪实现数据化的处理。

2. 企业的数据存储与处理能力需要提升

大数据时代产生的数据已经从 TB（万亿字节）级达到了 PB（千万亿字节）级别，日志、图片、视频等多种类型的结构化与非结构化数据巨量涌现且分散在不同的渠道内。企业品牌传播不仅面临着如何采集庞大的数据信息的问题，而且面临着如何对数据进行快速的智能化处理以获取价值的难题。这不仅要求企业使用专门的数据库技术和专用的数据存储设备，更要求它们拥有专门的数据分析方法和使用体系。

然而就目前来讲，互联网催生的海量信息已经超越了企业传统的数据管理技术和架构的承载能力。对众多企业来说，提升对数据尤其是非结构化数据的采集、存储、分析与处理能力，构建新型的数据管理模式已经成为品牌传播中亟须解决的问题。

3. 企业品牌传播人员知识结构亟待完善

品牌传播中运用大数据的每个环节都需要依靠专业人员来完成，对海量数据的分析不能局限在对一般数据规律和模型的把握水平上，还要掌握用数据思考与管理的能力。比如在数据收集的过程中，数据源混杂、并发数高，此时如何设定品牌相关数据的采集量、采集面和采集速度，会极大地影响品牌传播决策。然而，一些品牌传播人员对大数据的运行原理和方法理解得不充分，限制了企业对大数据的应用，降低了大数据带来的潜在价值。据一项有关大数据应用与趋势的专项调查：缺乏专业的大数据人才，已经成为企业面临的最大挑战。

品牌传播从业人员知识结构的缺陷，导致大数据时代下的品牌传播陷入了困境之中：人人都知道大数据的重要性，却不懂得如何利用大数据为企业品牌传播服务。

（二）运用大数据分析品牌传播的必要性

第一，传统模式语境下品牌互动传播瓶颈亟须突破。传统的单向品牌传播模式有效到达率低、受众认知程度低、互动程度低的弱势逐渐突显。尤其是传统单向品牌传播模式难以与目标受众形成互动和良性的信息反馈，从而难以测量信息传播的效果，使品牌传播过程缺乏灵活性和可控性。在“多屏时代”，互动传播将是品牌传播活动的主流发展趋势。

第二，助力品牌互动传播的新路径。运用大数据技术来助力品牌传播，一方面体现在目标受众的精准定位上。大数据可以自动化地对海量数据进行科学分析和整理，科学生成与品牌产品相关的用户特点，从而生成目标消费者的信息库。精准的目标消费者群体搜寻意味着精准的品牌传播指向，品牌传播的精准意味着品牌传播活动的高回报率和浪费的减少。另一方面是实时收集反馈信息。大数据应用的重要特点是不用进行人为的数据处理，在单位时间内自动生成实时状况报告，与传统的数据收集整理活动相比更加快速和准确，有利于信息传播者实时掌握传播活动的状况。

第三，及时进行传播引导。大数据通过实时监控和计算互动传播过程中受众的反应，能够清晰地把握传播活动的走向，及时纠正传播过程的偏差。

第四，大数据可以使企业在品牌互动过程中拓宽产品需求。在品牌互动过程中，品牌信息传播者可以及时掌握目标受众的需求和意图，通过信息引导实时拓宽产品需求。

（三）大数据采集系统与分析方法

在全新的数字时代，面对品牌传播之后海量的非结构化数据，传统的数据库技术和数据挖掘技术已经不能对其进行处理。必须有大数据采集、分析、存储核心技术，才能对海量数据进行处理。

本部分将简要归纳时下主流的大数据采集系统与分析方法。

1. 大数据采集系统

大数据采集系统是一套通用的分布式采集框架，可支持多种采集需求，支撑百亿数据规模，同时保证采集过程的高效性（快速）、全面性（有效应对网站的反爬虫技术）、准确性（重点内容抓取、垃圾内容剔除）等多方面的要求。

如图 3 所示，大数据采集系统采用分布式架构，实现从种子发现、列表页自动识别、页面多层采集、内容页文本自动抽取、非结构化到结构化数据的转换等功能。采集范围覆盖全网，采集方式包括定向采集和全网采集两种，采集内容不仅包含新闻、论坛、博客、报刊等传统媒体，还包括微博、微信公众号、移动客户端等新媒体，还实现了对百度、谷歌、搜狗、360 搜索等搜索引擎的采集，以及对外媒报道的采集；支持包括简体中文、繁体中文，以及英语、法语、德语、日语、韩语、印度语、俄语、意大利语、阿拉伯语、西班牙语等境外语种，并可根据需要增加新的语种；能对脸书、推特等社交网站的信息进行采集。

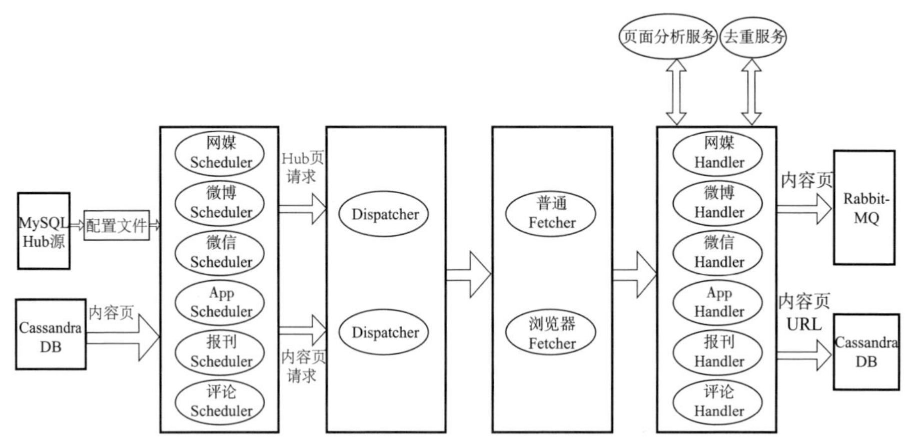

图 3　大数据采集系统架构

大数据采集系统的特点主要包括以下两点。第一，将采集工作分为调度、分发、下载和解析等子系统，各子系统在功能和逻辑上都相互独立，实现采集平台的高效运转，便于对品牌传播相关问题的定位，降低系统运行维护成本，可根据业务量配置服务数量，实现按需分配。第二，系统底层架构与业务逻辑分离，可满足网媒采集、微博采集、微信采集、元搜索数据采集、新闻客户端采集等各类采集需求，实现资源集中管理，提高资源利用效率，降低运维成本。同时，通用的底层框架为快速响应品牌传播采集新需求提供了保证。

2. 大数据分析方法

信息技术的发展带来数据的爆炸性增长，这无疑对品牌传播数据的采集、传输、存储、分析和安全等技术应用和管理工作提出了挑战，传统的数据分析工具和技术已经遇到了瓶颈。目前主流的大数据分析产品，提供面向图片、视频、音频等海量数据的存储和处理、在线查询及面向关系型数据的数据分析和挖掘，提供流处理、图技术、机器学习等一站式整体解决方案。

大数据分析是在大数据处理平台基础上，提供了包括数据清洗、数据分析、数据挖掘、数据可视化在内的一系列针对品牌传播大数据的数据分析和挖掘技术，用来支撑不同领域的大数据处理应用。大数据分析通过开放接口方式支持传统报表、数据查询、数据挖掘、数据提取、数据可视化等功能，应用场景可以包括文本分析、异常检测、商业智能分析、用户偏好分析、回归预测、个性推荐等，以此全面实现对品牌传播大数据的全维度分析，有效助力企业品牌传播效果的客观分析。

三、大数据对品牌传播的价值

大数据时代下企业的品牌传播虽然面临着诸多严峻考验，但企业应积极探索利用大数据技术提升品牌价值。

1. 信息传播要更加精准

欧洲知名数据科学家维克托·迈尔·舍恩伯格认为，互联网大数据给人们生活、工作及思维都带来了巨大的转变，而最明显的影响就是使人们放弃对因果关系（为什么）的追求，而同时增加了对相关关系（是什么）的关注程度。这一思维颠覆了人们传统的思考路径，但极大提高了数据的精确性与相关工作的效率。

在大数据环境下，品牌信息传播目标的确定将不再根据对目标消费者因果逻辑的细分，而是通过纯粹数据的相关因素分析得到，这可以避免偏见和思维定式的影响。大数据会通过对目标受众的分析得出目标受众真正的兴趣点，从其真正的关注角度出发可以避免传播内容和传播角度出现大的偏差，使信息定制过程更加高效。

2. 品牌传播要更贴近受众

要想使大众认同自己的品牌并培养一定的品牌忠诚度，首先必须了解消费者的兴趣与需求。因此在制作广告、软文、公共消息或其他相关信息时，应以更为准确的数据作为基本依据去规划信息内容的总体方向，使得品牌传播的内容及方式更容易得到消费者的认可。这避免了传播过程中的盲目性，迎合了受众的兴趣点，深入人心。

3. 实现双向传播与有效沟通

数字时代的品牌宣传更为客观，如企业在进行品牌传播之前可在相对自由宽松的网络环境中以较为隐秘的方式设置一个议题或发起一个交流意见的话题，引发众多网友进行意见交流和互动，经过对这些意见、想法等数据的整合和处理，综合得出大众的意见后，企业再根据品牌文化以及企业发展方式选择恰当的传播形式。这样生成的最终方案就是更为客观的最佳选择。

4. 有效管理传播过程

与传统媒体的单向传播方式不同，大数据可以在传播实施过程中提供更多的相关信息与数据支持，使品牌传播者可以及时收集到海量的效果数据与互动信息，并通过有效反馈恰当调整传播内容或投放渠道，提高传播过程的灵活性与机动性。也可以针对目标受众的兴趣点制作符合对方审美观或价值观的信息内容，以便主动传递的信息更容易被目标群体所接纳，从而达到理想的传播效果。

5. 准确把握传播效果

在传统的品牌传播过程中，信息传播者制造信息的内容，通过对受众的细分找到明确的目标受众，然后通过媒体进行针对性的信息发布，在一段时间过后进行传播效果的收集与分析。大数据环境下的品牌信息传播，打破了固有传播方式被动与盲目的局面。相关信息一经传播，企业即可通过分析整合后得出的数据信息，来精确得知目标受众接收信息和受信息影响的程度，从而准确把握品牌传播效果，提高整个传播过程的可控性，保证品牌传播的有效性。

6. 生成高附加值的数据产品

企业通过在品牌互动传播过程中进行大数据分析生成的数据资料，通过对数据资料的积累形成的数据库，实现对目标消费者的使用习惯、喜好、产品选择偏向、特征等众多因素的数据积累，从而形成一个极具商业价值的消费者数据库，通过对数据库的分析产生许多商业契机，从而产生巨大经济效益。

四、对策与建议

对广大企业来说，如何有效地将大数据应用到企业品牌传播中去？在此建议相关企业从观念、管理、人员等方面进行转变、创新与提升，积极构建可以指导企业的大数据品牌传播体系。

（一）转变观念，构建大数据时代的品牌传播理念和行为

观念与思维转变是大数据时代企业进行品牌传播的前提基础，只有具备了符合大数据时代的品牌传播思维，才能更好地利用大数据创造品牌价值。

首先，品牌传播要从“以产品为中心”转变为“以消费者为中心”。社会化媒体催生的信息生产与传播模式，打破了企业强势掌握话语权的格局，受众拥有了对信息的自主选择权和发布权，不再处于被动接受品牌信息的状态。企业将大数据融入这一思维转变中去，可以更好地挖掘、满足消费者的需求和潜在需求，以平等的、具有服务精神的品牌传播者形象，主动把控与消费者的品牌互动。

其次，品牌传播要实现从经验驱动决策到数据驱动决策的转变。具体到品牌传播实操过程中，利用大数据可以把偶然的消费者行为数字化、公式化以及模型化，进而为决策者提供坚实的技术基础和可行性研究。这种“事前预测”可以使品牌传播朝更安全、更规律的方向发展，以降低战略与决策定位不准、投资回报少等相关风险。

最后，企业品牌传播管理要转变为全局管理。品牌传播决策数据可能来自线上、线下数据的结合，而这些数据分散在不同的部门管理领域或媒介空间内，因此打破企业内外部界限，甚至依据数据流进行企业品牌传播管理模式的变革，成为企业品牌传播者需要拥有的思维。

（二）制定大数据战略，科学管理品牌传播的数据资产

为有效推动大数据时代下的品牌传播策略，企业需要制定有效、完整的

大数据收集、整理和分析的战略规划。此规划还必须明确如何利用大数据，为企业运营、产品开发、品牌传播等方面创造价值。

第一，有关品牌的大数据数量巨大，使得企业在数据存储和挖掘上存在一定的困难，大数据更新速度快、周期短，也需要企业能稳定保存、科学管理和利用数据，避免因虚假信息或信息遗漏而导致传播错误。为此，企业应结合自身特点和品牌定位明确所需的数据类型、数据模型、数据结构等，并根据需求配备必要的硬件设备和软件系统，解决战略基础问题。第二，根据所需的数据类型选择建设内部数据中心系统平台还是与第三方的数据运营公司合作，或者两者兼需解决战略模式问题。但无论采取何种方式获取数据，都应该对多方数据进行系统分类并制作详细目录，同时努力提高数据分析处理工具和模型的效率和稳定性，以便全面、清晰地分析消费者的心理需求和行为特征。第三，明确数据运用的渠道、方式，以及企业各部门的应用价值，解决战略核心问题。第四，根据大数据发展趋势制定相应的长期目标与规划，解决战略前景问题。

（三）创新品牌传播管理机制，奠定坚实的组织支撑

大数据下的企业品牌传播，只有依托于组织结构和管理机制才能真正实现。大数据技术带来的不仅仅是效率与精准，更需要企业能在品牌生产流程与品牌组织管理流程上发生实质变革，以保障品牌传播根本性创新的实现。

企业需要在一定程度上重构管理模式，一方面构建将海量数据转化为数据资产的能力，使数据管理能力成为企业内在核心竞争力；另一方面提升使用数据分析驱动内部管理与业务运营的能力，将应用有效数据的习惯融入日常运营体系中，向“数据驱动管理”角度积极转型。

企业可以设立首席数据官，以整合资源，打破组织边界，构建跨部门的大数据运营团队，从而更好地对大数据进行管理与应用。首席数据官不仅要熟悉企业的业务流程，还应是数据分析专家，熟练掌握大数据分析工具，善于将大数据运用于企业运营管理实践中。运营团队成员可以来自企业各部门、各岗位。

（四）营造学习氛围，不断提升品牌传播人员的知识水平和决策能力

数据是客观存在的事物，有效的数据挖掘不仅依赖于企业的硬件与软件设备，更考验企业品牌传播从业人员的洞察力、分析力和决策力。同样的数据，不同的人看到的是不同的价值。作为品牌传播人员一定要与时俱进、坚持学习，努力掌握基本的大数据知识，才能快速提升数据决策能力，从而更为敏锐地对数据价值作出有效判断。

（执笔：王洪波）

参考文献

[1] 周勇，赵璇．大数据新闻生产的实践与反思［J］．新闻与写作，2016（6）：44-48.

[2] 杨娟．大数据技术驱动下的中国新闻生产方式变革［J］．当代传播，2015（5）：103-105.

[3] 徐超．基于大数据信息分析的品牌建设研究［J］．图书情报研究，2017（2）：21-28.

[4] 魏想明，张晶，向贤松．大数据精准营销［J］．企业管理，2016（11）：91-93.

[5] 郭永军．大数据对企业经营决策的作用［J］．冶金管理，2017（3）：33-35.

专题报告十三

数字时代自主品牌传播的全媒体手段

摘要：面对日益增长的中国品牌价值规模，全媒体时代的媒体、非媒体品牌传播手段层出不穷，融合与共赢是全媒体时代的品牌传播的制高点，依靠单一品牌传播手段就能“天下通吃”的时代一去不返，传统大众传播媒体、互联网、社交媒体以及各种非媒体手段为自主品牌传播提供了更大的“想象空间”，同时也对管理者和市场主体提出了诸多挑战。本专题报告描绘了全媒体环境下自主品牌传播手段的应用图景，在全媒体环境下，自主品牌所在的企业运用全媒体平台推送信息宣传自身品牌，根据目标受众的反馈信息获得品牌传播的真实状况，这样的全媒体运作方式尽管可以为企业带来收获，但要想在自主品牌传播中赢得更大的空间和长久的发展，就需要对全媒体传播的战术进行深入的思考，以探索总结出全媒体时代自主品牌传播的实战经验。因此，只有综合把握新旧媒体融合趋势和非媒体应用场景，根据内部外部环境合理运用，才能撬动品牌核心价值的构建与经营的杠杆，进一步提升品牌的市场价值。

随着科学技术的迅速发展，信息大爆炸的时代已经来临，传媒的手段越来越先进，信息的传播途径也越来越多元化。从传统的电视广播和报刊，到现如今的互联网、移动电视等，“全媒体”已经成为人们广泛关注并谈论的话题。全媒体发展涉及多种形态的传媒产业，要实现真正意义上的“全”，就要冲破媒介产业间的壁垒。随着全媒体时代的到来，新的品牌传播格局也随之产生，传统媒体之间相互竞争的对立格局不复存在，各种非媒体手段层出不穷，品牌传播手段当前面临向竞争与合作并存的发展模式过渡。全媒体时代的品牌传播是新旧媒体进一步融合的传播，是媒体接收终端多元化的传播。全媒体时代媒体品牌的构建与经营，需要融合新旧媒体，提升分享平台效应，运用多元化运营手段，深入挖掘全媒体的市场价值。全媒体时代媒体品牌的发展与维护，需要整合多种媒体终端，实现互帮互助效应和多点互动，提高受众的参与度，内容上注重“本土＋专业＋品牌”化，战略上加强策划，推动营销。

一、融合与共赢是全媒体时代品牌传播的制高点

（一）全媒体的概念建构

全媒体发展起于何时？由于认定的依据不同，对时间标志可能会有不同的看法。但基本认同的意见是，国外以 2006 年英国老牌报纸《每日电讯报》的全媒体改革之路为起点，随后，由《今日美国》2008 年开始尝试的产业链重构推进了全媒体的实践。在我国，全媒体转型最早可追溯到 2007 年，《广州日报》于同年 6 月成立滚动新闻部，专门针对报纸、手机和网站进行“联动发稿”。2009 年 1 月，宁波日报报业集团全媒体新闻部正式成立，标志着我国第一个以全媒体命名的新媒体机构正式诞生。全媒体概念界定众说纷纭，通过文献整理，大致可归纳为三种学说。

报道体系说。该学说认为，全媒体是指一种业务运作的整体模式与策略，或者说是采用多种媒体手段和传播平台来构建的报道系统。这种报道不再是单一落点、单一形态和单一平台的，而是在多个传播平台上开展的多个落点、多种形态的报道体系。传统的报纸、广播、电视媒体及网络新媒体都是这个报道系统的组成部分。

传播形态说。该学说认为全媒体是综合运用多种表现符号，如文字、图

像、声音、光线等，全方位、立体化地展示传播内容，并通过多种传播手段传输的一种新型传播形态。或者说，全媒体是在传统媒体和新兴媒体表现手段基础之上进行不同媒介形态之间的融合，进而产生质变后形成的一种新的传播形态。

整合运用说。该观点在综合前人认识的基础上，从两个方面进行界定。广义而言，全媒体概念是指对媒介形态、媒介生产和传播的整合性应用。狭义而言，全媒体概念是指立足于现代传媒技术和媒体融合的传播观念，综合运用新兴媒体与传统媒体在媒介内容生产、传播渠道联通、运营模式统筹等方面的整合性实践。

在回顾了全媒体概念学说之后发现，目前有几个共同点可作为界定和理解全媒体的要点：一是全媒体发展的主体是传统媒体；二是发展整合多种媒介形态，而缺乏多种媒介形态间的统合协同，就构不成全媒体；三是实行多媒体分流传播，并根据媒体的不同分流生产出不同的媒体产品；四是全媒体是一种新型的运行模式。

（二）全媒体品牌传播需要内容资源与传播渠道的创新融合

我国品牌专家梁中国指出：“品牌是凝聚着企业所有要素的载体，是受众在各种相关信息综合性的影响作用下，对某种事或物形成的概念与印象。它包含着产品质量、附加值、历史以及消费者的判断。”自主品牌传播的关键问题就是对品牌传播的内容和过程的管理。全媒体环境下，品牌传播的特点发生了改变。

第一，品牌传播主体不再单一，旨在寻求与优势媒体的战略联盟和高度契合。在这个泛媒体、泛娱乐、泛营销的时代，自主品牌传播主体不单是拥有此品牌的组织或个人，寻找优质的媒体资源，利用热点事件与自主品牌的高度关联，在独特定位以及超强策划的基础上，整合多种终端推广的渠道，形成企业与娱乐媒体的战略联盟，将传统意义上的硬广告转变为与大众互动的娱乐营销，达成品牌传播与娱乐媒体双赢的局面，已成为时下营销的不二法门。

第二，品牌信息已从单向的、灌输式的硬广告转向借助大众喜闻乐见的热点话题、事件进行自主品牌内容整合营销。对传播者而言，唯一能够掌控的就是品牌宣传的内容，借助内容载体的娱乐性特质，植入自己的品牌精髓进行自主品牌传播，已经逐渐形成了一种全新的营销传播理念。目前的自主品牌内容整合营销主要有两种模式。一是“一站式品牌内容整合营销”，即依托于一个品牌定位，利用电影、电视剧或微电影等形式，从线上到线下，从广告、公关到促销，借势打造阶段式的、爆发式的全方位整合娱乐营销传播。二是跨媒体品牌内容整合营销，利用多种媒体的不同特点，围绕一个既定主题，打造跨媒体的、全方位的整合娱乐营销传播。

第三，全媒体受众趋于年轻化，品牌消费意识强，新媒体利用率不断提升。全媒体环境下，传统媒体受众开始走向老龄化，而新媒体受众趋于年轻化。目前，我国网民的年龄结构主要集中在 10~49 岁，20~39 岁的群体占到了半数以上。年轻一代受众的品牌消费意识更强，也更容易接受新事物。虚拟社区群体和移动媒体群体逐步扩大，电子商务呈社会化与移动化趋势，并与新媒体深度融合。移动新媒体如微博、微信、云平台等发挥出新媒体前所未有的优势。借助新媒体的快速传播和高效互动进行自主品牌宣传，无疑将给企业品牌创造更大的商业价值。

第四，在数字技术与新的媒体环境下，自主品牌传播渠道发生了重大改变，对交互式信息平台营销传播的开发与利用是品牌传播的又一利器。手机、平板电脑、数字电视，已成为时下大众必不可少的生活元素。以全媒体为载体的信息传播，使大众不再局限于信息的浏览和接收，更趋向于信息的创造和传播。

第五，全媒体的应用打破了原有的广告、公关、人际传播及营销运作之间的界限，不仅传播范围广、传播速度快，更以其精准的策划、独特的创意、积极的互动及基于大众文化与兴趣的娱乐性，大大提高了自主品牌的认知度和美誉度。

二、品牌传播的全媒体手段利弊分析

在全媒体时代，“竞争、合作、共赢”成为媒体发展的主题。由于传统媒体和新媒体都有着各自不同的优势，所以可以实现相互联合、相互利用，以优势互补的形式形成分享平台效应，从而拉近和受众之间的距离，实现媒体最大化的传播效果。例如，广播电视台可以与网站相结合，在广告营销、节目播出以及活动推广等方面形成联合作用，实现“1+1>2”的联动效应，从而打破单一的网络平台和广播电视平台的局限。在节目进行中，为了更好地体现网络的议题和内容，可以通过引入网络连线或者网民互动等多种形式，以此来拓展节目原有的内涵。一般而言，全媒体所包含的媒体有如下几种：大众传播媒体、互联网和社会化媒体、非媒体等。

（一）大众传播媒体利弊分析

大众传播是社会媒介组织通过文字（报纸、杂志、书籍）、电波（广播、电视）、电影、电子网络等大众传播媒介，向社会大众公开地传递自己用各种手段复制信息的社会实践活动的全过程。

1. 报纸

报纸的存在时间最为久远，在社会中传播的范围依然较广。因此，很多媒体也愿意通过报纸这个载体进行品牌传播。尤其是一些具有地域特色的品牌，报纸的地域性就能发挥很好的作用。但是，随着激烈的媒体竞争，报纸受众出现了分众化趋势，广大受众有了比过去更多的选择，传统的依靠报纸进行品牌传播的模式已没那么容易继续吸引读者的注意力。

2. 杂志

同样作为纸质媒体的杂志，在最初的媒体市场中，时尚、财经和生活类的杂志受到读者的普遍青睐。这种专业化的定位吸引了一大批稳定的读者，这对广告投资商来说是一个高效的品牌传播媒体。但受众面狭小、较高的成本及出版周期的局限性，导致广告效果不够均衡。

3. 广播

在20世纪末期，广播作为一个新兴的信息传播载体，以其迅速、简单的特点受到很多家庭的喜爱。在中国，几乎每一个家庭都会收听广播。然而，广播带给听众更多的是一种听觉享受，创意受到限制。同时，声音的传播转瞬即逝，广播中的很多广告成为广播节目的背景，受众专心程度较差，无法达到预期的宣传效果。不仅如此，在政策、技术、人力等方面，广播都受到了较多的限制，也使得广播这种传播媒体的力量渐弱。

4. 电视

全媒体时代，电视能够保证高品质的影像，为受众带来视觉享受。同时，电视传播覆盖面广、社会影响力大、互动性强和权威性较高，使得消费者对品牌的认可度从未削弱。但作为线性传播媒介，电视画面并不能全部和长久保存，广告成本较高，地域针对性较差。

5. 电影

面对媒介环境的变化，媒介新格局的出现，电影品牌传播在满足大众对电影内容需求的同时将品牌信息融入其中，在推广上整合娱乐媒介平台，在内容创意上，借助有趣的故事、考究的视听语言，把产品理念、品牌功能植入其中，实现品牌传播的软着陆。但影像的形式，使品牌传播的内容被概念化，传播范围被缩小，减少了一定的想象空间。

（二）互联网和社会化媒体利弊分析

1. PC 互联网与移动互联网

移动互联网正在进入真正属于它的时代，而不是成为PC互联网2.0。一个重要的标志就是我们在手机和平板电脑这些移动终端上使用的应用和服务，正在从由PC互联网迁移而来为主过渡到以移动端原生的应用和服务为主，包括微信、UC浏览器、陌陌、滴滴打车等。

操作系统平台不同。PC互联网是基于全球唯一的Windows平台，移动互联网则要面对iOS、Android、WP（Windows Phone的简称）、黑莓等多种系统平台。而且Windows系统收费、封闭不开放，Android系统则免费、开放；

Windows 系统几年才升级一次版本，移动操作系统的更新换代时间则以月为单位。

硬件平台不同。移动互联网依附的是六寸左右的移动终端屏幕，PC 互联网所依附的 PC 则通常是十几寸到二十多寸的大屏幕。PC 有非常便捷的键盘鼠标输入设备，而移动终端目前则只通过一个小小的软键盘或手写来输入。

终端特性不同。与 PC 设备相比，移动智能终端具有的定位、位移、距离、重力、压力、影像、语音、NFC（近距离无线通信技术）、二维码、支付、便携等功能，可以产生与 PC 非常不同、更丰富的互联网应用和商业模式。

2. 传统互联网传播手段

网络品牌传播是指以品牌的核心价值为原则，在品牌识别的整体框架下，选择广告、公关、销售、人际等传播方式，将特定自主品牌推广出去，以建立自主品牌形象，促进市场销售。

在传统互联网时代，品牌传播遵循网络广告的一般原则，在门户网站、内容网站、商业网站或社区网站上运用适当的广告形式进行传播。但由于网络广告传播效果的评价机制尚未健全，各种强迫性的网络广告严重地践踏了网络的互动性本质，并导致了网民的厌恶和躲避，网络自主品牌的网上广告传播效果还受许多不确定因素影响。

网络品牌的公关传播基于网络的传播特点主要有以下几点。一是网络品牌的公关传播可以绕过中间媒体，直接向目标受众传递信息。二是网络品牌的公关传播必须向顾客提供他们想要的信息，如关于创新产品的介绍、引导市场的潮流和可以使顾客作出明智抉择的公正信息。由于网络的互动性，不能满足顾客需要的强迫性信息只能导致他们的躲避和厌恶。三是网络品牌的公关传播应有效利用网络用户友好互动技术，加强公司与新闻媒体和关系群体的情感连接与良好的私人关系。

3. 基于移动互联网的社会化传播

社会化媒体中的自主品牌传播观念受到社会化媒体的影响，自然也会发生一定的变化。在传统的自主品牌传播观念中，企业进行自主品牌宣传时更看重产品的种类、产品的价格、产品的投放市场来进行推广。而在社会化媒体影响下的品牌传播观念中，则转变了传播的侧重点，选择将品牌传播的内容、所处的语境、与用户的联系以及构建的社群作为自主品牌传播的关键要素。从这四个关键要素中可以发现，品牌传播观念受社会化媒体的影响，重视品牌与用户之间的互动和影响。

在社会化媒体中的品牌传播观念转变的几个方面中，品牌传播方式发生的变化是其中的一个重要方面，突出表现在从“整合”转变为“聚合”。品牌传播的方式对于自主品牌在社会人群心目中的形象有很大的影响。社会化媒体中的品牌传播观念更加重视社会用户的内心活动以及他们对自主品牌的理解，因此在进行自主品牌传播时更愿意利用网络技术将不同用户对自主品牌形象的理解聚合到一起，使品牌形象“人性化”，为自主品牌注入用户所认同的多姿多彩的内涵和理解。针对社会化媒体中多个层级之间的互动增多、交流扩大，传播者在宣传自主品牌时为了深入民心和得到民众的支持，愿意倾注更多的心力深入用户之中，将不同的用户的想法聚合到一起，最终汇聚形成的结果是广大民众为品牌形象作出定义，品牌将拥有广泛民众的支持。

（1）微信、微博。

微信由于其本身是一个以通信为基础的强关系平台，因此，其基于信任的朋友圈的流量价值就成为微信传播的核心。如今，微信公众号和朋友圈广告也成为微信传播的两大方式。其中，微信公众号是自主品牌触达消费者的新渠道，不仅可以及时传递自主品牌的信息，还可以通过技术开发，为消费者提供更多的服务，甚至还可以作为电商导流的入口。朋友圈广告则是利用消费者刷朋友圈的巨大流量，基于朋友圈内的相互信任来导入品牌，以实现更大的曝光和扩散。微博营销不仅形成了多样化的传播形式，积累了众多成熟的操作方法，同时，其所解决的营销需求覆盖范围也更广，包括新品首发、重大促销、限时抢购、重大联合推广、明星代言等重要时间点的事件传播等。同时，微博营销更加具备社会化传播属性，以社会热点话题以及实时动态为核心社交关注点，可以为品牌从话题造势、多渠道传播、定制专属产品到转换销量提供一整套操作方式，为自主品牌提供营销上的“势能”。

（2）多元社交媒体。

随着移动互联网的发展，中国的社交网络开始呈现多元化、复杂化的特点，传播内容以用户自产信息为主，官方推广渗透力降低，品牌传播风险增加。面对新的传播环境，应广泛联合多个社交媒体平台，创新传播方式，监测相关网络舆情动态，保障品牌的知名度和美誉度稳步提升。

相继诞生的陌陌、知乎、秒拍、抖音、快手、映客直播等社交属性的应用，它们共同构成了中国移动互联网时代社交媒体的新生态。在国外随着Instagram（照片墙）、Snapchat（色拉布）等新兴社交媒体的崛起，大部分品牌都在考虑多平台的社会化营销策略，总体来讲基本上形成了基于Blog（博客）、Facebook、Twitter（推特）、YouTube（优兔）、Instagram、Snapchat这六大平台的营销，它们共同承担了品牌长文章、短文章、图片、短视频、长视频的内容传播任务。相对于国外的社交媒体环境，国内的社交媒体环境进化更快，也更复杂，但总体来讲也并未脱离长文章、短文章、图片、问答、短视频、长视频、直播这几种主要形式。

中国的全平台营销主要基于这些形式，形成了由微博、微信公众平台、优酷、今日头条、秒拍、抖音、快手、知乎、豆瓣、网易云音乐、贴吧、直播（花椒、映客、一直播）等，再加上自己所处领域的垂直平台组合成的矩阵。

（三）非媒体利弊分析

1. 非媒体传播

非媒体传播是以各种形式的平台或民间非营利组织为传播媒介，进行知识和信息的有效传播，例如，小广告（非法办证、侦探小广告）、非正式国家承认互联网论坛（77秒非媒体新闻、华南虎论坛等）、学校广播站（各大中小学校校内广播站）等。

非媒体传播模式和媒体传播模式一样，是一个有规律的信息流动过程，信息源是传播内容的本身，传播者和受众通过载体直接进行交流，部分直接受众是媒体，通过媒体再传输到最终的信息接受者。非媒体传播模式的载体是非媒体传播过程中传播者与受传者之间的中介，是信息的载体。非媒体传播模式的信息载体是该模式中最重要的纽带和“生命链”。在现实应用当中，各种非媒体传播手段往往不会“单打独斗”，常与其他媒体传播手段综合使用，服务于品牌核心价值传播，最终实现企业战略。

2. 多样化传播手段

（1）传单广告。

首先，传单广告推广投入少，目前来说是自主品牌传播投入最少的一种方式。对于一般的传播者而言，目前常用的线下推广方式主要有几种：自家门店、街头派发小广告、固定展示广告位、所在区域的展示广告、公交电视广告等。综合比较而言，街头派发小广告是除了自家门店资源之外最好执行和投入相对比较少的一种方式。其次，用户群集中。一般小广告的派发区域都是在门店附近，这样也能保证引导部分附近用户进店体验，相比较而言效果也会明显。而且，很多商家的店面并非“旺铺”，所以只能通过这种方式来吸引用户注意。在线下推广渠道有限、店面人气不足且其他家商店也都在尝试这种方式的情况下，员工乐于尝试传单广告。

（2）非正式国家承认互联网论坛。

在互联网论坛上，传播者注册会员，是基于论坛品牌传播未来发展重要的趋势——传播者很重视论坛的传播渠道。不少传播主体让自己的“代言人”来作为自主品牌传播的非正式渠道传播者。非正式国家承认互联网论坛的出现，使得这种非正式渠道传播在方式上有了更多创意，变得更加有趣。

（3）校内广播。

在校大学生与电视媒体接触不多，信息多来源于广播和互联网，信息的普及和传播主要是靠同学间的口耳相传，形成了一个较为封闭但却活跃的消费市场圈，产品的接受度和知名度主要依赖于其在高校市场内，也就是学生消费圈内的口碑，是利用关系营销手法的重要市场。

（4）代言人。

代言人是一个宽泛的概念，它是指为企业或组织的营利性或公益性目标而进行信息传播服务的特殊人员。代言人可以存在于商业领域，如众多公司企业广告中的名人；也可以出现于政府组织的活动中。如果我们再细化到商业营销领域，那么代言人可以分为企业代言人、品牌代言人和产品代言人三类，他们是一种包含与被包含关系。品牌代言人承担着包括各种媒介宣传，传播品牌信息，扩大品牌知名度、认知度，参与公关及促销，与受众近距离信息沟通并促成购买行为的发生，健全品牌美誉与忠诚等综合性职能。

（5）AR、VR、MR（混合现实）。

随着 AR、VR 和 MR 呈现技术不断跃进，越来越多的公司开始运用这项技术为消费者提供广告和营销信息。AR 指的是人们在现实世界中看到数字信息层的叠加，VR 则完全沉浸在数字世界当中，而 MR 则是前两者的组合，混合现实的兴起意味着社会将很快超越屏幕：用户界面不会是平板玻璃，而是我们生活和移动的物理 3D 空间。AR、VR 和 MR 都是实现计算机信息交互的新渠道。2017 年，微可视媒体集团旗下的微可视网络就已利用 VR、AR 以及 MR 技术，为客户提供新的收入流。“虚拟商城”让客户可以以新的方式浏览和购买商品，之前，淘宝也推出过类似的功能，那便是虚拟网购。

三、目前我国自主品牌使用媒体情况的现状

品牌是企业极宝贵的资产之一。成功的品牌不仅能给顾客带来更大的价值，而且能够使企业获得更高的产品价值和顾客忠诚度。当前，我国对于自主品牌的认识比历史上任何时候都清晰。需进一步认识的是，“中国制造”向“中国创造”转变已然形成共识，但还需建立“中国创造”的载体与平台，即对自主品牌的认知。

所谓自主品牌，是指由我国企业自主开发，拥有自主知识产权的品牌。它有三个主要衡量因素：市场保有量、生产研发的历史及其在整个行业中的地位。自主品牌可以从企业品牌、区域品牌和国家品牌三个层面理解和创建。企业层次有产品品牌和企业品牌，在本专题报告中将两者统称为企业品牌，而企业自主品牌首先应强调自主，也就是说产权强调自我拥有、自我控制和自我决策，同时能对品牌所产生的经济利益进行自主支配和决策。区域品牌

是“集群区域品牌”的简称，指以某地域内的优势产业为基础，反映该区域特征和产业特点的品牌，不仅可以从企业层面包括管理、创新、组织、文化等方面着手建设，而且可以通过产业集群参与国际分工构筑的集群品牌或区域品牌进行建设。加入 WTO（世界贸易组织）以后，越来越多的跨国企业进入我国，我国企业也要走出国门、进入国际市场，在这一背景下，良好的国家品牌形象能够加强国家与世界的交流，吸引外国投资者和旅游者，从而加速经济发展。综上所述，有效利用多种传播手段进行自主品牌建构和传达可以有效提高企业的品牌辨识度和在市场中的影响力、竞争力，无形中也可以形成企业产品在国内外的竞争优势。下面我们将就自主品牌对各种传播手段的应用现状及存在问题进行梳理，并对自主品牌传播手段应用的未来进行展望。

（一）大众传播媒体

随着数字信息技术的迅速发展，传统的大众媒体依然以主流型媒体的形式存在，而基于数字化的新媒体势不可当，整体上可以总结为自主品牌使用互联网和社会化媒体进行宣传推广的力度越来越大，而相比之下选择利用大众传播媒体渠道的比重呈现下降趋势。

这正如李奥贝纳广告公司的斯皮勒索说：“以前我们认为自己无所不能。我们可以使用大众媒介……对于所有人我们意味着一切。但新的媒介稀释了那样的努力。”在这样的背景下，一直处被动地位的消费者受众从“信息邂逅”传播模式中觉醒。黄振家指出：消费者拒绝传统广告，却可以在新媒体环境中选择想观看的广告类型、品牌信息。与此同时，“搜索满足”品牌传播模式的出发点，是消费者出于消费信息的需要，不再只是被动的，且主要依靠无意识接受来获得品牌信息，而是转变为主动进行搜索，而且在搜索中不断比较、求证各类品牌信息，以满足消费决策最基本信息的需求。

1. 大众传播媒体品牌传播的现状

在外部媒体传播环境以及消费者受众相关行为改变的情况下，大众传播媒体渠道在自主品牌的推广宣传中的现状，集中体现在以下几大方面。

第一，大众传播媒体权威被削弱。长期以来，大众传播媒体在品牌推广传播领域占据绝对主导地位。新媒体时代的到来，突破了信息传播的障碍。当前传播环境中，传播主体已由“一元”变为“多元”，即由职业新闻从业者、政府与社会组织、民众个体传播者等构成。每个拥有新媒体传播工具的个人或组织都可以在法律范围内传播信息。因此，网络环境下的信息传播完全压倒了传统的纸媒、电视、广播等信息传播方式。截至2018年12月，中国网民数量已经达到8.29亿，互联网普及率为59.6%，超过全球平均水平4.6个百分点，手机网民规模达8.17亿，移动互联网保持第一大上网终端地位。在此形势之下，大众传播媒体在自主品牌信息传播方面的权威性明显被削弱，相关传播优势逐渐丧失。

第二，大众传播媒体的影响力减弱。在大众传播媒体绝对领先的信息传播和舆论环境下，受众获取信息的途径只有一个，缺乏参考信息，所以过去大众传播媒体对信息传播的影响极大。新媒体在数字时代以网状的形式传播信息，不仅覆盖面大，而且有多次传播效果。移动网络的发展极大地推动了新媒体的普及和发展。同时，新媒体具有强大的互动功能，使受众能够高频互动，再次强化信息影响力。因此，随着新媒体信息工具越来越流行，大众传播媒体的影响力在舆论和信息传播领域已经被明显削弱。

第三，受众的信息获取数量大增，但质量下降。由于新媒体在信息传播和获取方面的巨大技术优势，新媒体已成为人们提高生活和工作效率的重要工具。但是，新媒体在为社会发展提供天量信息数量、贡献巨大价值的同时，也存在一定的弊端。由于互联网及数字信息技术环境的多变性，相关的法律制度难以全面监督。另外，在功利主义的推动下，新媒体时代的信息环境比较混乱，充斥着垃圾信息。在信息的海洋中，为了获得有价值的信息，观众必须经过复杂的筛选程序，即使在信息筛选之后，也不能保证信息的质量。

2. 大众传播媒体使用面临的不足和制约

在近年来各类新媒体快速发展的趋势之下，品牌传播的外部舆论环境以及受众的触媒习惯已经发生改变，导致现阶段企业品牌宣传的大众传播媒体渠道存在不足与制约因素，主要集中于以下几个方面。

第一，冷落大众传播，无益于品牌传播的整体效果。对于企业来说，在进行品牌传播的渠道选择时，新媒体与传统的大众传播媒体之间存在利益冲突。新媒体有更广泛的信息传播途径和更灵活的信息获取方式。因此，新媒体可以利用这一优势，有效扩大品牌知名度，进而带动用户数量的增加，逐步占领市场。在发展过程中，对于企业来说，选择传统的大众媒体进行品牌传播，则要付出较大的代价。但从品牌传播的整体效果来说，完全依赖新媒体、放弃大众传播媒体的渠道选择，无益于品牌传播的整体效果。

第二，存在对立观念，企业品牌传播渠道选择思路不清晰。传统的大众传播渠道与新媒体渠道，对于企业品牌传播来说各有优势。相比较之下，传统的大众传播渠道，容易形成品牌形象的固有印象与稳定因素，而快速发展的新媒体传播渠道，则有更高的参与度和更强的互动性，很明显大众媒体传播与新媒体传播在品牌宣传方面存在互补的关系。但结合部分企业在品牌传播渠道的选择来看，通常会把上述两大类传播渠道对立起来，这种思路明显是存在缺陷的。结合品牌传播的实践状况来看，在渠道选择有所侧重的前提下，更多要利用好大众媒体传播与新媒体传播的互补性，以确保最终品牌传播的最佳效果。

第三，大众传播较难调动受众的关注与参与。在当前个体主导和消费者声音为主的时代，在传统观念之下，市场营销部门强调的以品牌为主导、以“推”的形式进行品牌建设的策略，通常情况下会忽略新媒体环境下受众的关注变化趋势，在如今的微媒体时代已经很难使目标受众关注和参与，而且对受众来说显得冷冰冰的。

（二）互联网和社会化媒体

国外的互联网和社会化媒体起步比较早，国内的互联网一直在借鉴美国的模式，从 Facebook 到人人网，从 YouTube 到土豆网，从 Twitter 到微博，在时间上要远远落后于美国。中国社会化媒体的诞生可以追溯到 1994 年中国第一个论坛——曙光 BBS 站的建立，而到了 1999 年逐渐转向实时通信，如 QQ 等通信工具兴起。但直到 2000 年，国内一些博客平台的兴起才真正标志了国内 web2.0（第二代互联网）时代的到来，制造内容者逐渐由传统网站转向网民，网站和网民、网民和网民之间的交流开始变得密切，信息的传播在深度和广度方面都实现了重大的突破。随后，社交类网站、百科、主题分享相应发展起来。2009 年，新浪、腾讯、搜狐相继建立起博客平台。至此，国内社会化媒体的格局才逐渐清晰起来。

虽然起步较晚，但是国内社会化媒体的发展速度和网民的使用规模却不容小觑。在此背景之下，互联网和社会化媒体成为企业品牌推广的主要渠道。如此一来，企业学习如何利用社会化媒体更好地进行品牌推广也就迫在眉睫。

1. 互联网和社会化媒体品牌传播的现状

互联网和社会化媒体的快速发展，在很大程度上改变了企业品牌传播的外部舆论环境，结合当下的情况来看，在互联网和社会化媒体之下，品牌传播的现状主要体现在以下几个方面。

第一，品牌建设和传播的主动权转向受众。在基于互联网的社会化媒体时代，自媒体不仅在空间上和时间上彻底消除了信息的传播边界，颠覆了传统传播模式，也改变了受众在信息传播中的地位，使其成为信息传播的重要参与者，从而获得了一定的话语权。受众由被动接收者变成主动参与者，也更加看重与参与者之间的交流和互动，并可以主动搜索、制造信息和相互分享。在社会化媒体时代，受众的结构、心理等都呈现出个性化、碎片化、从众性等新特征，同时用户反馈渠道的增加，表达空间的无限延伸，不再区分是传统品牌的维护还是新兴品牌的构建，自媒体平台是双方在沟通、互惠互利的基础上逐步获得信任并发展起来的。互联网把传统的购买逻辑由“从品牌到产品”演化成为“从产品到品牌，再由品牌到产品”的新的购买逻辑，这让品牌有了很强的可塑性，而且其中部分品牌塑造过程有受众或用户参与其中。

第二，互动营销成为品牌推广的主要特征之一。在社会化媒体时代，受众对时间和空间的要求越来越高，而且越来越需要掌控权，他们希望由自己来选择、确定时间和地点，而且可以即时即地便捷、快速地获知消息。在此时代背景下，互动营销成为品牌建设的重要方式。

社交的核心是交互，也就是交谈、交流。传统生活中的社交关系，往往是善于交谈、善于处理人际关系的人的活动；而在社交网络中，因为是处在一个可以产生信息的自媒体平台上，因此就具有了更多的特殊性。快速获取信息不是内容方进行快速的推送，而是受众来进行查询或者索引，以快速获取信息。企业可以利用这种全新的营销模式，调动受众的积极性，使其自发地利用自媒体平台传播用户体验和品牌信息，为其他受众的购买决策提供信息参考和支持，并最终促成消费行为。要进行成功的品牌建设，厂商、受众以及品牌中的其他相关利益者就必须紧密协作起来，利用自媒体和意见领袖，引导消费者由过去的被动接收者变为主动传播的参与者，通过各类受众互动活动，加强厂商与受众之间的情感联系，使之成为品牌的共同建设者和引导者。

2. 互联网和社会化媒体使用面临的不足和制约

在品牌推广中，互联网和社会化媒体已经得到广泛的应用，但在其发挥优势帮助品牌获得一定推广效果的同时，也存在着一些不足和制约因素，具体主要体现在以下方面。

第一，传播信息的碎片化制约品牌信息传递的完整性。互联网和社会化媒体在具有快速、便捷的传播优势的同时，还具有传播信息碎片化的特点，这也带来了另一个影响，即催化了“快餐文化”的发展。相比长篇大论，年轻人更倾向于阅读碎片化的信息。然而，信息的碎片化也为企业传递品牌文化带来一定的阻碍。一方面，企业自身需要通过简短、出位的信息引起消费者的关注，从而导致品牌文化的内涵无法完全在新媒体上展现。另一方面，受众在新媒体上阅读的不确定性和阅读碎片化信息的倾向，也导致受众无法完全了解企业品牌的内在意义，而仅趋向于获取对其有吸引力的信息。这两方面导致品牌信息传递的完整性受到一定的影响。

第二，缺乏监管导致品牌信息的可信度受到严重影响。现阶段，企业通过互联网和社会化媒体进行品牌推广基本还处在自发状态，缺少严格的法律法规来规范推广活动，传播制度体系并未建立。同时，网络环境的监管在技术层面和制度层面同样存在着一定的缺失。因此，一些不法分子可以通过网络等新媒体假借企业品牌名义进行虚假宣传，利用电子销售平台销售伪劣产品，使得消费者利益受到侵害。此类事件层出不穷，也给消费者辨别真伪带来很大难度，导致企业品牌的可信度受到严重影响，不利于企业树立品牌良好形象和品牌未来的长远发展。

第三，权威性较低，导致品牌推广力不强。相比传统媒体的大众传播来说，互联网和社会化媒体由于自身的权威性较弱，因而很可能存在着事实上的费用浪费。一方面，这是由于互联网和社会化媒体发展的时间较短，覆盖率较低；另一方面，从目前的新媒体信息发布现状来看，娱乐性和商业性较强的信息占据了很大比重，这也在一定程度上削减了新媒体的权威性和可信度。

由于互联网和社会化媒体在发展的起步阶段还存在内容可信度和传播的可持续性等方面的问题，所以在互联网和社会化媒体渠道上进行品牌推广，并不会伴随着推广费用的累积而沉淀品牌效应和价值。品牌的推广，尤其是新品牌的推出往往仍需借助强势传统媒体的品牌影响力，以增强产品和品牌的知名度与可信度。

（三）非媒体

非媒体渠道品牌传播，是相对于借助媒体渠道传播而言的一种对外传播方式，该方式不直接以媒体为信息载体，属于广义对外传播的范畴。结合当前众多企业的使用现状来看，品牌代言人传播、品牌核心价值传播等，可以称得上是主流方式。当然，随着 AR 和 VR 技术的快速发展，越来越多的企业借此最新技术手段进行品牌传播，我们同样不能忽视。

1. 非媒体品牌传播的现状

接下来，我们基于各大企业品牌传播对非媒体渠道的应用实践状况，对上述主流非媒体传播的应用现状进行总结。

第一，代言人传播成为企业品牌传播的惯用策略。在当下众多行业竞争呈现白热化趋势下，名人代言已经为越来越多的企业所认识和熟悉。名人本身具有广泛的知名度，一出现就很容易引起受众的注意，尤其是那些创意独到、贴切的名人广告，更能引起消费者的强烈反响，帮助品牌在市场竞争中达到出奇制胜的效果。名人代言正是利用人们喜欢明星、崇拜明星、模仿明星的心理，吸引品牌受众。

第二，品牌核心价值的传播方式逐步为企业所重视。当我们把媒体视作企业重要的发展资源，把品牌传播作为企业整体发展战略中的重要环节和步骤，以品牌为中心构建传播体系时，我们需要考虑的是，在企业的传播格局中，究竟应依靠什么来实现品牌影响力的持续提升？这一系列问题的答案就是品牌核心价值传播。近年来，随着品牌传播手段的多样化，品牌核心价值传播越来越受到广大企业的重视，并使之成为品牌传播的重要方式，在此基础上助力了多个品牌的差异化传播，有效塑造了品牌个性化形象。

第三，越来越多的公司开始运用 AR、VR 技术，为受众展现和提供品牌相关信息。AR 和 VR 都是实现计算机信息交互的新渠道，能够有效提升品牌传播力度、增强品牌吸引力。相比较之下，现阶段应用较多的是 AR 技术在包装实物的基础上，实现了将虚拟数字信息和“现实”的虚拟叠加，从而增强了传统包装的信息量以及互动性、趣味性，进而强化了受众对品牌相关信息的直观认知效果。

2. 非媒体使用面临的不足和制约

基于现阶段各企业品牌传播的选择来看，相比于大众传播媒体、互联网和社会化媒体两大主流渠道的使用，非媒体渠道的应对明显偏少，这与非媒体渠道当前存在的不足与制约存在因果关系。

第一，未把握好两大类传播的衔接、配合与分工。具体对比来看，非媒体传播与大众媒体传播、互联网和社会化媒体传播，并非格格不入或“井水不犯河水”的关系，只是各自的传播侧重点存在差别而已。但就当下企业的应用选择来看，大多数情况下割裂了两大类传播的内在联系，没有把握好彼此间的衔接、配合与相应分工。例如，当企业选择名人进行品牌代言后，未能借助大众传播媒体与社会化媒体，进行有效的配合性在线传播与推广。

第二，对各类非媒体传播的规律总结与实操经验相对不足。相比于大众传播媒体、互联网和社会化媒体传播渠道，各企业对非媒体传播的相关规律总结、价值体现、风险把握等系列工作展开仍然不到位，实践操作经验不足。例如，对较频繁地使用代言人传播相关潜在风险的防范措施不足，品牌核心价值传播与媒体渠道品牌传播、广告宣传的有效配合把控不到位，最终导致传播效果不理想。

第三，非媒体传播效果的直接量化体现难度大。在当前基于互联网及数字信息技术的大数据背景下，大众传播媒体、互联网和社会化媒体的最终传播效果，可以通过直接的数据指标进行具体量化体现。相比较之下，非主流、非常规的各类非媒体传播效果的细化指标设置与具体量化难度偏大，导致最终传播效果较难直接评估。

综上所述，自主品牌囿于传统的大众传播手段，冷冰冰地点对面传播已经难以适应当前品牌传播的需要，互动性和黏性更强的互联网和社会化媒体手段已成为自主品牌持有者的重要选择。非媒体手段中的代言人、价值传播等形式，对于自主品牌影响力及市场竞争力的增强有时甚至能够起到“撒手锏”般的效果，同时其综合性及不可控性也对管理者的传播手段应用能力提出了更高的要求。当然，每种传播手段并不是孤立应用的，综合取舍、巧妙选用才能实现自主品牌传播效果的最大化。

四、自主品牌利用全媒体手段进行推广宣传的策略选择

在各种新的传播技术快速发展的全媒体时代，以博客、微博、微信、视频为代表的自媒体，逐渐消解了传播者的角色与边界，借助于扩散性社群营销，为自主品牌传播创造了更多机遇。从品牌推广的角度看，因各类新媒体手段的发展而带来了两大挑战：一是去中心化，即企业如何成为新中心，成为第一个关系链中心、互动中心、信息中心、服务中心；二是去中介化，即探讨企业如何利用全媒体重组传播链。

在全媒体环境下，自主品牌所在的企业运用全媒体平台推送信息宣传自身品牌，根据目标受众的反馈信息获得品牌传播的真实状况，这样的全媒体运作方式尽管可以为企业带来收获，但要想在自主品牌传播中赢得更大的空

间和长久的发展，就需要对全媒体传播的战术进行深入的思考，以探索总结出全媒体时代自主品牌传播的实战经验。

（一）全媒体推广的原则

在当下的全媒体时代，对于各大自主品牌来说媒体传播渠道极大丰富，那么在进行品牌推广宣传时应该把握哪些基本原则呢？在此，结合当下全媒体时代的传播特点，以及自主品牌传播的操作需求，提出如下基本原则以供参考。

1. 具备创新思维

具体来看，对于自主品牌推广宣传来说，要充分利用新媒体的优势，确定合适的营销方式，最大限度结合企业实际需求，提高最终宣传效果。

2. 坚持渠道创新

在品牌推广宣传的实操过程中，要减少或者放弃传统渠道，设计适合新媒体传播的产品，组建优质传播团队，寻找有效传播途径，整合新媒体资源，精准进行产品信息投放。

3. 立足创新内容

在自主品牌推广宣传过程中的创新内容，主要包括两方面：一是精选好的素材，创建自己独特的内容，选择本企业特定的传播内容；二是借鉴多家优秀内容，整合成独家特色，“他山之石，可以攻玉”，借目标用户群体的地域差异或者接触面差异，打造属于自己的用户群体。

4. 注重受众体验

新媒体时代体验为王，因此对于自主品牌推广宣传来说，要充分运用好这一重要因素。在实施过程中，具体设置相应的品牌体验环节，以便让目标受众对自主品牌能够产生切身的体验感受，从而提升品牌在受众心中的感性认知度，提高最终的推广宣传效果。

5. 取悦客户心，征服客户眼

自主品牌推广宣传的目标，是有效增加目标群体的心理感性认知。而结合自主品牌推广宣传的现状来看，要想通过互联网的传播深入人心，光靠“砸钱”的办法是行不通的，必须要基于全媒体的传播特点，在海量信息中首先要增加目标受众的关注度，因为在全媒体时代，“眼球经济”“注意力经济”是不折不扣的硬道理。之后，借助自身的内容优势与受众的参与感，有效“取悦受众”，才是最终目标。

（二）全媒体推广的战略

有关全媒体推广的战略，我们从传播方式、传播主体、传播内容和传播的目标受众等四个维度，进行具体的陈述分析。

1. 针对传播方式的策略

第一，互动体验传播策略。体验式品牌传播策略的关键是调动目标受众的所有感官、思绪与情感，让其实实在在地参与其中。第二，个性化传播策略。个性化的消费时代已经到来，品牌传播主体在传播品牌独有的属性时，要运用具有创意的内容和独特的表现方式。

2. 针对传播主体的策略

互动沟通是全媒体媒介的固有特点，品牌传播主体在全媒体环境下应当真挚地与目标受众沟通交流。因此，品牌传播主体应该从受众的角度进行品牌信息传播，从受众的视角来反映和评价品牌给他们带来的价值，及时地为他们提供所需的品牌信息。

从实操层面来看，在品牌传播中对媒体的选择，应该因行业不同而不同。究其根源，不同行业品牌有最适合本行业的主流媒体形式，主要源于受众的接受习惯差别，即便都是新媒体，网络手段也不一定能保证最佳传播效果。例如，现阶段中央电视台仍然是白酒品牌传播的最权威阵地，对于需要不断强化品牌的酒企来说，必须要考虑占据这一阵地，持续强化品牌传播，高举高打。

3. 针对传播内容的策略

第一，品牌信息与传播载体融合。报纸、杂志、网站、微博、微信等全媒体有各式各样的信息传播特点和方式。一成不变的固有宣传模式，并不适合在全媒体传递品牌信息时使用，应根据传播载体的不同特征进行品牌传播。第二，有针对性地提供信息。全媒体传播环境下目标受众不再被动地接受品牌传播的信息资源。为了更方便地与目标受众进行交流，品牌拥有者对产品建立不同的信息板块，更有针对性地为目标受众提供品牌信息资源。

4. 针对目标受众的策略

对品牌传播来说，全媒体丰富了目标受众对品牌的声音，使人们对于品牌的感受、使用的评价、用户的意见可以越来越方便地表达、传播和交流。品牌传播主体不仅要表现个性化、互动性、体验式等品牌服务特点的传播内容、传播方式，还要更加特别注重激发目标受众主动提供、分享品牌信息和利用意见领袖影响自身的消费决策。

（三）全媒体推广的战术

在全媒体环境下，自主品牌所在的企业运用全媒体平台推送信息宣传自身品牌，根据目标受众的反馈信息获得品牌传播的真实状况，这样的全媒体运作方式尽管可以为企业带来收获，但要想在品牌传播中赢得更大的空间，获得长久的发展，就需要对全媒体传播的战术进行深入的思考。

1. 精准定位，体现出专业性

企业需要对全媒体传播平台进行准确定位，即企业希望通过全媒体获得什么？你的服务对象是谁？能提供给用户什么信息？树立什么样的自主品牌形象？由于不同企业在全媒体传播中的需求不尽相同，因此需要结合自身优势与整体品牌战略来进行恰当定位，如媒体类、社群类、服务类定位等。全媒体还应当摒弃传统媒体严肃刻板的形象，而需要借助清新、自然、平民、个性的新风格赢得目标受众的喜爱。

2016 年，微信朋友圈被三则广告炸开了锅，宝马、可口可乐、vivo 手机当晚在朋友圈投放广告，有的微信用户会收到其中的一则广告，也有人收不到广告。于是收到宝马广告的用户“趾高气扬”，而收到 vivo 手机和可口可乐广告的朋友“暗自神伤”，因为“世界上最遥远的距离，是我只看到可乐，你却能收到宝马广告”。

对于本次引起轰动的微信广告投放，腾讯回应称，本次另类广告形式，实为精准定位的人群细分投放。至于影响投放人群的因素，可能有几十个甚至上百个，比如所在城市、微信好友数量、使用的手机是 Android 还是 iOS 系统。

借助上述精准定位，并短时间引起轰动的微信广告投放，我们可以总结出，在全媒体环境下，各类企业必须要在品牌传播前进行全面、有序的精准定位。

具体实施步骤如下。第一步，找到目标用户，梳理出他们的特征和特性（购买习惯、购买商品、购买频次、购买的定价等），针对不同层次的用户，策划不同的推广方案。第二步，对于朋友圈粉丝也要实施定位细分，根据定位的不同，具体可分为种子粉丝、社群领袖、标签粉丝、朋友圈大众四种，让种子粉丝自拍做产品体验，让社群领袖做特定社群的体验式传播，对标签粉丝做精准的营销，前三类粉丝都能帮助企业做好口碑的发酵，企业可收集他们的订单数据、图文信息等，再进行二次分享传播，以小众影响大众，就能大大提高产品的影响力。第三步，要梳理出目标用户精准的活跃社交空间。精准用户出现在哪里，产品就应该去哪里推广。精准定向，高效精准传播，从用户的行为习惯设计投放渠道，释放活动，获得更高的营销转化价值。不管是当下主流的社会化媒体与互联网渠道，还是相对传统的大众传播媒体，以及多种非媒体传播手段，只要是目标用户习惯接触与容易接受的，对于企业来说无疑都是要优先考虑的品牌传播投放渠道。

2. 借优质内容，传播品牌价值

在全媒体舆论环境下，除去企业自身的影响力，全媒体平台提供的自主品牌传播内容是否有价值、可信任、有创新、接地气也很重要，既要体现出企业一贯秉持的品牌理念，又要避免因为过于宏大的口号带来目标受众的逆反心理，只有这样才能吸引目标用户持久的好感和关注。由此可以看到，品牌价值的精准传播不仅仅意味着要锚定渠道，传播内容与目标受众人群的精准匹配也极为关键。当找到人口特征高度集中的渠道后，“该说什么”就成了重点。那么，什么样的内容才能精准适应目标受众人群的“胃口”呢？总的来说有三个基本特征。

（1）匹配目标用户需求，能提供订制化服务。

在电影《夏洛特烦恼》里有一个经典片段：夏洛为了摆脱马冬梅的追求，唆使傻傻的大春向马冬梅表白。夏洛告诉大春，马冬梅的偶像是张国荣，最喜欢听张国荣的歌。于是，大春带着马冬梅最爱的向日葵，为她深情演唱了张国荣的歌，却遭到马冬梅的白眼，她认为大春在侮辱自己的偶像。

上述电影桥段虽是一个极端案例，但生动说明了找准人、说对话、说话人的重要性，有效的内容传播手段应用是与精确的目标用户内容消费的需求相一致的。如果“张冠李戴”，不能提供符合目标用户兴趣的内容，不仅是闹笑话的问题，也可能导致更严重的后果——失去用户市场。

（2）符合用户语态，营造“社群归属”。

人们常说“无关系，不传播”。在当下的全媒体传播中，社群便是这样一个具有特殊社会关系的群体。借助于在线平台，一些具有相同兴趣、需求或价值观的人，以情感、文化、利益、产品等为纽带会聚在一起，便形成了若干的社群（圈子）。

社群营销的关键，就在于用目标用户熟悉的语言，抓住用户的兴趣点，建立品牌与用户、用户与用户之间的情感归属，在潜移默化中获得用户品牌价值心理认同。美国漫威电影工作室凭借改编自传统经典漫画的《复仇者联盟》系列电影，塑造了钢铁侠、蜘蛛侠、灭霸等一系列荧幕形象，也成功俘获和建立了自己的粉丝社群，俘获了从少年儿童到中青年人群的广大用户。比如“打一个响指”，在漫威受众当中意味着灭霸使一半人类消失，这种“黑话”只有看过漫画的人才会懂，彼此会心一笑的同时，影片宣扬的正义打败邪恶、个人英雄主义等价值，也由此得到了群体化认同。

由上述案例可见，得到用户认同，实际上是一门获取支持的艺术。用网络原住民和兴趣社群“秒懂”的语言，借助社交网络、移动传播载体等手段，能够使品牌传播的内容有效传递给目标受众，提升用户对品牌价值的认可。

（3）嵌入生活场景，激发用户情感。

在当下移动互联网即时化、碎片化、移动化传播的新情况和新条件下，内容消费的场景也越来越复杂和细分，能够占领用户的时间、黏住用户，是品牌价值传播的关键。在打造精准传播内容时，应当时刻提醒自己一个关键问题：什么样的场景最能诠释品牌理念？

在此，我们以王品台塑牛排“只款待心中最重要的人”的自主品牌传播为例进行说明。让我们从另一个角度思考，如果王品台塑和消费者的沟通仅停留在产品层面——“只选取牛的三分之一处肉”或者“鲜嫩多汁”等，这些也会吸引人，但吸引的只是“吃”这个层面的，即重视产品功能的人。可是情感连接点呢？公司宣传片通过聚餐宴请这一生活化的场景，道出“只款待心中最重要的人”。

3. 借垂直服务，完善功能

垂直化服务是指全媒体宏观背景下的自媒体，将注意力集中在某些特定的领域或某种特定的需求，提供有关这个领域或需求的全部深度信息与相关服务，以形成自身的个性化标签。

例如，知乎网，作为一个真实的网络问答社区，用户围绕着某一感兴趣的话题进行相关的讨论，同时可以关注兴趣一致的人，广大用户分享着彼此的专业知识、经验和见解，为互联网源源不断地提供高质量的信息。当然，企业自媒体传播不能仅局限于垂直化服务信息的发布层面，还要提供功能完善的服务来解决用户的实际问题。如在线查询、预约、订单、支付、大数据服务等。完善的自媒体平台功能有利于提升广大用户的黏性，培养出忠实的粉丝群，这也为可持续的企业自主品牌传播创造可能。

（执笔：孙明泉、徐谭、王洪波）

参考文献

［1］阙娜. 新媒体环境下品牌传播的新理念［J］. 青年记者，2014（3）：82-83.

［2］刘要停，夏秀. 电子媒体时代专业化媒体的发展策略［J］. 青年记者，2014（3）：81-82.

［3］宋琳. 论微信营销对品牌建设的意义［D］. 苏州：苏州大学，2015.

［4］迟伟涛. 新媒体环境下品牌推广的探讨［J］. 科技视界，2014（15）：324.

[5] 闫焓.全媒体时代媒体品牌的构建与发展[J].今传媒，2015（1）：85-86.

[6] 张瑶.浅谈新媒体对品牌推广的影响[J].科技传播，2014（2）：85-86.

[7] 白山.打造品牌：品牌力决定营销力[M].北京：经济管理出版社，2004.

[8] 方冰.基于社会化媒体营销的品牌内容传播[D].合肥：中国科学技术大学，2010.

[9] 刘明洋.以“价值传播”引领品牌影响力提升[J].青年记者，2011（19）：66-67.

[10] 冯明兵.基于自媒体平台的企业品牌传播策略研究[J].美与时代（城市版），2016（11）：112-113.

[11] 石长顺，景义新.全媒体的概念建构与历史演进[J].编辑之友，2013（5）：51-54+76.

[12] 蔡雯，王学文.角度·视野·轨迹——试析有关“媒介融合”的研究[J].国际新闻界，2009（11）：87-91.

[13] 彭兰.媒介融合方向下的四个关键变革[J].青年记者，2009（2）：22-24.

[14] 李梦寒.网络媒体对个体社会化的利弊分析[J].大众文艺，2016（12）：272.

[15] 张曼.论新媒体和传统电视媒体的融合发展[J].新闻研究导刊，2017（16）：290-291.

[16] 赵美丽，唐昌乔.新媒体与品牌传播研究[J].艺术科技，2016（12）：41.

[17] 陈旭鑫，叶新平.媒介融合背景下电视赢回青年受众的策略选择——基于对大学生媒介接触与使用的实证调查[J].电视研究，2012（6）：66-69.

[18] 张振亭，张会娜.困境与突破：关于我国媒体更正的现状、问题及思考[J].编辑之友，2014（9）：86-89.

[19] 马滕.新媒体在品牌传播中的应用价值、问题及出路[J].山东社会科学，2009（8）：39-42.

[20] 周杨，舒咏平.“价格让渡”到“价值满足”——社会转型期自主品牌传播的取向[J].现代传播（中国传媒大学学报），2014（9）：114-117.